「有名」私大古文演習

河合塾講師
池田修二・太田善之
藤澤咲良・宮崎昌喜＝共著

河合出版

はじめに

本書は有名私立大学の入試問題を20題選んで収めてある。選んだ際の基準は、

❶ **受験生が入学を夢みるだろう大学をもれなくのせる**
❷ **本文のジャンルや時代がかたよらない**

の二点である。本文や設問の難易ではないことに注意したい。

解答時間の指定

問題は指定された解答時間内で解くこと。解答時間は各大学の実際の国語の問題に与えられた時間から古文の時間を割り出している。つまり本番の解答時間である。したがって指定した解答時間は一律ではない。

入試に即した点数の評価

問題を選んだ際の基準は、本文や設問の難易でないことはすでに述べた。したがって、本書では、どのくらいできればOKなのか、「解説編」の■評価■で問題ごとに示してある。

 は合格確実！  は合格の可能性あり！  は頑張れ！

たとえ点数が低くても、の圏内なら喜んでいい。勉強は満点を目指してするものだが、結果にパーフェクトを求めてはならない。

本番に即した配点

解き終わったら、自分の実力を知るために、「解説編」の■解答■に示してある配点で点数化すること。点数は、自分が満点の何割ほど取れたのかわかりやすいように、どの問題も一律50点満点にしている。ただし、各問の点数は本番の配点の比率を想定して割り出してある。

簡《かん》にして要《よう》を得た出典解説

■出典■は、「文学史」的に大切な事がらだけにとどめた。本書に収められた20の問題の本文はどれもが有名出典。着実に覚えて「文学史」力をupしよう！

理解を深める本文解説

「解説編」の【本文解説】は本文のあらすじではない。よくわからないことが理解できるように書かれている。20の 本文解釈 を読んだだけではそれだけでも「古文」の理解が深まるはずである。【本文解説】を読み通すと、

読解を深める この「ことば」に注目!

本文の中から古文の読解を深める「ことば」を抜き出して解説してある。古文は文法や単語をマスターしただけでは読めるようにならない。文法や単語以外にも大切なことがいろいろある。これらを身につけていけば、読解力が深まり、内容説明・内容把握・内容合致・主語判定などの設問、つまり難しくて配点が高い設問が解けるようになる。

本文の復習がカンタン 本文 & 本文解釈

学力向上には復習が欠かせない。問題を解いて、点数をつけて、それでオシマイにしてはいけない。学力を伸ばすために本文そのものと向き合おう! 本書は、そのため、ページを二段に分けて、上段に問題本文をもう一度のせ、下段にその解釈をのせてある。

本文 と 本文解釈 につけられた 1 2 3 4 5 ……の数字は、両者の対応を示したものである。気になる「本文」の箇所が「本文解釈」のどこにあるのかスムーズに見つけられるはずだ。

本文 は省略されている言葉を( )で補っている。( )の中の言葉は昔の人なら誰でも容易に補えた言葉。本文 の文章にふれることで、古文ではどんな言葉が省略されるのか知らぬまに身につくはずだ。

本文 は重要古語を**太字**にしてのせてある。その語義を確認するため、下段の 本文解釈 でも対応する訳を**太字**にしてある。太字の言葉をマスターして単語力をupしよう!

本文 は本文中のすべての助動詞と主要な助詞は赤字にして示してある。その右横には文法的意味を記した。それらの語を文法的に確認することで文法力をupしよう!

本音の設問解説

本文は敬語の右横に敬語の種類を記してある。敬語は意味ばかりでなく種類も大切。敬語を正しく理解してマスターしよう！

本文は音便形の右横にもとの形を記してある。「音便」は文法問題の定番の一つ。もとの形がどう変わっているのかチェックしよう！

入試問題には受験生が解けるとは思われない難問奇問が出題されることもある。誰も解けない設問はないのと同じ。本書の**設問解説**は、そう割りきって、無理な設問に対しては解けなくていいと明言している。強弁しない本音の解説だからこそ、逆に「重要」とか「覚えよう」とか言われている事項は、ぜひともマスターしなければならない。

本書の効果的な使用法

① 解答時間内で問題を解くこと。解き終えたら「解説編」の**解答**を見て、答え合わせをし、採点をすること。

② 自分の点数が受験生としてどうなのか**評価**でチェックすること。そして**設問解説**を熟読すること。間違った問だけではない。正答した問の解説もしっかりと読むこと。そのことで解法のスキルが磨かれていくのだから。これで「問題」とのつきあいはひとまず終わり。

③ 次に復習！　まず、**出典**に目を通し、**本文解説**を熟読する。そして**本文**&**本文解釈**をもとに古文の文章を文章として丁寧に読み直す。この作業は、一度だけではなく、何度も繰り返しやればやるほど、君の学力を飛躍的に伸ばしていくことになる。その際、古語辞典をこまめに活用すると、より効果的であることを言い添えておく。

では、さあ、さっそく問題を解いてみよう！　どこからでもいい。1からでも、君の志望の大学の問題からでも。

目次

1 徒然草

評価

50〜38点→ 合格圏
37〜30点→ まあまあ
29〜0点→ がんばれ

解答

（50点満点）

問一 ⓐ 3 ⓑ 1 ⓒ 1 （各4点）
問二 e （4点）
問三 ① 2 ② 3 ③ 1 （各4点）
問四 ⑴ b ⑵ c ⑶ a （各4点）
問五 Ⓐ 雪の朝、用件だけを記した作者の手紙を無風流ととがめたこと。（29字） （5点）
＊「作者の手紙が雪にふれていない」…2点 「無風流ととがめた」…3点
Ⓑ 客を見送ったあと、すぐに部屋に籠もらず月を眺めていること。（29字） （5点）
＊「客を見送ったあと」…1点 「すぐに部屋に籠もらない」…1点 「月を眺めている」…3点

出典

作品名 『徒然草《つれづれぐさ》』　作者 兼好《けんこう》法師
ジャンル 随筆　時代 鎌倉時代後期

本文解説

第一話（1〜4）

冬の朝、目覚めてカーテンを開けると、一面の雪景色！そんなとき、友人や恋人にメールしたくならないだろうか？一緒にこの雪景色を味わうために。美しいものを心の通じ合う人と共有したい！そう思うのが風流心。兼好は風流心の持ち主である。和歌が上手で王朝（平安時代）の美が大好き。ところが、雪が降った朝、兼好は、用事があって人のもとに手紙を出したとき、雪には一言もふれなかった。「雪」は和歌に詠まれるすてきな景物。その雪について一言もふれないなんて！兼好のちょっとしたミスである。兼好はそのことを手紙の相手からなじられる。口調は柔らかいけれども、言っていることはけっこうきつい。しかし、逆に、こうした表現から二人は親しい間柄であったことがうかがわれる。おそらく手紙の相手は女だったにちがいない。兼好は、この言葉を「ふふ」と笑って受け入れている。

第二話（5～11）

「九月二十日の頃」とあるので季節は秋。兼好は「ある人」に誘われて、夜が明けるまで一緒に月を賞美している。月はもちろん「有明の月」。明け方まで空に残る月である。「月」も和歌に詠まれる景物。その「月」を同じ心を持つ人とともに楽しむ。これが「風流」。「見ありく」とあるから、外を歩き回りながら味わっていたのだ。ふと「ある人」が思い出す。そして思い出した所に足を運び、家の中に入ってしまう。「荒れたる庭の露しげきに、わざとならぬ匂ひしめやかにうち薫りて、しのびたるけはひ、いとものあはれなり」とあるので、暮らしているのは女。まちがいなくそう。「ある人」は身分の高い男（敬語表現に注意！）。「おぼし出づる所ありて」とあるから、逆にいうと、男は女を忘れていたのだ。「荒れたる庭の露しげきに」。人の訪れもなく庭は荒れている。その庭の草木に涙のような露がいっぱい。露は月を宿してキラキラと光り、……美しい！　寂しく暮らしていてもさりげなく香《こう》を薫《た》いて静かに暮らす女。この女のなんと奥ゆかしいこと。王朝ファンの兼好ならずとも、これにふれたら、誰でも胸にぐっとくるものがあるだろう。家の中に入った男は、ほどよい時間で家から出てくる。しかし、兼好はその場を立ち去らない。女が現れるのではないか？案の定、女は現れた。「現れた」といっても外に出てきたのではない。妻戸を少しだけ開けて月を眺めているのである。兼好の目には、月明かりの中、客が立ち去ったあとも余韻にひたる女の様子が映っている。兼好が期待したのはこの「余韻《よいん》の美学」。

「余韻」といえば、この二つの話も余韻が残る文章だ。「今はなき人なれば、かばかりの事も忘れがたし」（第一話）「その人ほどなく失せにけり、と聞き侍りし」（第二話）。寂しい余韻だ。人は、いつかは死んでしまう。この世は「無常」なのだから。たしかにそう。しかし、この二人は兼好の心の中に生き続け、書き記された。そして、今、私たちは、遥かな時を隔てて、この二人に接している。

この「ことば」に注目！

◆**「荒れたる庭の露しげきに」**　庭が荒れているからといって、そこに住む人をズボラと思ってはいけない。世を忍ぶ人がひっそりと暮らしているのだと読もう。暮らしている人は女性。庭いっぱいにおりた露も、その人の「涙」の露、男の訪れが遠のいた女性の「涙」の露と見立てると、ほら、古文の世界が立ち現れてくる。

本文

1雪の《主格》おもしろう降《く》りたり《存続》し《過去》朝、人のがりいふべき《当然》事（ガ）ありて、文をやるとて、雪の事（ハ）何とも言はざり《打消》し《過去》返事に、「2この雪（ヲ）いかが見ると、一筆のたまはせ《尊敬》ぬ《打消》ほどのひがひがしからむ《婉曲》人の《主格》、仰《尊敬》せらるる《尊敬》事（ヲ）、聞き入るべき《可能》かは《反語(文末)》。3かへすがへす口惜しき御心なり《断定》」と言ひたり《存続》し《過去》（コト）こそ《強調(係)》（ハ）、をかしかりしか《過去(結)》。

4今はなき人なれ《断定》ば、かばかりの事も忘れがたし。

5九月二十日の頃、ある人に誘はれ《受身》奉り《謙譲》て、明くるまで月（ヲ）見ありく事（ガ）侍り《丁寧》し《過去》に、（ソノ人ハ）おぼし出づる《尊敬》所（ガ）ありて、（従者ニ）案内せさせ《使役》て（ソノ家ニ）入り給ひ《尊敬》ぬ《完了》。6荒れたる《存続》庭の《同格》露（ガ）しげき（トコロ）に、わざとなら《断定》ぬ《打消》匂ひ（ガ）しめやかにうち薫りて、しのびたる《存続》けはひ（ハ）、いとものあはれなり。

7（ソノ人ハ）よきほどにて出で給ひ《尊敬》ぬれ《完了》ど、（私ハ）

本文解釈

1雪が趣深く降っていた朝、ある人のもとへ言わなければならないことがあって、手紙をやるということで、（しかし私がその手紙に）雪のことは何とも言わなかった（それに対する）返事に、「2この雪をどのように見ているかと、一言おっしゃらないほどの風流心がないような人が、おっしゃることを、聞き入れることができようか（いや、聞き入れられまい）。3どう考えても情けないお心だ」と言っていたことは、心ひかれることだった。

4今はもうこの世にいない人であるので、この程度のことも忘れられない。

5旧暦九月二十日の頃、ある人に誘われ申し上げて、夜が明けるまで月を見てまわることがありましたが、（その人は）思い出しなさる場所があって、（従者に）取り次ぎを請《こ》わせて（その家に）入りなさった。6荒れている庭で夜露がいっぱいのところに、わざわざ（客のために焚《た》いたの）ではない香がしっとりと薫って、人目を避けて（ひっそりと暮らして）いる様子は、とてもどこかしみじみとしている。

7（その人は）ほどよい時間で（家から）出ていらっしゃったけれど、（私は）依然として（その家の）有り様が優雅に思われて、物陰からしばらく見つづけていたところ、（家

なほ（ソノ家ノ）事ざま**の**《主格》**優に おぼえ**て、物の隠れよ**りしばし見ゐ たる**《存続》に、（家ノ主人ハ）妻戸をいま少し押しあけて、月（ヲ）見る**気色 なり**《断定》。[8]（家ノ主人ガ）**やがて掛け籠ら ましか**《反実仮想》ば、**口惜しから まし**《反実仮想》。[9]（客ガ帰ッタ）後まで（自分ノ姿ヲ）見る人（ガ）ありとは、（家ノ主人ハ）**いかで か**《反語（係）》知ら**む**《推量（結）》。[10]かやうの事は、ただ朝夕の心づかひによる**べし**《推量》。

[11]その人（ハ）**ほどなく 失せ に**《完了》**けり**《過去》、と聞き侍り《丁寧》し《過去》。

の主人は）出入り口の戸をもう少し押し開いて、月を見ている**様子**である。[8]（家の主人が客を送り出したあと）**すぐ**に戸を閉めて（家の中に）入ったならば、**残念だっ**たろうに。[9]（客が帰った）あとまで（自分の姿を）見ている人がいるとは、（家の主人は）**どうして**知っていようか（いや、知るはずがない）。[10]このようなことは、ただもう毎日の心がけによるにちがいない。

[11]その人（＝家の主人）は**間もなく 亡くなっ**てしまった、と聞きました。

設問解説

問一 やや難 ⓐ「ひがひがしから」はシク活用形容詞「ひがひがし」の未然形。「む」は推量（婉曲）の助動詞。「ひがひがし」は〈❶変だ、❷ひねくれている、❸みっともない、❹無風流だ〉などの意味。1〜4の選択肢は「ひがひがし」の意味としては全部ＯＫ。文脈から考える。着眼点は傍線部のすぐ上の「この雪いかが見ると、一筆《ひとふで》のたまはせぬ（ほど）」。つまり、「この雪をどのように見ているかと、一言おっしゃらない（ほど）」「ひがひがしからむ人」なのである。雪景色は美しい、今も昔も。とりわけ「昔の雪」は和歌の題材。今朝はとても風流な朝なのだ。ところが兼好法師の手紙にはこの風流な雪のことが一言もふれられていない。正解は3である。

ⓑポイントは「かは」。「かは」は「反語」の係助詞。文の途中や文の終わりにあらわれて、〈〜か、いやそうではない〉と文全体の意味をひっくり返してしまう。肯定を否定に、否定を肯定に。つまり傍線部は「聞き入るべからず」あるいは「聞き入るまじ」と書き換えることができる（ちなみに「まじ」は「べし」の打消《うちけし》に当たる助動詞）。「聞き入る」が否定されているわけだ。そう解釈している選択肢は1だけ。

ⓒポイントは「優に」。「優に」はナリ活用形容動詞「優《いう》なり」の連用形。「優《すぐ》れている」こと、「優《やさ》しい」ことを表す語。〈❶優れている、立派だ、❷優雅だ、上品だ、❸殊勝だ、けなげだ〉などの意味がある。重要単語なので覚えておこう！　ところが、ここでは、どの選択肢も語義的には「優なり」を正しく解釈している。ふつうは、この語に注目すると、正解が出たり、少なくとも選択肢をふるいにかけることができるのだが…。仕方がないから、文脈から考える。着眼点は前の段落の「荒れたる庭の露しげきに、わざとならぬ匂ひしめやかにうち薫りて、しのびたるけはひ、いとものあはれなり」⑥。とりわけ「わざとならぬ匂ひしめやかにうち薫りて」。そして、傍線部ⓒのあとの「妻戸をいま少し押しあけて、月見る気色なり」⑦。この文につづいて「やがて掛け籠らましかば、口惜しからまし」⑧とあるので、この家の主人は、作者の期待どおりの振る舞いをしたことがわかる。香を焚《た》き、月を眺める！　正解は1である。

問二 易　空欄 ア の下の「をかしかりしか」に注目する。「をかしかり」はシク活用形容詞「をかし」の連用形、「しか」は過去の助動詞「き」の已然形。已然形で文が結ばれている。文を已然形で結べる語は係助詞「こそ」。正解はe。

問三 易　①は「案内せさせて」の「させ」に注目する。使役の助動詞「さす」の連用形である。「さす」には「尊敬」の意味もあるが、ここは「使役」。すると、①の主語は下の「入り給ひぬ」の主語と同じということになる。「給ひ」は次の問四で敬語としての種類をきいているが（つまり設問がダブっているが）、尊敬の補助動詞「給ふ」の連用形。主語は「貴人」すなわち「ある人」である。正解は2。

②は直前直後に目を配る。「妻戸をいま少し押しあけて、月見る気色なり。やがて掛け籠らましかば、口惜しからまし。」⑦〜⑧。「妻戸《つまど》」は、建物に設けられた出入り用の戸のこと。その戸を押し開けて月を見ているのだから、この人は部屋の中にいる。そして、月を眺め終えたら、部屋の奥に帰って行く人である。正解は3である。

③は、「その人ほどなく失《う》せにけり、と聞き侍りし」とあるので、まず、主語は「その人」、つまり3「ある家の主人」でないことがわかる。次に「聞き侍りし」の「侍り」に注目する。「侍《はべ》り」は敬語で、ここでは「丁寧の補助動詞」として使われている。もしこの傍線部の主語が2「ある人」ならば、「侍り」ではなく「給ひ」（尊敬の補助動詞）となっているはず。さらに「し」。この「し」は助動詞「き」の連体形。「き」は自分の体験した過去を述べるときに使う助動詞である。正解は1。

問四 易 (1)は「尊敬」のときと「謙譲」のときがある。「尊敬」は、「飲食する」こと、「着る」こと、「乗る」ことの尊敬で、〈❶召し上がる、❷お召しになる、❸お乗りになる〉という意味。この「奉り」はそうは訳せないので「謙譲」。細かいことを言えば、「謙譲の補助動詞」。正解はb。

(2)は「謙譲」のときと「丁寧」のときがある。どちらも動詞「あり」の敬語だが、「謙譲」は〈お仕えするために貴人のそばや貴い所に控えている〉こと。この「侍り」の主語は「明くるまで月見ありく事」。つまり「事柄」。事柄が〈お仕えするために貴人のそばや貴い所に控えている〉ことなどありえない。正解はc。

(3)は「尊敬」の補助動詞。「給《たま》ふ」には「謙譲」もあるが、そのときは下二段に活用する。下二段活用は、実際に未然形から命令形まで活用させてみればわかるが、「給ひ」の形になることはない。正解はa。

問五 やや難 Ⓐは第一段落[1]～[3]の内容、Ⓑは第四段落[7]の内容を、三十字以内（句読点を含む）でまとめる。

2 沙石集

評価

50〜40点→ 合格圏
39〜30点→ まあまあ
29〜0点→ がんばれ

解答

（50点満点）

問一 a ① b ③ c ② d ④
e ①（各5点）
問二 X ③ Y ②（各4点）
問三 ④（5点）
問四 ①（7点）
問五 ②（5点）

出典

作品名『沙石集《しゃせきしゅう》』 作者 無住《むじゅう》
ジャンル 説話 時代 鎌倉時代後期

本文解説

欲張りな「在家人《ざいけにん》」の話である。「在家人」とは、出家していない人のこと。けちで利益ばかり追求していたある在家人が、虫歯を取ってもらおうとして「唐人《とうじん》」のもとへ行く。「唐人」とは、唐（＝中国）から渡ってきた人。当時中国には様々な技術があり、医療の面でもすぐれていた。虫歯を抜く値段は、一本につき銭二文《ぜににもん》。なんとこの在家人は、それを半額の一文にしてくれと値切った。これには唐人の歯医者さんも腹が立つ。二文なんて少額だから、ただで抜いてやってもよい。が、こいつのケチな性根《しょうね》が気にくわない。唐人の歯医者さんは決して負けなかった。しかし、ここからがすごい。在家人は、「三文で歯を二本抜いてくれ」と言う。歯医者さんは抜いてやった。確かに、三文で二本抜くのだから一本あたり一・五文。二文よりは得。しかし、その代わり健康な歯を一本失ったのだから結局は大損。在家人は目の前の利益ばかりを追い求めるあまり、本当に愚かなことをしてしまったのだ。

さて、当時の仏教的な世界観では、「世《よ》」は、今生きている「現世《げんせ》」のほかに、その前には「前世《ぜんせ》」、そして死後には「来世《らいせ》」があった。「前世」で死んで「現世」に生まれた。「現世」で死ぬと「来世」に生まれる。このように死んでは生まれ変わることを「輪廻転生《りんねてんしょう》」という。そして前世で悪いことをすると現世で悪い結果が生じ、良いことをすると良い結果が生じる。これを「因果応報」という。物語などでも、人の知恵でははかりがたい何かが起こると、これは前世からの因縁（「宿世《すくせ》」という）であると語っていることが多い。そうすると、来世を良いものとするには、この現世で善行を積み、一心に仏道修行をしなければならない。死後行く世界は「六道《ろくどう》」といい、地獄道・餓鬼道・畜生道・阿修羅《あしゅら》道・人間道・天上道のどれかにみな生まれ変わると考えられていた。しかし一見良く思える人間道や天上道も結局は迷いの世界である。一番良いのは、迷いのない澄みきった場所（「浄土」という）に往《い》って生まれる（「往生」という）ことである。浄土はたくさんあるが、代表的なものは阿弥陀仏の住む「極楽浄土」。西方《さいほう》にある。皆、この「西方浄土」に往生したいから、現世で仏道修行に励むのだ。

　このような仏教的な世界観からすると、人々が現世でこの世の利益を追求し仏教をないがしろにすることは、あのケチな性根から健康な歯を抜いてしまった在家人と同じ愚行、取り返しのつかない大損失である。「来世」という大切なことに気づかないで、「眼前《がんぜん》の幻《まぼろし》の利《り》」にふけって生きているのだから。

本文

1 南都に、歯（ヲ）取る唐人（ガ）有りき《過去》。2 ある在家人の《主格》、慳貪にして、利養を先とし、事に触れて、

この「ことば」に注目！

◆「眼前の幻の利」　「この世」のことを古語で「仮《かり》の世」とか「仮の宿《やど(り)》」とかいう。つまり、「この世」は、かりそめのもの、本物《ほんもの》の世ではないのだ。本物の世は「極楽《ごくらく》浄土《じょうど》」（西にあるので「西方《さいほう》浄土」とも）。そこに行けば、死んで何かに生まれ変わること、「輪廻転生」はもうない。そのためにはせっせと「善根（良いむくいをもたらす行い）」を積む必要がある。そういう「仏法の利（仏法のご利益《りやく》）」を求めず、「眼前の幻の利」にふけることは、考えてみるとたしかに愚かしい。どんなにお金をもうけても、お金はあの世に持って行けないのだから。築き上げた宝の山も、死ねばその人にとってはゼロ。まさに幻！　ということは、「善根」はあの世に持って行けるということになる。そう、あの世にも、その次の世にも持ち越し可能。だから、人は「仏法の利」を求め、「輪廻転生」を繰り返し、「善根」を積む必要がある。そして、「善根」が十分たまったとき、人は、晴れて「極楽浄土」に迎え入れられ、「仏」になるのである。

本文解釈

1 奈良に、歯を抜く中国人がいた。2 ある在家人（＝出家していない人）が、強欲で、利益を第一とし、何かにつけて、

商ひ心のみ（ガ）ありて、**徳**もあり ける《過去》 が、虫 の《主格》 食ひ たる《存続》 歯を取ら せ《使役》 む《意志》 とて、唐人がもとに行き ぬ《完了》。3（唐人ハ）歯（ヲ）一つ取るには、銭二文に定め たる《存続》 を、（在家人ハ）「一文にて取りてたべ《尊敬》」と云ふ。4（唐人トシテハ）少分の事 なれ《断定》 ば、ただも取る べけれ《適当》 ども、（在家人ノ）心様の憎さに、「ふつと、一文にては取ら じ《打消意志》」と云ふ。5やや久しく論ずる**程**に、（唐人ガ歯ヲ）**おほかた**取ら ざり《打消》 けれ《過去》 ば、（在家人ハ）「さらば三文にて、歯（ヲ）二つ取り給へ《尊敬》」とて、虫も食は ぬ《打消》 に良き歯を取り添へて、二つ取ら せ《使役》 て、三文（ヲ）取らせ つ《完了》。6（在家人ノ）心には利分と こそ《強調(係)》 思ひ けめ《過去推量》 ども、疵なき歯を失ひ ぬる《完了》（コトハ）、大きなる損 なり《断定》。7此は**申す**《謙譲》に及ば ず《打消》、大きに愚かなる事、**嗚呼がましき わざ** なり《断定》。

8但し、世間の人の利養の心（ガ）深き（コトハ）、事に触れて利分を思ふ程に、因果の道理も知ら ず《打消》、当来の苦報をも弁へ ず《打消》、ただ眼前の幻の利にふけりて、身の後の菩提の財宝を失ひ、仏法の利を得 ざる《打消》 事のみ

商売気ばかりがあって、**財産**もあったのだが、虫が食っている歯（＝虫歯）を抜かせようとして、中国人のもとに行った。3（中国人は）歯を一本抜くには、銭二文と決めていたのに、（在家人は）「一文で抜いてください」と言う。4（中国人としては）少額のことなので、ただで抜いてもよいのだけれども、（在家人の値切ろうとする）性根がしゃくにさわるので、「決して、一文では抜くまい」と言う。5だいぶ長いこと言い争う**うち**に、（中国人が歯を）**決して**抜かなかったので、（在家人は）「それならば三文で、歯を二本抜いてください」と言って、虫も食っていないのに健康な歯を加えて、二本抜かせて、三文を支払った。6（在家人の）考えとしては得をしたことと思ったのだろうが、悪いところのない歯を失ったことは、たいへんな損失である。7これは**申す**までもなく、たいへん愚かなこと、**ばかげたこと**である。

8とはいうものの、世間の人の利益を求める心が深いことは、何かにつけて得することを考えるので、因果の道理もわからず、来世の辛《つら》く苦しいむくいも考えず、ただ目の前のはかない利益に心を奪われて、我が身の来世の極楽往生《ごくらくおうじょう》という宝を失い、仏法のご利益《りやく》を手にしないことばかりが多い。9大昔は人の心が素直で、欲がなくて良いむくいをもたらす行いに励んだのも、みんな誠実な心のままでいたのだ。

こそ[強調(係)]（ガ）多けれ[(結)]。

[9] 上代は人の心（ガ）素直に、欲（ガ）なくして善根を営みし[過去]（ノ）も、皆まことしき[過去]心に住しき。

設問解説

問一 易　aは文字どおり「南の都」。京都に対して南の都ということで、「奈良」をいう。古文の知識というより、どちらかといえば日本史の知識。

bの「徳」は〈❶人徳、❷道徳、❸財産、❹能力、❺働き〉などさまざまな意味を表す語。選択肢①～④はどれも語義的には「徳」を正しく解釈している。ただし入試できかれるのは❸の意味の「徳」。ここもそう。直前の「商《あきな》ひ心《ごころ》のみありて」（商売気ばかりがあって）に注目すればすぐわかる。

cの「心様《こころざま》」は、「歯一つ取るには、銭二文《ぜににもん》に定めたるを、「一文《いちもん》にて取りてたべ」と云」った「ある在家人《ざいけにん》」の「心様」。「心様」は〈気質、性格〉という意味。「憎さ」の「憎《にく》」は、ク活用形容詞「憎《にく》し」の語幹。ある在家人の心様を「憎し」と思ったのは「歯取る唐人《たうじん》」。「憎し」は、今の「憎いことを言うねえ」の「憎い」のように、いい意味で使うことが古語にもあるが、ここは下の「ふつと、一文にては取らじ」に注目すると〈しゃくにさわる、腹立たしい〉とか〈見苦しい、体裁が悪い〉という意味だとわかる。③が紛らわしい。ただ、「心様」の「説明・解釈」としては、②（「性根」）のほうが③（「考え」）よりも語義的に正確。「憎し」の「説明・解釈」としても、②（「しゃくにさわる」）のほうが③（「見苦しい」）よりも文脈に合う。したがって、正解は②。

dのポイントは「嗚呼《をこ》がましき」。シク活用形容詞「をこがまし」の連体形である。「をこがまし」は〈❶ばかげている、みっともない、❷差し出がましい、でしゃばりだ〉という意味。したがって、①②は×である。正解は③か④。あとは文脈。[5]～[6]の内容から適切なほうを選ぶ。正解は④である。

eのポイントは「当来」。「当来《たうらい》」とは「来世」のこと。そこから正解は①と決まる。ところがこの語は重要単語とはいえない。あらかじめ知っておかなくてもいいことばの意味から正解を導くなんてズルイ！と思うかもしれない。しかし、eの前にある「因果の道理も知らず」の

「因果」は押さえておきたいことば。「因」は「原因」、「果」は「結果」。「因果関係」などと今でも使う。現代語の「因果」は「因」も「果」も「この世」のもの。ところが、古語の場合は、「因」と「果」が「世」をまたいでいるときがある。「前世」での行いが「この世」の幸不幸を決め、「この世」での行いが「来世」の幸不幸を決める。ここの「因果」はこの意味である（「身の後《のち》の菩提《ぼだい》の財宝を失ひ、仏法の利を得《え》ざる事のみこそ多けれ」[8]の文に注意！）。したがって、「当来の苦報」を「来世の辛く苦しいむくい」ととらえている①が正解。

問二 やや難　空欄 X を考える前に、まず空欄 Y の選択肢がどれも本文にある語であることに注意しよう。①「やや久しく論ずる程に」（[5]）、②「おほかた取らざりければ」（[5]）、③「さらば三文にて、歯二つ取り給へ」（[5]）、④「但し、世間《せけん》の人の利養《りやう》の心深き、……」（[8]）。

設問文によれば、この①～④は「ふつと」と「同様の意味・用法で使われてる言葉」なのだから、「ふつと、一文にては取らじ」を次のように言い換えることができるはずだ。

①「やや、一文にては取らじ」（だいぶ、一文では抜くまい）

②「おほかた、一文にては取らじ」（決して、一文では抜くまい）

③「さらば、一文にては取らじ」（それならば、一文では抜くまい）

④「但し、一文にては取らじ」（とは言うものの、一文では抜くまい）

これをふまえてどの文が前後の文脈（[4]～[5]）にふさわしいか考える。すると、②が妥当なことがわかるだろう。この「おほかた」は「副詞」。「おほかた」には「名詞」や「接続詞」としての意味もあるが、「おほかた～打消」の形で「まったく～ない」の意味を表しているときは「副詞」。この問は、問一のeもそうだったが、ひねりをきかせている。「ふつと」は知らなくてもいいことば。しかし、「おほかた」は重要単語である。正解はXは③、Yは②である。

問三 標準　「眼前の イ幻の利《り》」と「身の後《のち》の菩提《ぼだい》の財宝」（わが身の来世の極楽往生という宝）が対《つい》の関係になっていることに注目する。「眼前の イ幻の利《り》」vs.「身の後《のち》の菩提《ぼだい》の財宝」なのだから、正解は④。

問四 やや易　①「近視眼的利益の追求が大損を生むという笑い話を用いて」（[1]～[7]に合致する）「仏法の利を求めるべきことを説いている」（[8]～[9]に合致する）。

②論外。

③「利益を追求するあまり×元も子もなくしてしまうことを、因果応報の理で説明している」（1～7を誤解している）。

④「現今は現世利益に重ねて×仏法の利をも求める人のみで、上代人のような誠実な心を持つ人がいなくなったことを嘆いている」（8を誤解している）。

正解は①

問五 **難** 説話集には、仏教の話を集めたものと世俗の話を集めたものとがある。『沙石集』は鎌倉時代後期の仏教説話集。

①『十訓抄《じっきんしょう》』は鎌倉時代中期の世俗説話集。②『宝《ほう》物集《ぶつしゅう》』は平安時代後期の仏教説話集。③『宇治拾遺《うじしゅうい》物語』は鎌倉時代前期の世俗説話集。④『古今著聞集《ここんちょもんじゅう》』は鎌倉時代中期の世俗説話集。作者は橘 成季《たちばなのなりすえ》。

『沙石集』『十訓抄』『宇治拾遺物語』『古今著聞集』は、文学史の問題のために押さえておきたい作品。ただし、『宝物集』は知らなくてもいい。消去法で②を正解とする。

3 平家物語

評価

50〜44点→ 合格圏

43〜34点→ まあまあ

33〜0点→ がんばれ

解答

問一 オ（6点）

問二 ア（6点）

問三 ア（6点）

問四 ウ（4点）

問五 ウ（6点）

問六 イ（6点）

問七 ウ（6点）

問八 ア（6点）

問九 エ（4点）

（50点満点）

出典

作品名 『平家物語《へいけ》』　作者 未詳

ジャンル 軍記物語　時代 鎌倉時代前期

本文解説

源《みなもとのよりまさ》頼政は平安時代後期の人。頼政は、源氏の代表的な武士であり、歌人でもある。本文はその頼政のエピソードである。

まず、「鵺《ぬえ》」という「化鳥《けちょう》」が現れる。「化鳥」とは鳥が姿を変えたもので、鳥の妖怪のようなものだ。宮中の庭に来て鳴くので天皇がおびえ、退治することになった。そこで選ばれたのが、頼政。鵺退治の射手《いて》に選ばれたからには、武士の名誉にかけても失敗は許されない。頼政は、鵺を射るのに失敗したらもう出家するしかないと思い、源氏の守護神である八幡《はちまん》神に祈る。そんな決死の覚悟で、鵺が出るという宮中の庭に参上する。そこには大勢の見物人がいる。やがて夜が更けて……とうとう鵺が現れた！　二声ほど鳴いて、鵺は天高く飛んでゆく。そこで頼政はまず気を落ち着かせ、鏑矢《かぶらや》（射ると大きな音がする）をつがえてぎりぎりと引き、狙いを定めて射た。「ひやうど」とは、「ひゅうっ」という音。擬声語である。擬声語をよく用いるのが軍記物語の文章の特徴。その場の様子がリアルに伝わってくる。音に驚いた鵺は、今度は急降下。すかさず頼政は小さな鏑矢を射た。すると矢は鵺の真ん中にあたり、頼政はその手応えに「得たり、おふ」と勝利の叫び声。しとめたのだ！

　天皇は感動のあまり頼政にほうびを与える。ほうびは衣。当時はよく衣がほうびとして与えられた。天皇は「御前の階《きざはし》」を半分ほど下りてくる。取り次ぎをするのは左大臣。左大臣は頼政に衣を渡すとき連歌《れんが》をしかける。連歌とは、5・7・5の上の句と7・7の下の句を、二人で応答するように詠むもの。左大臣は、「五月闇名をあらはせる今宵かな」と詠みかける。すかさず頼政は「たそがれ時も過ぎぬと思ふに」と付けた。実は頼政、有名な歌人でもあった。鴨長明《かものちょうめい》が所属していた「歌林苑《かりんえん》」という和歌の会のメンバーだったのだ。武人にして歌人。勇猛にして繊細。昔も今も、人はこういう人物に心ひかれる。

本文

[1]鳥羽院の御時、鵺と**申す**《謙譲》化鳥が竹の御坪に鳴くこと（ガ）、たび重なりけれ《過去》ば、（ソノ鳴キ声ガ）天聴を**おどろかし**たてまつる《謙譲》。[2]公卿詮議（ガ）あつ《り》て、武士に**仰せ**《尊敬》て（鵺ヲ）射るべき《適当》（トイウコト）に定まりて、頼政を**召し**《尊敬》て、「（鵺ヲ）**仕れ**《謙譲》」と、**仰せくださ**《尊敬》る《尊敬》。[3]（頼

この「ことば」に注目！

◆「連歌」　「連歌」とは、一人ではなく共同で作った和歌のこと。「57577」を「575」（上《かみ》の句）と「77」（下《しも》の句）に分けて二人で作る。さらにまた、人が加わって、「575」＋「77」＋「575」＋「77」＋「575」＋……とみんなで句を鎖のようにつなげていく。一首の歌を二人で作るのを「短連歌」、みんなで句を長々と付けていくのを「長連歌」という。古文の問題文に出てくる連歌は「短連歌」。「短連歌」は、必ずしも「575」から作られるとはかぎらない。初めに「77」が作られるときもある。初めに作られた句を「前句《まえく》」、それに付けていく句を「付句《つけく》」という。覚えておこう！

本文解釈

[1]鳥羽院の（天皇だった）御代、鵺と**申す**怪しい鳥が宮中の中庭で鳴くことが、度重なったところ、（その鳴き声が）天皇のお耳に入って**動転させ**申し上げる。[2]公卿の会議があって、武士に**お命じになっ**て（鵺を）射るのがよいということに決まって、頼政を**お呼び寄せになっ**て、「（鵺を）**退治いたせ**」と、**お言いつけになら**れる。[3]（頼政は）昔から、**宮中**を守護してお仕えしてきた**ので**、お断り申し上

政ハ）昔より、内裏を守護して奉公しける間、辞し申すに及ばず、「かしこまりて承りさうらひぬ」とて、（鵺ヲ）仕るべき（コト）になりぬ。4頼政（ガ）思ひける（コト）は、「今朝、八幡へ参りたりつる（ノ）が、最後にてありけり。これを射外しつるものならば、弓と髻とは、ただいま切り捨てんずるものを」とて、5「八幡大菩薩、源氏を捨てさせたまはずは、（私ノ）弓矢にたちかけり守らせたまへ」と、祈誓して、重籐の弓に、鏑矢二筋（ヲ）取り具して、竹の坪へ参る。6見物の上下諸人（ガ）、目もあへず見るほどに、夜（ハ）更け、人（ガ）しづまりて後、例の化鳥（ガ）、二声ばかり訪れて、雲居はるかに飛び上がる。7頼政（ハ）押ししづめて、一の矢に大きなる鏑をうちくはせて、よつ《く》引きて、しばしかためて、ひやうど射たり。8（鏑矢ガ）大鳴りして、雲の上へあがりければ、化鳥（ハ）、鏑の音におどろきて、上へはあがらず、下へ違ひて飛び下がる。9頼政（ハ）これを見て、二の矢に小鏑を取りてつがひ、小引きに引きて差し当て、ひやうど射たり。

げることもできないで、「慎んでお受けしました」といって、（鵺を）退治いたさなければならないことになった。4頼政が思ったことは、「今朝、八幡へお参りしてきたのが、最後であったのだなあ。これ（＝鵺）を射損じでもしたものならば、弓と束《たば》ねた髪とは、すぐさま切り捨て（出家す）るつもりなのになあ」と思って、5「八幡大菩薩よ、源氏をお見捨てにならないのであれば、（私の）弓矢のもとに飛んできてお守りください」と、加護を祈って、重籐の弓（＝黒漆《うるし》を塗って籐《とう》を巻いた弓）に、鏑矢（＝大きな音を出して飛ぶ矢）二本を取り添えて、宮中の中庭へ参上する。6見物の身分の高い人も低い人もみんなが、まばたきもせず見るうちに、夜は更け、人が寝静まった後、いつもの怪しい鳥が、二声ほど鳴いて、空高く飛び上がる。7頼政は気持ちを静めて、一本目の矢として大きな鏑矢をつがえて、十分にひきしぼって、しばらくそのまま保って、ひゅうっと射た。8（鏑矢が）大きな音を立てて、雲の上へ上がったところ、怪しい鳥は、鏑の音に驚いて、上へは上がらず、下へすれ違って飛び下る。9頼政はこれを見て、二本目の矢として小さな鏑矢を手に取ってつがえ、弱めにひきしぼってねらいを定めて、ひゅうっと射た。10ひゅっと、（鵺の）真ん中を射当てて（鵺を）落とした。11（頼政は）手ごたえがあったように感じられたので、「しとめた。おう」と、射当てた歓声を上げる。12太上天皇（＝鳥羽院）は、ご感動のあまりに、お着物を

10ひふつと、(鵺ノ)真中を射切つ《り》て落とし たり《完了》。11(頼政ハ)手もとにこたへて**覚え** けれ《過去》ば、「得 たり《完了》。おふ」と、矢叫びする。

12太上天皇(ハ)、御感のあまりに、御衣を一襲、(頼政ニ) **かづけ** させ《尊敬》 おは《尊敬》しますとて、御前の階をなからばかり下りた《尊敬》まふ。13ころは五月の二十日あまりのことなる《断定》に、左大臣(ハ) **しばし やすらひ**て、

　五月闇**名**をあらはせ る《完了》今宵 かな《詠嘆》

と、(頼政ニ) 連歌をしかけ られ《尊敬》 たり《完了》 けれ《過去》ば、14御階に右の膝をつきて、左の袖を広げて、御衣を**賜る**《謙譲》とて、頼政(ハ)、(和歌ヲ) 好むくち なれ《断定》ば、

　たそがれ時も過ぎ ぬ《完了》と思ふに

と ぞ《強調(係)》、付け たり《完了》 ける《過去(結)》。15左大臣(ハ) これを**聞《尊敬》こしめし**て、あまりの**おもしろさ**に、立ち帰ら せ《尊敬》 たまは《尊敬》ず《打消》、**しばし やすらひ**て、

　五月闇**名**をあらはせ る《完了》今宵 かな《詠嘆》 たそがれ時も過ぎ ぬ《完了》と思ふに

と、押し返し押し返し詠じたまひ《尊敬》 たり《存続》 けり《過去》。16「昔の

ひと揃《そろ》い、(頼政に) **ほうびとして与え** なさるということで、御前の階段を半分ほど降りなさる。13時節は旧暦五月の二十日過ぎのことであるが、(取り次ぎの) 左大臣は **しばらくたたずん**で、

　五月の闇夜に、頼政が「名をあらわした」(→**名声** をあげた) 今日の夜だよ。

と、(頼政に) 連歌を詠みかけなさったところ、14御前の階段に右の膝《ひざ》を突いて、左の袖を広げて、お着物を **頂戴《ちょうだい》する** ということで、頼政は、(和歌を) 好むたぐいであるので、

　夕暮れ時も過ぎたと思うので (自分は「名をあらわした」(→名乗りをあげた) までです。)。

と、付けた。15左大臣はこれを **お聞きになっ** て、あまりの**趣深さ**に、(もとの場所に) お戻りにならず、**しばらく たたずん**で、

　五月の闇夜に、「名をあらわした」今日の夜だよ。夕暮れ時も過ぎたと思うので。

と、繰り返し繰り返し口ずさみなさっていた。16「昔の養由は、雲の向こうに雁《かり》(の声) を聞いて、近寄ってくる声を (たよりに雁を) 射る。今の頼政は、雨の中で鵺をしとめた」と、称賛した。

養由は、雲の外に雁（ノ声）を聞きて、寄る声を（タヨリニ雁ヲ）射る。今の頼政は、雨の中に鵺を得たり《完了》」とぞ《強調(係)》、ほめたり《完了》ける《過去(結)》。

設問解説

問一 易 ポイントは「申す」。⑴の中の「申す」はサ行四段活用動詞「申す」の連体形。「申す」は〈❶（「言ふ」の謙譲語として）申し上げる、❷（謙譲の補助動詞として）〜し申し上げる、お〜する〉という意味。ここは、サ行変格活用動詞「辞《じ》す」の連用形「辞し」に付いているので、❷の意味。この「申す」を❷の意味で解釈しているのはオだけ。正解はオである。アとウは❶の意味にとっているので×。イとエは、意味以前に謙譲表現していないから×。なお、「辞す」は〈❶辞退する、断る、❷辞去する、引き下がる」〉という意味。ここは❶の意味で使われている。

問二 易 ポイントは「髻《もとどり》」。「髻」とは「髪を頭の上で束《たば》ねたところ」をいうが、それを切り捨てることは、出家することを意味する（「髻切る」は〈出家する〉と押さえよう！）。そこから、正解はアかイになる。アとイの違いは、ア「出家してしまうつもりだ」イ「出家してしまうだろう」。つまり、「んずる」（助動詞「んず」の連体形）の解釈にある。「んず」は「んとす」（助動詞「ん」＋格助詞「と」＋サ変動詞「す」）が変化してできた助動詞。アのように「意志」で読むことも、イのように「推量」で読むこともできる。傍線⑵の文の主語は「頼政」。頼政は、傍線⑵が引かれてある会話の主《ぬし》であるから、⑵の文の主語は頼政自身つまり「わたし」。したがって、「んずる」は「意志」を表し、正解はアである。

問三 やや易 「源氏を捨てさせたまはずは、弓矢にたちかけり守らせたまへ」は、頼政が「八幡大菩薩《ぼさつ》」に呼びかけた言葉だから、「朝廷が」としているエとオとカは×。⑶の中の「させたまは」の「させ」は助動詞「さす」の連用形。「さす」には〈使役〉と〈尊敬〉の意味があるが、ここは〈尊敬〉の意味。つまり「させたまは」は最高敬語。もちろん八幡大菩薩を敬っている（「弓矢にたちかけり守らせたまへ」の「せたまへ」も同様の表現である）。

そこから、「させ」を〈使役〉で読んでいるイとウは×（そもそもイとウの「させようとなさらない」の「よう（と）」は、どこから出てきた訳なのか？　この訳も×である。これはカもそう）。正解はア。

問四　【易】　(4)「射」は、終止形は「射《い》る」。「射《い》る」は「い―い―いる―いる―いれ―いよ」と活用するので、上一段活用である。正解はウ。

問五　【易】　傍線(5)の「けれ」に注目する。「けれ」は過去の助動詞「けり」の已然形。この「けれ」をちゃんと「た」と訳しているのはイとウだけ。ア・エ・オは「けれ」を訳していないので×。イは、(5)の「手もとにこたへて」を「配下の武士の返事に」にと解釈している。どこからこんな解釈が出てくるのだろう？？？。きっと「手もと」を「手下《てした》」と読んだのだ。×である。正解はウ。

問六　【標準】　「やすらひ」がポイント。「やすらひ」はハ行四段活用動詞「やすらふ」の連用形。「やすらふ」は〈❶立ち止まる、とどまる、❷ためらう、躊躇《ちゅうちょ》する〉という意味。正解はイである。

問七　【標準】　(7)はサ行四段活用動詞「聞こしめす」の連用形。「聞こしめす」は、「聞く」や「飲食する」ことの尊敬語だから、エ・オ・カは×。尊敬語は主語・主体を敬うことば。(7)の主語は「左大臣」。正解はウ。

問八　【やや易】　空欄［A］は「あらはせる」の目的語。「あらはせる」はサ行四段活用動詞「あらはす」の已然形（命令形）に完了の助動詞「り」の連体形が付いたもの。「［A］をあらはす」。各選択肢を［A］に入れてみると、イ・エ・オは言葉づかいとしてヘンだから×。「五月闇《やみ》」は梅雨時《どき》の真っ暗な闇夜をいうから、ウも×。そもそも、この問は慣用句「名《な》をあらはす」（「名をあぐ」とも）〈名声をあげる、有名になる〉をきいた設問。知らなかったら、覚えておこう。正解はアである。

問九　【易】　アは江戸時代中期の紀行文。作者は松尾芭蕉《まつおばしょう》。イは平安時代中期の物語。作者は紫式部《むらさきしきぶ》。ウは平安時代後期の説話集。エは南北朝時代の軍記物語。オは江戸時代後期の読本《よみほん》。作者は曲亭《きょくてい》（滝沢）馬琴《ばきん》。カは平安時代中期の随筆。作者は清少納言《せいしょうなごん》。

『平家物語』は軍記物語のジャンルに属するから、正解はエ。

4 紫式部日記

評価

50〜38点→ 合格圏

37〜27点→ まあまあ

26〜0点→ がんばれ

解答

（50点満点）

問一　とても早く終わったので　（5点）

＊「いと」の訳…1点　「とく」の訳…1点　「果て」の訳…1点

「ぬれ」の訳…1　「ば」の訳…1点

問二　(b) ア　(d) オ　（各5点）

問三　イ　（5点）

問四　起こせ　（5点）

問五　エ　（4点）　問六　イ　（5点）

問七　(1) 1 カ　2 イ　3 イ　（各2点）

(3) 1 オ　2 ア　3 ア　（各2点）

問八　イ　（4点）

出典

作品名　『紫式部《むらさきしきぶ》日記』　作者　紫式部

ジャンル　日記　時代　平安時代中期

本文解説

『紫式部日記』は、『源氏物語』の作者である紫式部が書いた日記。彼女は、宮中で高貴な人に仕える「女房」だった。仕えていたのは、一条天皇の中宮彰子。藤原道長の娘である。

本文の冒頭にみえる「追儺《ついな》」とは、大晦日に疫病などの災いを除くために大声をあげて内裏から悪鬼を追い払う行事のこと。宮中の年中行事の一つである。この儀式が民間に伝わって、今でも節分の日の「豆まき」として残っている。「鬼は外、福は内」と言いながら豆をまくあの行事である。え？ 日が違う！ そう思うかもしれない。暦のトリックである。旧暦、新暦。一月《ひとつき》あまりのズレがある。その「追儺」も早くに終わり、女房たちがくつろいでいると、中宮の御座所《ござしょ》のほうで大声がする。泣き騒ぐ声。怖い！ 茫然…。が、何よりも彰子様のことが心配。彰子様は帝の所ではなくいつものお部屋にいらっしゃる。作者は同僚の女房二人と震えながら足が地に着かない思いで参上する。すると、そこにいたのは、なんと裸の人二人。女房の靫負《ゆげい》と小兵部《こひょうぶ》であった。こういうことだったのか！ 二人は追いはぎに衣を奪われてしまったのだ。

この事件について、作者は「いみじうおそろしうこそ侍りしか（＝たいへんおそろしいことでした）」と述べている。「しか」（過去の助動詞「き」の已然形）とあるのだから、これは事件を回想したときの言葉。一方で、靫負と小兵部の「はだか姿は忘られず」とも述べている。二人のはだか姿を思い出すと、この事件は作者の中で「をかしう」とも回想されるというのである。物事を少し引いた目線でとらえ直す作者のこの目、一つの視点からだけではなく、別な視点からもとらえる目、この目があの『源氏物語』の豊饒《ほうじょう》な世界を可能にしたといえるのである。

この「ことば」に注目！

◆**「靫負《ゆげひ》」「小兵部《こひやうぶ》」**　「靫負」「小兵部」はドロボーに服を盗《と》られて裸で座っていた女性の名。もちろん本名ではない。職場における通り名である。当時、女性の名前は極秘事項。この日記の作者紫式部も、苗字は藤原とわかるのだが、肝《かん》心《じん》の名前はわかっていない。なんといったのだろう？　その紫式部が仕える女性の名は「彰子」。これはわかる。正史に名をとどめるべき女性だから、きちんと名は伝わる。そうでない女性は、まわりの人に自分の名を明かすことはしない。だから、その女性の名を知っているのはごくわずか、かぎられた人だけである。職場も初めから通称。「靫負」は「衛門府《えもんふ》」の別称。「衛門府」は今でいえば軍隊・警察のようなもの。働いているのは男。「小兵部」の「兵部」は今でいえば防衛省のようなもの。働いているのは男。女性の職場での通り名は、父親とか男兄弟とか夫とかの官職によるのがふつう。紫式部の「式部」は、父親が「式部の丞《じょう》」であったことによる。「紫」は？　『源氏物語』のヒロイン「紫の上」の「紫」。ヒロインの名が、それを描いた作者の名にもなったのである。

本文

1**つごもり**の夜、追儺は**いと　とく　果て**　ぬれ《完了》ば、歯黒め（ヲ）つけなど、**はかなき**つくろひども（ヲ）すとて、**うちとけ　居**　たる《存続》に、内侍（ガ）来て、**物語り**（ヲ）して、臥し給へ《尊敬》　り《存続》。2内匠の蔵人は長押の下に**居**て、

本文解釈

1（十二月の）**月末**　の夜、追儺は　**とても　早く　終わっ**　たので、お歯黒をつけたり、**ちょっとした**　化粧をするということで、**くつろいで**（部屋に）**留まっ**　ていたところ、内侍《ないし》が来て、**雑談**　をして、おやすみになっている。2内匠《たくみ》の蔵人《くろうど》は長押《なげし》の下座に　**座っ**　て、あてきの縫う物の、（袖口や裾の）

あてきが縫ふ物の、かさねひねり（ヲ）教へなど、つくづくとし居たる《存続》に、御前の方にいみじくののしる。3（私ハ）内侍（ヲ）起こせど、（内侍ハ）とみにも起きず《打消》。4人の《主格》泣き騒ぐ音の《主格》聞こゆるに、いとゆゆしく、ものもおぼえず《打消》。5火か《疑問(文末)》と思へど、さに《断定》はあらず《打消》。6（私ハ）「内匠の君、いざ、いざ」と、（内匠の蔵人ヲ）先におしたてて、「ともかうも、宮（ガ）、下にお《尊敬》はします、まづ参り《謙譲》て見奉ら《謙譲》む《勧誘》」と、内侍をあららかにつきおどろかして、三人ふるふるふるふ、足も空にて参《謙譲》りたれ《完了》ば、はだかなる人（ガ）ぞ《強調(係)》二人居たる《存続(結)》。7靫負、小兵部なり《断定》けり《過去》。8かくなり《断定》けり《詠嘆》と見るに、いよいよむくつけし。9御厨子所の人もみな出で、宮のさぶらひも、滝口も、儺やらひ（ガ）果てける《過去》ままに、みなまかで《謙譲》て《完了》けり《過去》。10手を叩きののしれど、いらへ（ヲ）する人もなし。11つらきこと（ハ）かぎりなし。12式部の丞資業（ガ）ぞ《強調(係)》参り《謙譲》て、ところどころのさし油ども（ヲ）、ただひとりさし入れられ《尊敬》てありく《(結)》。13人々（ハ）、ものおぼえず《打消》、向ひ居たる《存続》（人）もあり。

重ね方やひねり方を教えたり、しんみりとして（部屋に）留まっていたところ、中宮様のお部屋の方でたいへん大きな声がする。3（私は）内侍を起こすけれど、（内侍は）すぐにも起きない。4人が泣き騒ぐ声が聞こえるので、とても恐ろしく、どうしたらよいかわからない。5火事かと思うけれど、そうではない。6（私は）「内匠様、さあ、さあ」と、（内匠の蔵人を）先に立たせて、「ともかくも、中宮様が、居間にいらっしゃる、まず（そちらに）参上して（中宮様の様子を）見申し上げよう」と、内侍を手荒く突き起こして、三人で震えながら、足も地につかないくらいうろたえて参上したところ、裸の人が二人座っている。7靫負と、小兵部であった。8こういうことであったのだなあとわかると、ますます気味が悪い。9御厨子所《みずしどころ》の人もみな帰り、中宮職の侍も、滝口の武士も、追儺が終わったので、みな退出してしまった。10手をたたいて大きな声を出すけれど、返事をする人もいない。11恨めしいことはこの上ない。12式部の丞資業《すけなり》が参上して、あちこちの（灯台の）油を、たった一人でお注ぎになってまわる。13女房たちは、どうしたらよいかわからず、顔を見合せて座っている人もいる。14天皇からの（お見舞いの）ご使者などがある。15たいへん恐ろしいことでした。16（中宮様は）納殿《おさめどの》にあるお着物を取り出させて、この人々（＝靫負・小兵部）にお与えになる。17（賊は）元日の衣裳は奪わなかったので、（靫負と小兵部は）何もなかったふうでいるけれど、（私は二人の）

[14]上よりの御使ひなど（ガ）あり。[15]**いみじう《く》**おそろしう《く》**こそ**〔強調(係)〕侍り〔丁寧〕**しか**〔過去(結)〕。[16]（宮ハ）納殿にある御衣をとり出で**させ**〔使役〕て、この人々に**たまふ**〔尊敬〕。[17]（賊ハ）ついたちの装束は取ら**ざり**〔打消〕**けれ**〔過去〕ば、（靫負ト小兵部ハ）**さりげもなくて**あれど、（私ハ二人ノ）はだか姿は忘ら**れ**〔可能〕**ず**〔打消〕、おそろしき**ものから**〔逆接〕、**をかしう《く》**とも言は**ず**〔打消〕。

裸の姿は忘れられず、恐ろしいけれど、**滑稽なことで**とも（感じるが、そんなことは口に出して）言わない。

設問解説

問一 標準　傍線部(a)を単語に分けると「いと＋とく＋果て＋ぬれ＋ば」。「いと」は〈とても、たいそう、まったく〉などの意味の副詞。「とく」はク活用形容詞「とし」の連用形。「とし」は〈はやい〉ということ。「果て」はタ行下二段活用動詞「果《は》つ」の連用形。意味は今の「果てる」とほぼ同じ。〈終わる、終わりになる〉ことをいう。「ぬれ」は完了の助動詞「ぬ」の已然形。「ば」は接続助詞。已然形に付いているので意味は〈順接確定条件〉。訳語としては〈ので、から〉など〈原因・理由〉を表す言葉がふさわしい。さて、「果て」の訳について一言《ひとこと》。たしかに古語の「果つ」は今の「果てる」とほぼ同義。ただ、傍線部(a)を主語の「追儺」を補って「果て」をそのままにして訳すと「追儺はとてもはやく果ててしまったので」。これは何かおかしい。「果て」も「終わっ（て）」とか「終わりになっ（て）」と訳したい。

問二 やや易　(b)は「はかなき」がポイント。「はかなき」はク活用形容詞「はかなし」の連体形。「はかなし」には〈❶頼りない、❷あっけない、❸取るに足りない、❹ちょっとしたものだ〉などの意味がある。この語の意味に即して訳してあるのはアだけ。「つくろひ」に注目してもいい。「つくろひ」は「手を加えて形などを整えること」。〈❶修繕、手直し、❷身支度、化粧、❸治療、手当て〉などの意味がある。(b)のすぐ上に「歯黒めつけなど」とあるので、この「つくろひ」は「化粧」の意味。「歯黒《はぐろ》め」とはいわゆる「お歯黒」のこと。「お歯黒」は当時の化粧の一つ。正解はアである。

(d)の主語は「この人々」。具体的には靫負と小兵部の二人（**問六**の解説参照）。そこから、(d)の主語を「私」「皆」としているア・イ・ウは×。正解はエかオ。(d)の中の「さりげもなく」は、直訳すると「そんな様子もなく」ということ。この解釈としてエは×である。正解はオ。

問三 易　傍線部(c)の前にある「御前の方にいみじくののしる。内侍起こせど、とみにも起きず。人の泣き騒ぐ音の聞こゆるに、いとゆゆしく、ものもおぼえず。火かと思へど、さにはあらず。」[2]〜[5]に注目すると、何か事件が起きたことがわかる。「かくなりけりと見るに、いよいよむくつけし」[8]とあるから、これは本物の事件である！　人を呼ぶため「手を叩きののしれど、いらへする人もなし。つらきことかぎりなし」[10]〜[11]ともある。正解はイ。

問四 易　「おどろかし」はサ行四段動詞「おどろかす」の連用形。「おどろかす」は「人をハッとさせる」ことで、大切なのは〈（寝ている人を）起こす、目覚めさせる〉という意味。ここもその意味で使われている。あとは丹念に探すだけ。ただ、見つけても、設問文に「…動詞を、…そのまま抜き出しなさい」とあるので、「内侍起こせど」とか「起こす」などは×。正解は「起こせ」。

問五 易　「まかで」は、ダ行下二段活用動詞「まかづ」の連用形。「まかづ」は、尊い場所や高貴な人のもとから出て行くことをいい、〈退出する〉などと訳す。逆に、尊い場所や高貴な人のもとへ〈参上する〉ことは「まうづ」とか「まゐる」という。正解はエ。

問六 やや易　中宮が「納殿《をさめどの》にある御衣」をわざわざ「とり出《い》でさせて、この人々」に下さったのだから、「この人々」は「衣の要《い》る人々」。二重傍線部(う)が引かれた文のすぐ下に「ついたちの装束は取らざりければ、さりげもなくてあれど」とあるので、(う)は「装束を盗賊に取られた人々」のことだとわかる。具体的には靫負と小兵部。「はだかなる人ぞ二人居たる。靫負《ゆげひ》、小兵部《こひやうぶ》なりけり。」[6]〜[7]とあるので、正解はイ。

問七 標準　それぞれの波線部に含まれている動詞は、(1)は「居」（ひらがなで記せば「ゐ」）、(3)は「忘ら」。(1)は「ゐ—ゐ—ゐる—ゐる—ゐれ—ゐよ」と活用するので、ワ行上一段活用。活用形は、下に完了の助動詞「たる」があるので、連用形。(3)は、語尾を活用させると「ら—り—る—る—れ—れ」。ラ行四段活用である。「忘る」は、「れ—れ—る—るる—るれ—れよ」と下二段に活用するときもあるが、下二段は「忘ら」の形にはならない。「忘ら」は四段活用の未然形である。

問八 易 波線部(2)の「しか」は過去の助動詞「き」の已然形。係助詞「こそ」を受けて、文の終わりなのに、終止形ではなく已然形になっている。「こそ」を用いないのならば、文はふつうに終えればよい。つまり終止形「き」で言い終えればよい。正解はイ。

5 堤中納言物語

評価

50〜35点→ 合格圏

34〜27点→ まあまあ

26〜0点→ がんばれ

解答

（50点満点）

問一　ア 7　イ 6　ウ 5　エ 1　オ 1　（各2点）

問二　X 5・6　Y 8　（各2点）

問三　a 10　b 5　c 1　d 8　e 3　f 6　（各2点）

問四　a 1　b 5　c 3　d 4　e 2　（各2点）

問五　A 2　B 4　C 3　（各2点）

問六　3・6　（各3点）

出典

作品名　堤《つつみ》中《ちゅう》納《な》言《ごん》物語　　作者　未詳

ジャンル　物語　　時代　平安時代後期か？

本文解説

『堤中納言物語』は、十編の短編物語をまとめたもの。本文は、その中の「虫めづる姫君」というお話。どんな姫君かというと…。まずリード文で「按察使《あぜち》の大納言の姫君」だと書かれている。家柄のいいお嬢様だ。でも、「右馬佐《うまのすけ》」がこの「姫君の評判を聞いて歌を書き贈ったところ、固い料紙に片かなで記した返歌があった」。「固い料紙に片かな」！　男性から女性に贈る歌なのだから、それは恋歌。ふつう返事は、薄様《うすよう》といわれる薄いきれいな紙に平がなで書くものだ。変わっている！　逆に姫君に興味を覚えた右馬佐は、中将と連れだって姫君を見に行く。身分の低い女に変装をして。この二人もかなりの物好きだ。姫君の家に着いてのぞくと、男の子が家の中に声をかけている。御簾《みす》を上げたりなどして。中から姫君が答えている様子。何のやりとり？　毛虫の話！「こっちに持って来て」と姫君。いやいや「こっちに来て見てください」と言う男の子。男の子の言葉に従い、荒っぽく床を踏み鳴らし出て来た姫君の姿は…。衣《ころも》をかぶるように着て、髪の手入れもしていない（美しい髪は美人の条件なのに）！　眉毛もそのまま（眉は毛を抜いて眉墨《まゆずみ》でかくものなのに）！　歯も白い（お歯黒がふつうなのに）！　変わっている！　でも、「さがりば」は「清げ」、「口つきも愛敬づきて清げ」、生来の美しさは備わっているのだ。だから、のぞき見している男としては、「ああ、もったいない。お化粧したらきれいなのに」と嘆かずにはいられない。そして姫君の着ている物は…。「練色《ねりいろ》の、綾《あや》の袿《うちき》」。「練色」とは「薄黄色」のこと。地味な色で、女の子が着る色ではない。年配の女性が着る色。その上に「小袿」。これはいいのだけれども、なんとその模様がきりぎりすの模様。虫好きの姫君ならではだ。さらに、はいているのが白い袴《はかま》。白い袴は男性用。女性はふつう紅《くれない》の袴をはく。扇もそう。姫君の扇に書かれている文字は真名《まな》（漢字）。真名は男性が使う文字。古語で「男手《をとこで》」「男文字」という。女性の「手習ひ」なら、「女手《をんなで》」「女文字」（平がな）が書かれているのがふつう。とにもかくにも常識外《はず》れの姫君。そんな女の子がこの物語の主人公である。

平安時代後期は、中期までとは違って、オーソドックスな物語よりもちょっと変わった話が好まれた。確かに、ヒロインも、いつもおとなしくかわいらしい姫君ばかりではつまらない。当時の読者はこの姫君のキャラクターに驚く一方で、笑いながらこの「虫めづる姫君」を読んだことだろう。嘲笑ではない。おそらく、破天荒《はてんこう》な姫君にちょっとした痛快さを感じる、明るく健康的な笑いだったにちがいない。

この「ことば」に注目！

◆**「歯黒めつけねば」**　「歯黒《はぐろ》め」は4『紫式部日記』にも出てきたことば。いわゆる「お歯黒」。「お歯黒」とは「鉄漿《かね》で歯を黒く染めること」。「鉄漿」とは「鉄を酸化させた液」。明治政府が禁止したので今では見られなくなったが、大昔から江戸時代まで普通にあったお化粧の一つだ。女性ばかりではない。男性も鉄漿で歯を黒く染めた。白い歯！　は今の美意識。昔は、笑った口もとにこぼれる黒い歯！　オシャレだったのだ。

本文

1右馬佐（ハ）、（返事ヲ）見給ひ（尊敬）て、**いと めづらかに、**さまことなる**文** かな（詠嘆） と思ひて、**いかで**（姫君ヲ）見てしがな（願望） と思ひて、2中将と言ひ合はせて、**あやしき**

本文解釈

1右馬佐は、（姫君からの返事を）見なさって、**とても 風変わりで、**普通と違っている **手紙** だなあと思って、**何とかして**（姫君を一目）見たいものだと思って、2中将と相談し女どもの姿を作りて、按察使の大納言の《主格》出で給へ《尊敬》る《存続》ほどに、（大納言ノ邸ニ）おはし《尊敬》て、姫君の《主格》住み給ふ《尊敬》かたの、北面の立蔀のもとにて見給へ《尊敬》ば、3男の童の《同格》、ことなること（モ）なき（少年ガ）、草木どもにたたずみありきて、さて、言ふやうは、「この木に、すべて、いくらもありくは《詠嘆》。いとをかしきものかな《詠嘆》」と（言ウ）。4「これ（ヲ）御覧ぜよ《尊敬》」とて、簾を引き上げて、「いとおもしろき鳥毛虫（ガ）こそ《強調(係)》候へ《丁寧(結)》」と言へば、5（姫君ガ）さかしき声にて、「いと興あることかな《詠嘆》。こち持て来」とのたまへ《尊敬》ば、6（召使イガ）「取り分かつべく《可能》もはべら《丁寧》ず《打消》。ただここもと（ナノデ）、御覧ぜよ《尊敬》」と言へば、7（姫君ハ）荒らかに踏みて出づ。

8（姫君ガ）簾を押しはりて、枝を見はり給ふ《尊敬》（ノ）を見れば、9頭へ衣（ヲ）着あげて、髪も、さがりば（ハ）清げにはあれど、けづりつくろはね《打消》ばに《断定》や《疑問(係)》、しぶげに見ゆるを、眉（ハ）いと黒く、はなばなとあざやかに、涼しげに見えたり《存続》。10口つきも愛敬づきて、清げなれど、歯黒め（ヲ）つけね《打消》ば、いと世づかず《打消》。11

て、身分の低い女たちの姿に身を変えて、按察使の大納言が出かけなさっているときに、（大納言の邸に）いらっしゃって、姫君が住みなさる部屋の、北側の立蔀のもとで見なさると、3召使いの少年で、たいしたこともない少年が、草木のもとにいちいち立ち止まり回って、そうして、言うことには、「この木に、一面に、たくさん這《は》い回っているよ。とてもおもしろいものだなあ」と（言う）。4「これをご覧になってください」といって、簾《すだれ》を引き上げて、「とてもすばらしい毛虫がいます」と言うと、5（姫君が）しっかりした声で、「とても興味深いことだなあ。こっちに持って来い」とおっしゃるので、6（召使いが）「区別して取ることもできません。ただもうすぐ近く（なので）、（いっそのことここに出て来て）ご覧になってください」と言うと、7（姫君は）荒っぽく足音を立てて出て来る。

8（姫君が）簾を押し出して（身を乗り出し）、枝を目を大きく開いて見なさるのを見ると、9頭へ着物を（かぶるように）もち上げて着て、髪も、額髪のたれ下がった様子はきれいではあるけれど、櫛《くし》でとかして整えないからであろうか、つやがないように見えるが、眉はとても黒く、くっきりと鮮明で、涼しそうに見えている。10口もとも愛らしさがあって、きれいだけれど、お歯黒をつけないので、まったく世間並みでない。11化粧をしていたなら、きっときれいではあるにちがいない、情けなくもあることだなあと思われる。

化粧したら《存続》ば、清げにはありぬ《強意》べし《推量》、心憂くもあるかな《詠嘆》とおぼゆ。

12かくまでやつしたれ《存続》ど、見にくくなどはあらで《打消》、いと、さまことに、あざやかにけだかく、はれやかなるさま（ガ）ぞ《強調(係)》あたらしき《(結)》。13練色の、綾の袿（ヲ）ひとかさね、はたおりめの小袿（ヲ）ひとかさね、白き袴を好みて着たまへ《尊敬》り《存続》。

14この虫を、いとよく見む《意志》と思ひて、さし出でて、「あなめでたや《詠嘆》。日にあぶらるる《受身》（ノ）が苦しければ、こなたざまに来るなり《断定》けり《詠嘆》。これを、一つも落さで《打消》、（枝カラ）追ひ（私ニ）おこせよ、童べ」とのたまへ《尊敬》ば、（召使イガ）突き落せば、（毛虫ハ）はらはらと落つ。15（姫君ガ）白き扇の《同格》、墨黒に真名の手習ひ（ヲ）したる《存続》（扇）をさし出でて、「これに拾ひ入れよ」とのたまへ《尊敬》ば、童べ（ガ）、（毛虫ヲ）取り入る。16見る君達もあさましう《く》、さいなむ（ガ）あるわたりに、こよなくもあるかな《詠嘆》と思ひて、この人を思ひて、いみじと君は見給ふ《尊敬》。

12こんなに まで（身だしなみは）見ばえのしない様子にしているけれど、見苦しくなどはなくて、とても、普通と違っていて、印象が鮮明で気品があり、晴れやかな様子であるのが もったいない。13薄黄色の、綾織りの袿を一枚、キリギリスの模様の小袿を一枚、白い袴を好んで着なさっている。

14この毛虫を、とてもよく見ようと思って、乗り出して、「ああ すばらしい よ。太陽に照りつけられるのがつらいので、こちらの方に来るのだったのだなあ。これを、一つも漏らさないで、（枝から）追い出して（私に）よこせ、召使いよ」とおっしゃるので、（召使いが枝を）つついて落とすと、（毛虫は）ぱらぱらと落ちる。15（姫君が）白い扇で、墨の色も黒々と 漢字 の 練習 をしてある扇を差し出して、「これに拾って入れよ」と おっしゃる と、召使いの少年が、（毛虫を）取って入れる。16見ている 貴公子たち（＝右馬佐・中将）も 驚きあきれ、災難がある あたり に、（こんな姫君がいるとは）格別ひどいことで もあるなあと思って、この人（＝姫君）のことを考えて、たいへん気の毒だ と君（＝右馬佐）は見て思いなさる。

設問解説

問一 標準 アの「ありく」は今の「歩く」。ただ、今の「歩く」は「足を使って動く」ことだが、古語の「ありく」は足を使っていなくても動き回っていればOK。「この木に、すべて、いくらもありくは。」とあるから、何が木に動き回っているのかを考える。着眼点は、傍線部アが引かれている会話が「男の童《をわらは》」の会話であること、つづく「これ御覧ぜよ」「いとおもしろき鳥毛虫《かはむし》こそ候へ」も「男の童」の会話であること。これに気づけば、アの主語は7「鳥毛虫」だとわかる。

イの着眼点もアとほぼ同じ。つまり、「男の童」が「これ御覧ぜよ」と言って、「簾《すだれ》を引き上げて」、「いとおもしろき鳥毛虫《かはむし》こそ候へ」と言ったのだから、イの主語は6「男の童」だとわかる。さらにイが「簾《すだれ》を引き上げて」と尊敬表現されていないこともポイント。

ウのポイントは「のたまへ」が尊敬語だということ。「のたまへ」は「言ふ」の尊敬語「のたまふ」の已然形。この場面（1〜7）は、右馬佐がのぞき見している場面だから、ここに出てきているのは「姫君」と「男の童」。「のたまへ」という言葉づかいから、ウの主語は5「姫君」だとわかる。もちろん、「いと興あることかな。こち持て来《こ》」という会話内容から、ウの主語は5「姫君」だと決めてもいい。

エは「化粧《けさう》したらば、清げにはありぬべし、心憂《こころう》くもあるかな」と思ったのは誰かを考える。そこで、傍線部エに至るまでの第二段落（8〜11）の流れを丹念におってみる。すると、「…枝を見はり給ふを見れば、…しぶげに見ゆるを、…涼しげに見えたり。…とおぼゆ。」という流れが見えてくる。傍線部ウの解説で述べたように、1〜7の場面は右馬佐がのぞき見している場面。ここも当然そう。正解は1「右馬佐」。2「中将」も右馬佐と一緒にのぞき見しているが、中将は脇役。主役は右馬佐である。

オはすぐあとの文に注目。「この人を思ひて、いみじと君は見給ふ。」とあるのだから、オの主語は「君」。「君」は右馬佐のこと。ただし、すぐ前に「見る君達《きんだち》もあさましう、…こよなくもあるかなと思ひて」とあるので、3「君達」が紛らわしい。「君達」は右馬佐と中将のこと。しかし、「この人を思ひて」の「思ふ」の主語に右馬佐だけではなく中将も加えて読むと、あとの文へスムーズにつながらない。正解は1。

問二 標準 Xは形容動詞「めづらかなり」の連用形活用語尾。Yは断定の助動詞「なり」の連用形。二重傍線部1〜9を順に見ていくと、1格助詞、2格助詞の一部、3格助詞、4格助詞の一部、5形容動詞の連用形活用語尾、6形容動詞の連体形活用語尾、7格助詞、8断定の助動詞「なり」の連用形、９格助詞。正解は、Xは５と６、Yは８。

問三 標準 [a]は、すぐ下の「さがりば清げにはあれど」の「さがりば」に注目。「さがりば」は女性の髪の垂れた様子をいう。正解は10。さらに下の「けづりつくろはねばにや」に注目してもよい。

[b]の正解は５「眉《まゆ》」。すぐ下の「いと黒く」にひかれて、10「髪」を入れるかもしれない。入れても仕方がない。なかには２「肌」を入れる人がいるかもしれない。これは下に「涼しげに見えたり」とあるのでダメ。しかし、７「目」は入りそう。黒い瞳。でも×。当時の女性は毛抜きで眉毛を全部抜く！　抜いて、眉墨で眉をかくのがふつう。今でも見かける化粧法だ。ただし、当時は太くかくのがオシャレ。実際の眉の位置よりも上のあたりにぼかしながら太くかく。この話のヒロインである姫君は、そういう化粧をしていないのである。眉毛は地《じ》。だから「はなばなとあざやかに、涼しげに」見えるのである。

[c]もすぐ下の「つき」に注目。「[　]つき」といえるのは、「口つき」「手つき」「目つき」の三つだけ。あとはいえない。つまり、正解は、１「口」、４「手」、７「目」のどれか。どれだろう？　そこで、もう少し下にある「歯黒めつけねば、いと世づかず」に注目。「歯黒め」とあるので、正解は１。「歯黒め」とは「お歯黒」のこと。

[d]は「白き[d]を好みて着たまへり」とあるので、８「袴《はかま》」だとすぐわかる。

[e]は、下の「あなめでたや。日にあぶらるるが苦しければ、こなたざまに来るなりけり。これを、一つも落さで、追ひおこせよ、童べ」⑭の会話内容（会話の主《ぬし》は姫君）に注目する。とりわけ「日にあぶらるるが苦しければ、こなたざまに来るなりけり。」の文。[e]は動くものでなければならない。正解は３。

[f]はすぐ下の格助詞「の」が「同格」であることに注意する。つまり、[f]の設けられた文は「白き[f]の、墨黒に真名《まな》の手習《てなら》ひしたる[f]をさし出でて」という意味の文。「墨黒に真名《まな》の手習《てなら》ひしたる[f]」とあるのだから、[f]は字を書けるものでなくてはならない。正解は６「扇《あふぎ》」。９「文」（手紙）が紛らわしいが、「白い手紙で、墨黒に真名《まな》の手習《てなら》ひしたる白い手紙」というのはヘンである。

問四 やや易 ａ「いくらも」は〈❶たくさん、いくつも、❷たいして、そんなに〉という意味。❶は今の「お金なら金庫にいくらでもある」の「いくらでも」、❷は今の「財布にお金はいくらもない」の「いくらも」に当たる。ただし、ａはあらかじめ知っておかなければならない語ではない。文脈から考える。正解は1。

ｂ「世づかず。」は、カ行四段活用動詞「世《よ》づく」の未然形に打消の助動詞「ず」が付いたもの。「世づく」は〈❶世間のことに通じている、❷男女のことに通じている、❸世間並みである〉という意味。ここは❸の意味。ｂは、この「世づく」を打ち消しているのだから、「世間並みでない」ということ。したがって、正解は5！と言いたいところだが、4「異様である」が紛らわしい。〈世間並みでない〉ということは〈ふつうでない〉ということ。〈ふつうでない〉ということは〈異様である〉ということ。4も正解！　ただ、前の文の、髪の手入れをしていないことを「しぶげに見ゆる」、眉毛を抜いて眉墨で眉をかくという化粧をしていないことを「はなばなとあざやかに、涼しげに見えたり」と評しているところからすると、お歯黒をしていないことを「異様である」と言うのは、少し言い過ぎの感じがする。つまり、前の文と釣り合いが取れない（もっとも、これは［a］には「髪」、［b］には「眉」が入るとわかった上での考察）。4も正解としたいところだが、やはり正解は5。

ｃ「やつしたれど、」は、サ行四段活用動詞「やつす」の連用形に、完了（存続）の助動詞「たり」の已然形、そして、接続助詞「ど」が付いたもの。ポイントは「やつす」。「やつす」は〈❶身なりを目立たないようにする、❷出家して僧の姿になる〉という意味。ここは❶。正解は3。語義的には、いっけん2もよさそうだが、「尼になりたくて」が×。そもそも2は文脈に合わない。

ｄ「あたらしき。」はシク活用形容詞「あたらし」の連体形。「あたらし」は〈惜しい、もったいない〉という意味。正解は4。3が紛らわしいが、「すばらしい」が余分。

ｅ「あさましう、」はシク活用形容詞「あさまし」の連用形「あさましく」のウ音便。「あさまし」は、良くても悪くても〈驚きあきれる〉ばかりのものの様子をいう言葉。正解は2。

問五 標準　Ａのポイントは「てしがな」。「てしがな」は〈～たいものだ〉という意味の終助詞。正解は2。5の「～できたらいいなあ」も、「てしがな」の解釈としてはぎりぎりセーフであるが、「結婚」が×。

Ｂのポイントは「女どもの姿」。この語句の解釈として2「女の人形」、5「女の作り物」は×。3の「女たちの中にまぎれて」も「女どもの姿を作りて」の解釈としては×。正解は1か4。あとは文脈。Ｂは、右馬佐と中将が、こっそりと姫君の様子を見るためにした変装なのだから、1は×。「異様な女たちの姿」だったら、人目に付いてしまう。正解は4である。

Ｃのポイントは「御覧ぜよ」。「御覧ぜよ」はサ行変格活用動詞「御覧ず」の命令形。「御覧ず」は、「見る」の尊敬語で、〈ご覧になる〉という意味。この「御覧ぜよ」を正確に解釈しているのは3「ごらんなさいませ」。2「ごらんに入れますよ」、4「ご一緒に見ましょう」、5「お見せしますよ」は「御覧ぜよ」が尊敬語であり、かつ命令形であることに注意すれば、×だとわかる。1「ごらんになってはいかがでしょう」は、ぎりぎりセーフといえるが傍線部中の「取り分かつ」を「取りきる」と解釈しているので×。「分かつ」とあるのだから、やはり「区別して取る」と解釈したい。正解は3である。

問六 **やや難** 正解は3と6。1は「これは上流貴族への批判精神の表れである」が×。2は「物語の読者が女性から男性へと拡大したことを作者が意識した結果である」が×。4は「姫君はきわめて男性的に描いている」がまず×。「この男女の転換は『とりかへばや物語』の手法とも共通し、平安末期物語の一つの傾向といえる」も×。5は「女性であることを自覚しない姫君」がまず×（姫君は、女性であることを自覚しないのではなく、ふつうの女性のように振る舞っていないだけ）。「一見その異常性に主眼を置くように見せて、実は幼児のような天真爛《らん》漫《まん》な純粋性を強調しようとしたものである。」も×。7は論外。

6 雨月物語

評価

50〜37点→ 合格圏

36〜30点→ まあまあ

29〜0点→ がんばれ

解答

（50点満点）

問一 イ （7点）

問二 ニ （7点）

問三 西行はよくぞ参ったことよ （9点）

＊「動作の主体」…3点 「まうで」の訳…3点 「つる」の訳…3点

問四 ロ （10点）

問五 ハ （7点）

問六 ニ （10点）

出典

作品名 『雨月《うげつ》物語』　作者 上田秋成《あきなり》

ジャンル 読本《よみほん》　時代 江戸時代中期

本文解説

日が沈み、夜の山奥に不気味な雰囲気がただよう。ある人物が石の上に座っているが、落ち葉が降りかかり、寒く冴え冴えとして、恐ろしい感じがする。冒頭から、不吉であやしい気配。何か出そう…。月明かりも届かない暗闇でうとうとしていると、「円位、円位」と呼ぶ声がする。「円位」は（注）にもあるが、西行《さいぎょう》のこと。西行は有名な歌人で、もとは武士だった。平清盛などとともに鳥羽院に仕えたが、二十三歳で出家して全国を回りながら歌を詠《よ》んだ。石の上でうとうとしていたのは西行だったのだ。では、呼んだのは誰だろう？見ると、背が高く痩せた異様な感じの人の姿がぼんやりと見える。いかにも「霊」！ しかし、西行は仏道を信仰する心が深く、迷いがないので大丈夫。落ち着いて、誰かと尋ねる。すると相手は、西行の歌に返事をするために現れたのだと言う。実はこの前の場面で、西行は崇徳《すとく》天皇の墓に参っている。崇徳天皇は、悲劇の天皇だ。無理やり帝位を下ろされ、その後保元の乱を起こすが、敗れて讃岐国（今の香川県）に流されてそこで亡くなる。西行は崇徳天皇が帝位にあった当時を知っている。優れた天皇で人望もあった。それなのに悲しい運命をたどったあげく、こんな山奥の荒れ果てたところに墓があるなんて…。西行は心を痛め、和歌を詠んだ。「松山の浪のけしきはかはらじをかたなく君はなりまさりけり」（＝松山の波の様子は昔と変わらないのに、君（＝崇徳天皇）は干潟がなくなるように亡くなり、ますます跡形もなくなってしまった）と。この西行の和歌に対する返歌が本文の「松山の…」の歌である。讃岐国に流されて、都にも帰れず亡くなった自分の生涯を詠んだ歌である。西行も目の前の霊が崇徳天皇（＝新院）であったことがわかり、涙する。しかし西行は、崇徳天皇に忠告した。それは、仏教では現世に対する執着を断ち切って成仏するのが良いとされているのに、天皇はまだこの世に恨みを残し、こうして現れてきたからである。

『雨月物語』は、作者上田秋成が中国の小説や日本の古典などに取材して書いた、怪談物語集である。本文につづいて、秋成は、崇徳天皇の霊が生前の恨みを晴らすために様々な災いを起こしていることを記すが、霊は最後は西行の歌によって救われていく。『雨月物語』は九編の怪談から成る。そのすべてが、このような人間の心の奥にある執念や激しい感情を描いたものである。

この「ことば」に注目！

◆「聞ゆる」　「きこゆ」は、敬語のときは〈❶「言ふ」の謙譲、❷謙譲の補助動詞〉。本文の「聞ゆる」は、「言ふ」の意味で使われているので、「言ふ」の謙譲、〈申し上げる〉という意味。ところが、そうは読めない。本文の「聞ゆる」は謙譲語では読めないのである。というのは、「聞ゆる」の主語は「新院」。「新院」とは新たに上皇になった人のこと。上皇が西行に〈申し上げる〉のはヘン。〈おっしゃる〉とか〈言ってきかせる〉でなければならない。そして、この「聞ゆる」もそういう意味で使われている。

そもそも「きこゆ」が、実際の暮らしの場で使われていたのは平安時代まで。鎌倉時代にはすでに古語。本文の作者上田秋成は江戸時代の人。秋成は古語を使って書いたのだ。誤用といえば誤用。でも、「きこゆ」を文章の中で誤用しているのは、秋成ばかりではない。誤用は、鎌倉時代からすでに始まっている。「ことば」は、みんなで間違うと、それはそれで正しい！ということになる。だから、「きこゆ」を〈おっしゃる・言ってきかせる〉という意味で使った秋成を、笑うことも責めることもできない。

本文

1日は没し《過去》ほどに、山深き夜のさま（ハ）常なら
ね《打消》、石の床（ヤ）、木葉の衾（ハ）**いと**寒く、神清骨冷て、物とはなしに**すさまじきここち**（ガ）せらる《自発》。

2月は出でしか《過去》ど、茂きが林は（月ノ）**影**をもらさね《打消》ば、（西行ガ）**あやなき**闇にうらぶれて、眠るともなき（トキ）に、まさしく、

「円位　円位」とよぶ声（ガ）す。

3（西行ガ）眼をひらきてすかし見れば、其の形（ガ）異なる人の《同格》、背（ガ）高く痩せおとろへたる《存続》（人）が、顔のかたち（ヤ）着たる《存続》衣の色紋も見えで《打消》、こなたにむかひて立てる《存続》を、4西行（ハ）もとより道心の法師なれ《断定》ば、恐ろしと（思フコト）もなくて、

「こゝに来たる《存続》（ノ）は誰」と答ふ。5かの人（ガ）いふ。

「前に（オマエガ）よみつる《完了》こと葉の**かへりこと**（ヲ）聞えん《意志》とて**見え**つる《完了》なり《断定》」とて、

松山の浪にながれてこし《過去》船の《比喩》**やがて** **むなしくな**

本文解釈

1日が沈んだところ、山深い夜の様子は普通ではなくて、石の寝床や、木の葉の夜具は**とても**寒く、心も身も冷え冷えとして、どことなく**ぞっとする**感じが自然とする。

2月は出たけれど、茂った林は（月の）**光**を通さないので、（西行が）**何もわからない**闇にうれえしおれて、眠るというのでもない（うとうとしている）ときに、たしかに、

「円位、円位」と（西行の名を）呼ぶ声がする。

3（西行が）目を開いてじっと見ると、その様子が異様な人で、背が高くやせ衰えている人が、顔かたちや着ている衣の色・模様も（はっきりと）見えなくて、こちらに向かって立っているので、4西行はもともと仏道の信仰の（篤《あつ》い）法師であるので、恐ろしいと思うこともなくて、

「ここに来ているのは誰だ」と答える。5その人が言う。

「先ほど（おまえが）詠んだ歌の**返事**を聞かせようと思って**現れ**たのだ」と言って、

松山の波に流れて来た舟のように、（私もここに流されて）**そのまま** **死んで**しまったのだなあ。

「（西行おまえは）よくぞ**参っ**たことよ」と言って聞かせるので、6（西行は）新院の霊であることを知って、地面に**額をついて拝礼し**涙を流して言う。

「7（お気持ちはわかりますが）そうであっても**どうして**迷い出ていらっしゃるのか。（あなた様が）汚れた現世を嫌っ

りにけるかな
「嬉しくもまうでつるよ」と聞ゆるに、6（西行ハ）新院の霊なることをしりて、地にぬかづき涙を流していふ。
「7さりとていかに迷はせ給ふや。（アナタ様ガ）濁世を厭離し給ひつることのうらやましく侍りてこそ、（私ハ）今夜の法施に随縁したてまつるを、（アナタ様ガ）現形し給ふ（ノ）はありがたくも悲しき御こゝろにし侍り。8ひたぶるに隔生即忘して、仏果円満の位に昇らせ給へ」
と、情をつくして諫め奉る。

て離れなさったことがうらやましうございまして、（私は）今夜の法要で仏縁にあやかり申し上げるのに、（あなた様がこうして）姿を現しなさるのはありがたいけれど悲しいお心でございます。8ひたすらに来世に生まれ変わり現世のことは忘れて、完全な成仏の境地にお昇りください」と、真心を尽くして忠告し申し上げる。

設問解説

問一 やや易 選択肢イ〜ニの語の意味をふまえて、空欄1の前の文脈に合う語を選ぶ。

イは、シク活用形容詞「すさまじ」の連体形。「すさまじ」は、熱の冷めた白々した感じをいう語で、〈❶興ざめだ、❷寒々としている、❸ぞっとする〉という意味。

ロは、シク活用形容詞「むつかし」の連体形。「むつかし」は、疎《うと》ましくいやな感じをいう語で、〈❶うっとうしい、❷不気味だ、❸不快だ〉という意味。

ハは、シク活用形容詞「うるはし」の連体形。「うるはし」は、整った美感をいう語で、〈❶整っていて美しい、❷きちんとしている〉という意味。

ニは、シク活用形容詞「こころぐるし」の連体形。「こころぐるし」は、漢字で記せば「心苦し」。文字どおり「心が苦しい」ことをいう語で、〈❶つらい、❷気の毒だ〉

という意味。

これらの語の意味をふまえて、空欄 1 の前の文を読んでみる。「日は没《いり》しほどに、山深き夜のさま常ならね、石の床、木葉の衾《ふすま》いと寒く、神清骨冷《しんすみほねひえ》て」。「寒く」「冷て」に注目しよう！　正解はイである。

問二 易　傍線部2Aを単語に分けると「見え＋つる」。「見え」は、ヤ行下二段活用動詞「見ゆ」の連用形。「見ゆ」は〈❶見える、❷現れる、❸会う、❹見られる〉などの意を表すが、ここは❷の意味。「つる」は完了の助動詞「つ」の連体形。傍線部の下の「なり」（断定の助動詞）も含めて「見えつるなり」を解釈すると「現れたのだ」。では、いったい誰が「現れた」のか？　もちろん2Aが引かれている会話の主《ぬし》、つまり「かの人」である。この会話は、西行の「こゝに来たるは誰《たそ》」という言葉を受けたものだから、「かの人」は西行ではない。ということは、新院の霊。2Aは新院の霊の行為。したがって、イとハは×。

2Bは問六の設問文に注目すると、2Bが引かれている会話の主は西行だとわかる。これをふまえて、2B「随縁《ずいえん》したてまつる」の「たてまつる」が謙譲の補助動詞であることに注意すると、2Bは西行の行為であることがわかる。したがって、ハは×。

2Cも2Bと同じく西行の会話の中にある。2C「現形《げぎやう》し給ふ」の「給ふ」が尊敬の補助動詞であることから、2Cは新院の霊の行為だとわかる。したがって、ロは×。

正解はニ。

問三 標準　傍線部3を単語に分けると「まうで＋つる」。「まうで」は、ダ行下二段活用動詞「まうづ」の連用形。「まうづ」は、「行く」「来《く》」の謙譲語で、〈❶参上する、❷（寺や神社に）お参りする〉という意味。ここの訳は、❶でも❷でもかまわない。「つる」は、完了の助動詞「つ」の連体形。「た」と訳す。

次に、動作の主体を考える。「まうで」たのは西行なのか新院の霊なのか？　3のあとの文「新院の霊なることをしりて、地にぬかづき涙を流していふ」6 が、西行のことをいっているのは明らか。ということは、3は新院の霊の会話だということになる。自分が「まうで」たことを「嬉しくも」というのはヘンだから、「まうで」たのは西行。そして、それでかまわないのだが、気になるのは「聞ゆる」。「聞ゆる」は、ヤ行下二段活用動詞「きこゆ」の連体形で、ここでは〈言う〉意味で使われている。ということは、謙譲語。新院の霊が西行にむかって〈言う〉ことをはたして謙譲表現するものだろうか？　するはずがない！　そう考えると、3は西行の会話だということになり、「まうでつる」の動作の主体は新院の霊ということになる。しかし、そうだとすると、新院の霊が西行のところに来たことを「まうでつる」と謙譲表現していいものだろうか？　西行が新院の霊のところに来たことを新院が「まうでつる」と謙譲表現することはかまわない気がするけれども…。たしか自敬表現とかいったな。えらい人が自分で自分を敬う言葉づかい。こんなふうに？？？　が頭の中をグルグルめぐって、いっこうに疑問は解決しない。すでに述べたが、「参上した」のは「西行」。それが正しい。「聞こゆ」については〔この「ことば」に注目！〕参照のこと。

問四 易　「いかに」がポイント。「いかに」は〈❶どのように、❷どうして、❸どんなにか〉という意味の副詞。この語を正しく解釈しているのはロ。イ「こんな風に」ハ「どこから」は×である。ただ、ニはあっさり×と切り捨てるわけにはいかない。4の「いかに迷はせ給ふや」を「どうして心を迷わすことがありましょうか、いや心を迷わすことはありません」と反語で読んで、反語文の本当の意味（傍点が打たれている箇所）を記しているからである。正解はロなのかニなのか？　文脈から決める。ロとニを4に代入して、「『嬉しくもまうでつるよ』と聞ゆるに」から傍線部まで読み進めてみる。ニは文脈に合わない。正解はロである。

問五 やや難　空欄 5 の前の「濁世《ぢよくせ》」は仏教用語。「濁《にご》り汚《けが》れた世《よ》」という意味で、「人間の世界」のことをいう。かりにこの知識がなくても、「濁世」→「濁った世」、そこから「濁世」→「よくない世」くらいの推測は付くだろう。この「濁世」を「 5 し給ひつること」が「うらやましく侍りて」とある。つまり、「濁世（よくない世）を 5 したことがうらやましい」というのである。これをふまえて、各選択肢を空欄 5 の中に入れてみる。

イ「大観」は「広く大きく見渡すこと」。「濁世（よくない世）を広く大きく見渡したことがうらやましい」。ヘンである。

ロ「煩悩」は「心を煩わし、身を悩ますこと」。「濁世（よくない世）に対し心を煩わし、身を悩ましたことがうらやましい」。これもヘンである。

ハ「厭離」は「厭《いと》い離れること」。「濁世（よくない世）を厭い離れたことがうらやましい」。これは○。

ニ「無常」は「この世に永遠不変のものは一切ないこと」。これは意味の良《よ》し悪《あ》しを検討する前に、言葉づかいとして×。空欄 5 の下の「し給ひつる」の「し」が、サ行変格活用動詞「す」の連用形であることに注意しよう！　「無常す」（「無常する」）。こんな言い方はしない。じつはロも言葉づかいとして×（「煩悩する」）とは言わないのです）。

ホ「悲観」は「悲しむべきものと観《み》ること」。「濁世（よくない世）を悲しむべきものと観たことがうらやましい」。これはよさそう。が、考えてみると、西行は法師である。この世を悲しむべきものと観て、出家したはずである。ホもやはりおかしい。

正解はハである。

問六 **やや難** 直前の西行の会話の中の「ひたぶるに隔生《きやくしやう》即忘《そくもう》して、仏果円満《ぶつくわゑんまん》の位に昇らせ給へ」に注目する。この文に注目するのは、「給へ」がハ行四段動詞「給ふ」の命令形だからである。「給へ！」と言っていることで、西行は新院の霊に対して「ひたぶるに隔生即忘して、仏果円満の位に昇」るように勧めていることがわかる。この文を解釈すると「ひたすらに来世に生まれ変わり現世のことは忘れて、完全な成仏の境地にお昇りください」。正解はニである。しかし、この文は難しい。この文を正確に解釈できる受験生は、まずいない。ただし、なかには、「成仏してください」と言っているのではないか、と思う人はいるだろう。死んだのに、幽霊になって現れるのは、何かこの世に思い残すことがあって、まだ成仏できていないからだと考えて。そう、それでいいのです。正解はニ。

7 方丈記

評価

50～32点→ 合格圏

31～26点→ まあまあ

25～0点→ がんばれ

解答

（50点満点）

問一 B （6点）

問二 作者が長いこと住んでいた父方の祖母の家。 （10点）

問三 A （5点）

問四 A （6点）

問五 C （6点）

問六 B （5点）

問七 D （7点）

問八 F （5点）

出典

作品名 『方丈記《ほうじょうき》』　作者 鴨長明《かものちょうめい》

ジャンル 随筆　時代 鎌倉時代前期

本文解説

『方丈記』の作者は鴨長明。本文は彼が出家するまでのいきさつを書いている。

長明はずっと父方の祖母の家を受け継《つ》いで住んでいたが、縁が切れて、そこに住めなくなり、三十歳あまりで庵《いおり》を作って住むことにした。「庵」とは、小さくて粗末な住まいのこと。つい以前の住まいと比べてしまう。大きさは十分の一ほど。敷地内の建物は寝起きする家だけ。なんとか築地《ついじ》は作ったが門は建てられない。車をとめる所も柱は竹。雪が降り、風が吹くたびに「倒れるかも…」と心配になる。賀茂川が近いので、水害も悩みの種。そして「白波」も不安だ。「白波」とは「盗賊」のこと。ここは治安もあまりよくない。読むだけで、もう毎日暮らすのがいやになってしまうくらいのひどい生活環境。この家で長明は二十年ほど暮らす。そして五十歳になった春に、長明は、この家を捨て、出家遁世する。

鴨長明は、賀茂神社の神官の家に生まれ、音楽の才能、和歌の才能に恵まれていた。出世のチャンスはあったが、結果的に出世できなかった。長明は自然とわが身の「みじかき運

(＝つたない運命)」を悟らずにはいられなかった。ふつう出家するとなると、この世のことが捨て切れずに悩むものである。でも、長明にはそれがまったくない。妻子もいないし、身に官位や俸禄《ほうろく》があるわけでもない。出家後長明は大原山に隠棲《いんせい》し、そこで五年の時を過ごした。

のちに長明はこの地もあとにすることになる。大原は出るが、かといって、長明にお目当ての場所があるわけではない。気に入った所に小さな家を建て、そこで気に入らないことがあったら余所《よそ》に移るだけ。家は捨てない。解体して、車に載《の》せて、次の地に運んで行って、組み立てる。プレハブの家だ。組み立てたときの家の広さは「方丈(＝約3メートル四方)」、高さは「七尺(＝約2メートル)」。小さな家である。そんな長明にもやっと安住の地が見つかった。京郊外にある日野山である。長明はそこに「方丈」の家を建てる。もちろん組み立て式の家。この家で記された随筆、それが本文の出典の『方丈記』である。

この「ことば」に注目！

◆「何に付けてか執をとどめむ」「執」は「執着」。ここでは「この世に執着すること」をいっている。「この世に執着すること」は仏教的には「罪」。これを捨てなければ、いい来世は望めない。この世に対する執着は人によってさまざま。ある人にとって、それはお金。別な人にとって、それは権力。古文の世界では、和歌に執着する人がけっこう出てくる。いい歌を詠みたい、自分の歌をほめてもらいたい。これも仏教的には「罪」。文学はこの世のことを語るものだから。そして肉親に執着することも「罪」。「出家」とは、この世のこと、この世のものを捨てること。肉親はもちろんこの世のもの。たとえば、ここに一人の男がいる。男は妻子を捨てて出家したい。そして、仏道に励みたい。しかし、男にはなかなか妻子が捨てられない。捨てたら、今後、妻はどうなるのか、子はどうなるのか。捨てたい！　しかし、捨てるわけにはいかない！　仏教の道理とこの世の道義に板挟みになる男。こちらを立てれば、そちらが立たず、そちらを立てれば、こちらが立たない。この矛盾！　男の葛藤！　そこに「ドラマ」が、つまり、一人の男の「物語」が誕生する。

本文

1わが身（ハ）、父方の祖母の家を伝へて、久しく彼の所に住む。2その後、縁（ガ）欠け、身（モ）おとろへ、**しのぶかたがた**（ハ）**しげかり**しか《過去》ど、つひに（ソノ家ニ）あととむる事をえず《打消》、三十あまりにして、更に、わが**心と**、一つの庵をむすぶ。

3これを**ありし**すまひにならぶるに、（広サハ）十分が一なり《断定》。4居屋ばかりをかまへて、**はかばかしく**屋を作る（コト）に及ばず《打消》。5わづかに**築地**を築けり《存続》といへども、門を建つる**たづき**（ガ）なし。6竹を柱として車をやどせり《存続》。7雪（ガ）降り、風（ガ）吹くごとに、あやふからず《打消》しも《強調》あらず《打消》。8所（ハ）、河原（ガ）近ければ、水難もふかく、白波のおそれもさわがし。

9すべて、あられ《可能》ぬ《打消》世を**念じ**過ぐしつつ、心をなやませる《存続》事（ハ）、三十余年なり《断定》。10その間、折り折りのたがひめ（ガアリ）、おのづからみじかき運をさとりぬ《完了》。11すなはち、五十の春を迎へて、家を出で、**世を背け**り《完了》。12もとより、妻子（ハ）なければ、捨てがたき

本文解釈

1私自身は、父方の祖母の家を受け継いで、長らくその家に住む。2その後、縁がなくなり、立場も悪くなり、**思い出す**事々は**多くあっ**たけれど、結局（その家に）留まることができず、三十歳あまりで、あらためて、私の**自分の判断で、**一つの粗末な家を構える。

3これを**かつての**住まいに比べると、（広さは）十分の一である。4居住する建物だけを作って、**しっかりと**（付属的な）建物を作ることまではいかない。5かろうじて**土塀**を築いてあるとはいっても、門を建てる**手だて**がない。6竹を柱として（粗末な車庫を作り）牛車を入れている。7雪が降ったり、風が吹いたりするたびに、気が気でないわけでもない。8（草庵を構えた）場所は、（賀茂川の）河原が近いので、水害（の危険）も大きく、盗賊の不安も穏やかでない。

9総じて、住みにくいこの世を**我慢して**過ごしてきて、心を悩ましていたことは、三十年以上である。10その間、その時々のつまずき（があり）、自然と（自分の）つたない運命を理解した。11そこで、五十歳の春を迎えて、家を出て、**出家し**た。12もともと、妻子はいないのだから、捨てることが難しい**縁者**もいない。13自身に官位も俸禄もなく、何に対して執着を残すだろうか（いや、執着を残すものなど何もない）。14**無駄に**大原山に隠棲して、また五年の歳月を

よすがもなし。[13]身に官禄（モ）あらず（打消）、何に付けてか（反語(係)）執をとどめむ（推量(結)）。[14]むなしく大原山の雲に臥して、また五かへりの春秋をなん（強調(係)）経にける（完了 過去(結)）。

過ごしてしまった。

設問解説

問一 やや難 傍線(1)「しのぶ」は動詞。動詞「しのぶ」には、「忍ぶ」と「偲ぶ」がある。別語ではあるが、活用の行（バ行）も活用の種類（四段活用あるいは上二段活用）も重なるので、意味から判別することになる。

「忍ぶ」は〈❶我慢する、❷人目を避ける〉意味。

「偲ぶ」は〈❶なつかしく思う、❷賞美する〉意味。

傍線部の「しのぶ」は、「忍ぶ」（❶❷）の意味とも「偲ぶ」（❶）の意味とも読めて、どの意味なのか判別しがたい。そこで選択肢を見てみる。

A「しのび」は名詞であるが、意味の判別なので、品詞が違うからといって×にするわけにはいかない。「〈しのび〉である所だったので」とあるところから、この「しのび」は「人目を避けること」の意味、「忍ぶ」の❷の意味が名詞化したものだとわかる。

B「なき人」とは「死んでこの世にいない人、故人」のこと。その人を「しのぶる」とあるのだから、この「しのぶる」は「偲ぶ」の❶の意味だとわかる。

C「しめやかにうちかをりて」は、ひっそりとした感じがするから、この「しのび」は「忍ぶ」の❷の意味だとわかる。

D「しのび」は「忍びの者」つまり「忍者」の意味。「忍ぶ」の❷の意味から出てきた語である。

設問は、同じ意味で用いられているものを「ひとつ」選ぶことを求めている。Aを正解とすると、CもDも正解になる。したがって、正解はB。(1)の「しのぶ」は「偲ぶ」の❶の意味で用いられているわけだ。ためしにこの意味で傍線(1)「しのぶ」を読んでみよう。第一段落[1]～[2]の文を読んでみる。文脈上、問題はない。やはり、正解はB。

なお、傍線(1)の「偲ぶ」は四段活用の連体形であるが、Bの「偲ぶる」は上二段活用の連体形である。活用の種類は異なるが、「同じ意味で用いられている」ので、問題はない。

問二 やや易 「ありしすまひ」の「ありし」がポイント。「ありし」は、もともとはラ行変格活用動詞「あり」の連用形に過去の助動詞「き」の連体形が付いた言葉だが、一語化して〈昔の、以前の〉という意味の連体詞となった。したがって、「ありしすまひ」とは「かつての住まい」ということ。「ありしすまひ」をこう解釈できると、傍線(2)「ありしすまひ」とは、作者が「久しく」住んでいた「父方の祖母の家」のことだとわかる。なお、この問は「抜き出し問題」ではなく「説明問題」であることに注意しよう。

問三 易 傍線(3)「に」のすぐ上の「ならぶる」に注目する。「ならぶる」は、バ行下二段活用動詞「ならぶ」の連体形。活用語の連体形に付いていることから、この「に」はAかBかDだとわかる。次に傍線(3)が引かれた一文「これをありしすまひにならぶるに、十分が一なり」を見てみる。この文に欠けている言葉(文の成分)を補ってみると「これをありしすまひにならぶるに、これはありしすまひの十分が一なり」となる。つまり、この文は、「これをありしすまひにならぶ」と「これはありしすまひの十分が一なり」という二つの文からできていることがわかる。傍線(3)「に」は、この二つの文を接続する役目をしている。正解はAである。

問四 やや易 「あられぬ世」の「あられぬ」と「念じ過ぐし」の「念じ」の意味がポイント。

「あられぬ」はラ行変格活用動詞「あり」の未然形に、自発・可能・受身・尊敬の助動詞「る」の未然形、打消の助動詞「ず」の連体形が付いた言葉。「あり」にはいろいろ意味があるが、ここの「あり」は〈生きている、住む〉の意(慣用句「世にあり」に〈この世に生きている〉という意味があることを思い出そう!)。「れ」は「可能」の意味(助動詞「る」の下に打消の助動詞「ず」があるときは、その多くは「可能」の意味であることを思い出そう!)。これをふまえて「あられぬ世」を直訳すると「生きていくことができないこの世」となる。この「あられぬ世」の解釈として許容できるのは、AとD。

「念じ」は、サ行変格活用動詞「念ず」の連用形。「念ず」は〈❶祈る、❷がまんする〉意を表す。この「念ず」の解釈として許容できるのは、AとC。ただし、Cは、「あられぬ世」の解釈ですでに×。さらにまた「過ぐし」を解釈していないことでも×である(Aはちゃんと「すごし」と解釈してある)。正解はA。

問五 やや易 傍線(5)は慣用句「世を背く」に完了の助動詞「り」が付いたもの。「世を背く」は〈出家する〉こと。つまり、髪を剃って(B)、法師になること(A)。出家すると、剃髪するばかりでなく、衣服も法師のものに変えること（D）になる。そして、出家とは、この世を捨てること、捨てるものの中には当然妻子も含まれる（E）。傍線(5)の説明として不適当なものはC。「世を背く」とは、世の中に反抗してみることではなく、この世の中を捨てて、そこから離れること、つまり「遁世する」ことである。

問六 易 空欄(6)の上の「なん」に注目する。この「なん」は強意の係助詞。文は連体形で結ばれる（係り結びの法則）。選択肢の中で、連体形とみることができるのはAとB。Aは過去推量の助動詞。空欄(6)が設けられた文の主語は作者。作者が自分の過去を「また五年の歳月を過ごしてしまっただろう」と推量するのはヘン。したがって空欄(6)にはBが入る。ただ、助動詞「けり」の意味を「伝聞過去」だけと思っていると、「けむ」と同じように奇異な感じがするだろう。自分の過去を人から伝え聞くの?と。しかし、「けり」には、今まで意識していなかったことに気づいた!という意味（「詠嘆」）もある。ここの「ける」はこの意味。

問七 難 Aは9~10の文の内容に合致する。Bは8の文の内容に合致する。ただし、「白波」が「盗賊」の意であることを知らなければアウト。「白波」→「盗賊」の知識を受験生一般に求めることは酷《こく》。

Cは14の文に合致する。ただし、「むなしく」の文脈上の意味を正しく読み取る必要がある。作者が出家遁世をしたのは、「すべて、あられぬ世を念じ過ぐしつつ、心をなやませる事、三十余年」、「その間、折り折りのたがひめ」に自分の「みじかき運」を悟ったからである。つまり、作者は、自分の「みじかき運」を悟り、「心をなやませる事」から逃れるために出家遁世したわけである。それなのに「むなしく」時が過ぎて行ってしまった。作者は「心をなやませる事」から解放されなかったのである。

Dは12~13の文の内容を述べている。いっけん合致しているようにも思えるが、作者は「まったく失敗した人生であった」とは語っていない。したがって、これが×、正解となる。

問八 標準 『方丈記』は鎌倉時代前期の作品。A『古事《こじ》記《き》』は奈良時代前期の歴史書。B『池亭記《ちていき》』は平安時代中期の漢文随筆。C『太平記《たいへいき》』は南北朝時代の軍記物語。D『万葉集《まんようしゅう》』は奈良時代の和歌集。E『古今和歌集《こきんわかしゅう》』は平安時代前期の勅撰和歌集。F『新古今和歌集《しんこきんわかしゅう》』は鎌倉時代前期の勅撰和歌集。正解はFである。

8 鶉衣

評価

50〜40点→ 合格圏
39〜30点→ まあまあ
29〜0点→ がんばれ

解答

（50点満点）

問一 エ （5点）
問二 イ （5点）
問三 松尾芭蕉 （5点）
問四 ア （5点）
問五 オ （5点）
問六 ア （5点）
問七 オ （5点）
問八 ウ （5点）
問九 ア （5点）
問十 ウ （5点）

出典

作品名 『鶉衣《うずらごろも》』 作者 横井也有《よこいやゆう》
ジャンル 俳文 時代 江戸時代後期

本文解説

本文の出典である『鶉衣』は、江戸時代の文人《ぶんじん》、横井也有の俳文《はいぶん》集。「鶉衣」とは「つぎはぎの衣」のこと。そんな、つぎはぎの粗末な文章を集めたもの、という謙遜の意味を込めて、也有はみずからの俳文集に『鶉衣』という名を付けた。本文はその中に収められた「百虫賦《ひゃくちゅうのふ》」という題の文章である。

まず、蝶《ちょう》。花のまわりでひらひら飛び交《か》う姿は、とても優美。蝶は鳴かないから、鳴く音《ね》を楽しむために籠《かご》に閉じ込められる、ということもない。蝶は自由！中国の思想家荘周が蝶になった夢を見たのも納得。荘周は人為《じんい》を嫌い、自由を重んじた人だから。次に、トンボ。トンボも自由に空を舞う。それなのに、子どものおもちゃにされたり、「阿呆の鼻毛で蜻蛉をつなぐ」（＝この上なくおろかな様子）なんて不名誉な表現に使われたりして、とても残念。蛾は「蛾眉《がび》」と「美人の眉《まゆ》」にたとえられるのに。こんなふうに也有は、身の回りにいる虫を、観察して書くだけではなく、文学的視点からも捉《とら》えて記す。つづいて、蛙《かわず》。「かわず」とは「カエル」のこと。「カエル」？「カエル」って「虫」？ そう「虫」！ 昔は、人・獣・鳥・魚・貝以外の動物はみな「虫」と言ったのだ。だから「カエル」も「虫」、ちなみに「ヘビ」も「虫」。蛙は、『古今和歌集』の「仮名序」で「花に鳴く鶯《うぐひす》、水に住む蛙《かはづ》の声聞けば、生きとし生けるもの、いづれか歌をよまざりける」とコメントされるくらい、和歌の世界でおなじみの「虫」。月がおぼろにかすみ、風も静まってシーンとした夜、遠くから蛙の声が聞こえてくる。そんな風情はいいものだ。芭蕉も、「古池や蛙飛びこむ水の音《おと》」という有名な句を作っている。つづいて、蟬。蟬は鳴き始めの頃がいい。その年に初めて鳴く蟬のことを「初蟬《はつぜみ》」という。初蟬の声を聞くと「ああ、夏になったのだなあ」と思う。季節の到来を告げる声、「初音《はつね》」である。初音といえば、ウグイスやホトトギスが代表的。ウグイスは春、ホトトギスは夏を告げてくれる。蟬は虫なのに、「初音」で鳥の仲間入り。「手柄」である。もっとも、夏の盛りに鳴かれると、暑さが増してより汗が出る気がするのだけれど…。蟬は短命。蟬はそれを知っているのか知らないのか。いずれにしろ、蟬は命のかぎり一生懸命鳴く。だから、蟬の声はせつなくもある。「やがて死ぬけしきは見えず蟬の声」（芭蕉）。蟬を詠んだ名句である。そして、蛍。蛍は、虫にかぎらず四季の情趣ある景物の中でも、一番のもの。水辺に飛び交い、草むらに集まっている様子は美しい。「五月《さつき》の闇《やみ》」、梅雨《つゆ》が降る頃の、空一面厚い雲におおわれて、月の光も星の光もない夜の真っ暗闇は蛍のためにある！と言っていいほど蛍の光はステキだ。それなのに中国では「蛍《けい》雪《せつ》の功」（貧しく灯火の油が買えず、集めた蛍の光で本を読んだり、雪の明かりで本を読む）なんて、苦労して学問に励む故事に使われている。蛍がかわいそう。

さらに也有は、「蜩《ひぐらし》」「つくつく法師」「蟻《あり》」「蚊」と書き進めていく。そのどれもが、実感だけではなく文学的にも捉えた虫の姿だ。虫を題材にこれだけ読ませるとは、和漢の文芸に通じていた也有ならでは。古典文学の知識をちりばめながら、少しも嫌味《いやみ》なところがない。文章は重くなく、むしろ軽い。内容もユーモラスで、楽しい。こういう、古典に裏打ちされた軽妙《けいみょう》洒脱《しゃだつ》で愉快な文章を「俳文」という。

この「ことば」に注目！

◆**「卯月」「長月」** 今の暦と昔の暦（「旧暦」という）にはズレがある。明治政府が、旧来の暦の明治5年12月3日を明治6年1月1日として、新しい暦をスタートさせたからだ。暦を欧米諸国の暦（太陽暦）に変えたのである。したがって、旧暦と新暦とは一カ月あまりのズレがある。古文の世界はもちろん旧暦。たとえば、今六月に降る「梅雨《つゆ》」のことを古語で「五月雨《さみだれ》」という。このズレを知っておかなければ、古文を読んでいるとき、「五月なのになんでうっとうしい長雨が降っているのだ？」などと要《い》らぬ疑問をいだいてしまう。ちなみに、今は一年365日であるが、昔は一年354日。11日短い。一月《ひとつき》も、旧暦では、大《だい》の月は

30日、小《しょう》の月は29日。このため、昔は、五年に二度の割合で、同じ月をもう一度繰り返さなければならなかった（その年は一年十三カ月である！）。その二度目の月のことを「閏月《うるうづき》」という。こういう旧暦と新暦の違いは、押さえておかなければならない。

本文

1蝶の〔主格〕花に飛びかひたる〔存続〕（様子ハ）、**やさしき**ものの**限り**なる〔断定〕べし〔推量〕。2それも鳴く音の〔主格〕**愛なけれ**ば、籠に苦しむ身なら〔断定〕ぬ〔打消〕（コトハ）こそ〔強調（係）〕**なほ** **めでたけれ**〔（結）〕。3さてこそ〔強調（係）〕荘周が夢もこのものには託しけめ〔過去推量（結）〕。4ただ蜻蛉のみ（ハ）こそ〔強調（係）〕かれにはやや並ぶらめ〔現在推量〕ど、（蜻蛉ハ）糸に繫がれ〔受身〕黐にさされ〔受身〕て、**童**のもて遊びとなる（コト）だに〔類推〕苦しきを、「阿呆の鼻毛に繫がるる〔受身〕」と（イウノ）は、**いと** **口惜しき**諺かな〔詠嘆〕。5美人の眉にたとへたる〔存続〕蛾といふ虫もあるものを〔詠嘆〕。

6蛙は古今の序に書かれ〔受身〕てより、歌よみの部に思はれ〔受身〕たる〔存続〕（コトハ）こそ〔強調（係）〕幸ひなれ〔（結）〕。7おぼろ月夜の風（ガ）静まりて、（蛙ノ声ガ）遠く聞こゆる（ノ）はよし。8古池に飛んで翁の目（ヲ）覚ましたれ〔完了〕ば、このものの〔主格〕ことさらにもそしりがたし。

本文解釈

1蝶が花（の周り）に飛び交っている様子は、**優美な**ものの**極み**であるにちがいない。2それも鳴く声が**おもしろいわけではない**ので、籠に（入れられて）苦しむ身の上でないことは**ますます** **すばらしい**。3それで荘周の夢も（ものにとらわれない自在な境地を）これ（＝蝶）に託したのだろう。4ただトンボだけはそれ（＝蝶）にいくらか匹敵しているのだろうが、（トンボは）糸につながれたり鳥もちによって捕まえられたりして、**子供**のおもちゃとなることさえつらいのに、「（トンボは）阿呆《あほう》の鼻毛につながれる（＝阿呆はとんぼをつなげるほど鼻毛を長く伸ばしている）」というのは、**とても** **残念な**ことわざだなあ。5美人の眉にたとえている蛾という虫もいるのになあ。

6蛙は『古今和歌集』の序文に書かれてから、歌詠みの仲間と思われていることは幸せである。7朧《おぼろ》月夜の風が静まって、（蛙の声が）遠くに聞こえるのはよい。8古池に飛び込んで芭蕉翁の（俳諧の）目を開かせたのだから、これ（＝蛙）はなおさらけなすことはできない。

9蟬はただ梅雨の晴れ間に聞き**はじめ**た**頃**がよいのだ。

9蟬はただ五月晴れに聞き**そめ** たる《完了》 **ほど**がよきなり《断定》。10やや日ざかりに鳴きさかるころは、人の汗（ヲ）しぼる心地（ガ）す。11されば初蝶とも初蛙ともいふことを聞か ず《打消》、このものばかり（ガ）初蟬といは るる《受身》（コトハ） こそ《強調(係)》 大きなる手柄 なれ《断定(結)》。12「**やがて**死ぬ**けしき**は見え ず《打消》」と、このものの上は、翁の一句に尽き たり《存続》といふ べし《当然》。

13蛍は**たぐふ** べき《可能》 ものもなく、景物の最上 なる《断定》べし《推量》。14水に飛びかひ草にすだく。15五月の闇はただこのもののため に《断定》 や《疑問(係)》（アルノダロウ）とまで ぞ《強調(係)》 **覚**《(結)》**ゆる**。16しかるに貧の学者に捕ら れ《受身》て、油火のかはりにせ られ《受身》 たる《完了》（コト）は、このものの**本意** に《断定》 はあらざる《打消》 べし《推量》。

17蜩は（数ガ）多き（ノ）もやかましから ず《打消》。18暑さは昼の梢に（比ベテ）過ぎて、夕べは草に露（ガ）置くころ なら《断定》 む《推量》。19つくつく法師といふ蟬は、筑紫恋しともいふ なり《伝聞》。20筑紫人 の《主格》 旅に死してこのものになりたり《完了》と、世の諺にいへ り《存続》 けり《過去》。

10やがて日差しの強い日中に盛んに鳴く頃は、人の汗を絞り出す感じがする。11だから初蝶とも初蛙とも言うことを耳にせず、これだけが初蟬と言われることは大きな手柄である。12「（盛んに鳴きたてる声を聞くと）**すぐに** 死ぬ **様子** は見えない」と、これ（＝蟬）については、芭蕉翁の一句にすべて言い尽くしているというべきだ。

13蛍は **比べ** られるものもないほど、四季の風物の最上位であるにちがいない。14水辺に飛び交い草に集まる。15旧暦五月の闇夜はただこれ（＝蛍）のためであるのだろうかとまで **思われる**。16ところが貧乏な学者に捕らえられて、灯火の代わりにされたことは、これ（＝蛍）の **本来の志** ではないにちがいない。

17蜩は数が多いのもやかましくない。18（蜩が鳴くのは）暑さは昼の梢《こずえ》に（比べて）峠を越して、夕方になって草に露が置く頃だろう。19つくつく法師という蟬は、筑紫《つくし》恋しとも言うそうだ。20筑紫（＝九州）の人が旅先で死んでこれ（＝つくつく法師）になったと、世の中の言い伝えに言っていた。

21蟻は明けても暮れてもあわただしく、世の中の仕事のために暇がない人に似ている。22あちらこちらに集まったり散ったりして、いつまでも餌を探し求める。23いつ蟻の都を逃れて、その身が **安楽な** ことを **手に入れる** のだろうか（いや、いつまでたっても安楽な身となることはないだろう）。24それにつけても **都合** が **悪い** 場所に穴を掘って（ことわざの「千丈の堤も蟻穴より崩るる」のように）千丈の堤を崩

21蟻は明け暮れに忙しく、世の営みに隙（ガ）なき人には似たり《存続》。22東西に集散し、餌を求めてやまず《打消》。23いつか《反語(係)》槐安の都を逃れて、その身の《主格》**やすき**ことを**得**む《推量(結)》。24さるも**たより**（ガ）**悪しき**方に穴を営みて千丈の堤を崩すべから《命令》ず《打消》。25蚊は憎むべき《当然》**限り**ながら、さすが卯月のころ、端居（モ）珍しき夕べ、はじめてほのかに（ソノ羽音ヲ）聞きたら《完了》む《婉曲》（ノ）、または長月のころ、力なく残りたる《存続》（ノ）は、寂しき方もあり。26蚊帳（ヲ）釣りたる《存続》家のさま、蚊遣り（ヲ）焚く里の煙など（ハ）、かつは**風雅**の道具ともなれり《存続》。27藪蚊はことに激しきを、かの七賢の夜咄には、**いかに**団扇の隙（ガ）なかりけむ《過去推量》。

してはならない。

25蚊は憎むべき**極み**だけれど、そうは言っても旧暦四月の頃、（まだそれほど暑くないので）縁先での夕涼みも珍しい夕方、はじめてかすかに（その羽音を）聞いたようなの、あるいは旧暦九月の頃、弱々しく生き残っているのは、もの悲しいところもある。26蚊帳《かや》を釣っている家の様子や、蚊遣り火を焚く人里の煙などは、一方では**俳諧**の材料ともなっている。27藪《やぶ》蚊はとりわけ（人を刺すのが）激しいので、例の七人の賢人の夜の談話では、**どんなに**（蚊を追い払う）団扇《うちわ》の（手を休める）暇がなかったことだろうか。

設問解説

問一 易 1「めでたけれ」は、ク活用形容詞「めでたし」の已然形。「めでたし」は〈すばらしい、結構だ〉という意味。ア・イ・ウは、この語の意味と相いれないので、×。オは、すぐ上の「籠に苦しむ身ならぬこそ」を誤読しているので、×。正解はエである。

問二 易 2「さてこそ荘周が夢もこのものには託しけめ」の「このもの」が「蝶」を指していることは明らか。「さてこそ」（＝それで）とあるから、上の文を見ると、蝶が花の上で飛び交い、籠に入れられて苦しむ身でないことがわかる。傍線部2のあとの「ただ蜻蛉《とんぼう》のみこそかれにはやや並ぶらめど、糸に繋《つな》がれ黐《もち》にさされて、童のもて遊びとなるだに苦しきを」も参考になる。正解はイである。

問三 標準　Aの上の「古池に飛んで」は「古池や蛙《かはづ》飛びこむ水の音」という句をふまえた表現。B「翁の一句に尽きたりといふべし」とあるから「翁」は「俳人」。「翁」以外の俳人の句をふまえて「古池に飛んで」と記すのも間が抜けているから、「翁」は「古池や蛙《かはづ》飛びこむ水の音」の句の作者、つまり松尾芭蕉である。もっとも、「やがて死ぬけしきは見えず蟬の声」が松尾芭蕉の句であることを知っていれば事は簡単。しかし、それは受験生にとって無理な注文というものだろう。

問四 易　3の中の「そしりがたし」にまず注目する。「そしり」はラ行四段活用動詞「そしる」の連用形。「そしる」は〈けなす、非難する〉という意味。「がたし」は、もともとはク活用形容詞「難《かた》し」。動詞の連用形に付いて〈〜できない、〜することが難しい〉という意味を表す。今でも「信じがたい」とか「許しがたい」とかいうが、この「がたい」と同じ。「そしりがたし」〈けなすことはできない（難しい）、非難することはできない（難しい）〉。この語句の意味を正しく解釈しているのは、アとイ。ウ・エ・オは×。3の「ことさらにも」を、アは「なおさら」、イは「極端には」と解釈している。どちらが正しいのかは文脈（6〜8）から決める。正解はアである。

問五 やや易　「そめ」は、マ行下二段動詞「そむ」の連用形。動詞の連用形に付いて、つまり「動詞の連用形＋そむ」の形で〈❶〜はじめる、❷初めて〜する〉という意味を表す。だから、「そめ」に漢字を当てれば「初め」。「日ざかり」は、下の「汗しぼる心地す」に注目すると、日中の太陽が盛んに照りつける時間をいっていることがわかる。「日盛り」である。正解はオ。

問六 やや易　「すだく」はカ行四段活用動詞。〈集まる、集まって騒ぐ、集まって鳴く〉という意味。語義的にはウもOKだが、蛍は鳴かない！　正解はア。

問七 易　6「死し」は動詞。したがって、アは×（シク活用は形容詞の活用）。「死し」の終止形は「死す」。活用の行はサ行。したがって、イとウは×。正解はエかオ。「死す」を語幹と活用語尾に分けると「死＋す」。「死」は「名詞」。これで一単語である。ということは、「死す」は複合サ行変格活用動詞。サ行四段活用動詞ならば、こうはいかない。つまり、語幹と活用語尾に分けたとき、語幹だけでも意味が通じることはない。たとえばサ行四段活用動詞「まうす(申す)」は「まう＋す」。「まう」?・?・?。正解はオ。

問八 やや易 「槐安《くわいあん》の都」とは、(注)の4によると「蟻の都」のこと。その都では、蟻は「明け暮れに忙しく」「東西に集散し、餌《ゑ》を求めてやま」ない暮らしをしている。その都を逃れて7「身のやすきことを得む」といっているのだから、7は「働きどおしではない身になる」ことをいっている。7の意味として最適なものはウ。

なお、7の中の「やすき」はク活用形容詞「やすし」の連体形。「やすし」にはいろいろな意味があるが、ここは〈安心だ、気楽だ、安楽だ〉という意味で使われている。また、ウの文末が「〜だろうか」となっているのは(これは、エもオもそう)、傍線7が引かれた一文の冒頭に「いつか」があるため。「いつか」は〈いつ〜か〉という疑問の意味を表す語。現代日本語の「いつか」(いずれそのうち)の意味ではない。

問九 難 「端居」は「はしゐ」と読む。「端居」は「夕涼みのために縁側に出ること」。それが珍しいのだから、季節はまだ夕方に涼《りょう》を求めるほど暑くはないのだ。「卯月」は今の暦に換算すると「五月」。初夏ではあるが、たしかに夕方に涼を求めるほど暑くはない。正解はア。が、「端居」は知らなくてもいいことば。夏の夕方、夕涼みのために、団扇《うちわ》を片手に縁側に腰かける人の姿も見なくなった。この問は、できなくてもいい。

問十 易 旧暦では、「睦月《むつき》(一月)・如月《きさらぎ》(二月)・弥生《やよい》(三月)」が「春」、「卯月《うづき》(四月)・皐月《さつき》(五月)・水無月《みなづき》(六月)」が「夏」、「文月《ふみづき》(七月)・葉月《はづき》(八月)・長月《ながつき》(九月)」が「秋」、「神無月《かんなづき》(十月)・霜月《しもつき》(十一月)・師走《しわす》(十二月)」が「冬」。したがって、正解はウ。

9 栄花物語

評価

50～35点↓ 合格圏

34～27点↓ まあまあ

26～0点↓ がんばれ

解答

問一 ③ （7点）

問二 ② （6点）

問三 ① （8点）

問四 ⑤ （8点）

問五 ② （8点）

問六 ① （5点）

問七 道長を婿として迎え入れること。 （8点）

＊「婿として迎え入れる」の要素が不可欠（これを欠くもの0点）…6点。
その上で「道長を」と記しているもの、プラス2点。

（50点満点）

出典

作品名 『栄花《えいが》物語』　作者 未詳

ジャンル 歴史物語　時代 平安時代後期

本文解説

本文は、藤原道長が正妻の倫子と結婚するまでのいきさつを語っている。

道長が妻にしたいと思った女性の父は「土御門《つちみかど》の源氏の左大臣殿」、源雅信《まさのぶ》である。「源氏」とあるから、雅信は皇室の血を引いている、ということがわかる。雅信は娘を将来「后《きさき》がね」、つまり天皇の妻にしようと考えていた。これは当時の貴族としては当たり前のこと。娘を入内《じゅだい》させて男の子が生まれたら次の天皇にし、その天皇の祖父として権力の基盤をより確かなものとする。いわゆる「外戚《がいせき》政治」（「摂関《せっかん》政治」とも）である。だから雅信は娘をとても大切に育てていた。

道長はその娘を「どうか自分の妻に！」と雅信に申し入れたのだ。当時道長はまだ二十二歳。それほど官位も高くなく、雅信に言わせたら「口わき黄ばみたる」青二才。ヒヨッコなのである。「そんな奴《やつ》を大切な娘の婿として迎えられるか！」というのが雅信の気持ち。父として当り前の気持ちだ。

当時の結婚は、男が女の家に通う「通い婚」と、男が妻の家に住む形とがあった。どちらにしろ、妻の実家が男を婿として世話をするのがふつう。これを「婿入《い》り婿」という。だから婿にとっては妻の実家は身分が高く裕福であることが望ましい。道長が雅信の娘を正妻の候補として選んだのは、雅信がこの条件にかなっていたからということが大きい。雅信は左大臣しかも「源氏」。「源氏」だから、その娘倫子にも皇室の血が流れている！　妻選びは、結婚後の暮らしや将来の出世栄達を決めるのにとても重要な事。道長は、「男は妻柄なり」という言葉まで残している。男は妻の家柄で決まる、というのである。

さて、道長のプロポーズに対する雅信の妻、つまり倫子の母の考えは夫とは違う。並みの母親ならば、自分の娘を年若く官位もたいしたことのないヒヨッコ、将来どうなるかもわからない男などと一緒にさせようとは思わないだろう。しかし、彼女には、先見の明、先を読む力があった。彼女は道長のただならぬ才能を見抜き、娘を道長と結婚させせようとする。また、娘を后にしようにも天皇や東宮はまだ幼く、現実問題として娘の入内は難しい。結局は雅信も妻の言うことに従い娘を道長と結婚させることとなった。雅信は、しぶしぶではあるが、妻に押し切られてしまった。

さて、雅信の本文中の呼称「土御門《つちみかど》の源氏の左大臣殿」の「土御門」とは彼の邸の名である。やがてこの邸は道長が相続し、道長の娘たちは后となってここで天皇の子どもを大勢産むことになる。御子《みこ》は一族の繁栄の象徴だ。倫子も、道長という才覚のある男の正妻となり、栄華を極めた人生を送った。

本文

1 かかるほどに、三位中将殿（ハ）、土御門の源氏の左大臣殿の〔主格〕、御女二所（ヲ）、嫡妻**腹**に、**いみじくかしづき**たてまつり〔謙譲〕て、**后がね**と**思し**〔尊敬〕聞え〔謙譲〕たまふ〔尊敬〕（ノ）を、

この「ことば」に注目！

◆「婿」　昔の結婚のあり方は「婿入り婿」がふつう。男が「婿」として妻の家に入る。でも、婿養子とは違う。男は肩身など狭くはない。妻の親にしてみれば、かわいい娘の将来を委ねた人物。下《した》にも置かないもてなしで、わが家《や》の婿殿の世話を焼く。初めは「通い」、やがて「同居」。男は、妻の家から出勤し、妻の家に帰宅する。もう一度言っておきたい。古文の「婿」は肩身など狭くないから。

本文解釈

1 こうしているうちに、三位中将殿（＝道長）は、土御門の源氏の左大臣殿（＝雅信）が、姫君 **お二方**を、正妻の **生んだ子** として、**たいへん** **大切に育て** 申し上げて、**将来のお后候補** と **お思いになり** 申し上げなさるのを、2 どういう

2いかなるたよりに《断定》か《疑問(係)》、この三位殿（ガ）、この姫君をいかで（妻ニシタイ）と、心深う《く》思ひ聞え《謙譲》たまひ《尊敬》て、気色だちきこえ《謙譲》たまひ《尊敬》けり《過去》。3されど大臣（ハ）、「あなもの狂ほし。ことのほかや《詠嘆》。誰か《反語(係)》、ただ今さやうに口わき（ガ）黄ばみたる《存続》ぬしたち（ヲ）、出し入れては見ん《意志》とする《(結)》」とて、ゆめに聞しめし入れ《尊敬》ぬ《打消》（ノ）を、4母上（ハ）例の女には似たまは《尊敬》ず《打消》、いと心かしこくかどかどしくおはし《尊敬》て、「などてか《反語(係)》、ただこの君を婿にて見ざら《打消》ん《推量(結)》。（私ガ）時々物見などに出でて見るに、この君（ハ）ただならず《打消》見ゆる君なり《断定》。ただわれにまかせたまへ《尊敬》れ《存続》かし《念押し》。このこと（ガ）悪しう《く》や《反語(係)》ありける《過去(結)》」と聞え《謙譲》たまへ《尊敬》ど、5殿（ハ）、すべてあ《ある》べ《当然》い《き》ことに《断定》もあらず《打消》と思《尊敬》い《し》たり《存続》。

6この大臣は、腹々に男君達（ガ）いとあまたさまざまにておはし《尊敬》けり《過去》。女君たちもおはす《尊敬》べし《推量》。7この御腹には、女君二所、男三人（ガ）なん《強調(係)》おはし《尊敬》ける《過去(結)》。8弁や小将などに《断定》ておはせ《尊敬》し《過去》（人ハ）、法師になりたまひ《尊敬》に《完了》けり《過去》。9また（俗世ニ）おはする《尊敬》（人）も、世

つてであろうか、この三位殿が、この姫君（の一人）を何とかして（妻にしたい）と、心に深く思い申し上げなさって、思いをほのめかし申し上げなさった。3しかし大臣は、「ああばかばかしい。もってのほかだよ。誰が、現在そのようにくちばしが黄色い未熟な若造たちを、（婿として）出入りさせて世話しようとするものか（いや、しない）」といって、まったくお聞き入れにならないのを、4（姫君の）母上は普通の女性とは違いなさり、とても賢明で才気がおありでいらっしゃって、「どうして、ただもうこの君（＝道長）を婿として世話しないのだろうか（いや、するべきだ）。（私が）時々（祭などの）見物などに出かけて見ると、この君は並々でなくすぐれて見えるお人だ。ともかく私に任せなさっていてくださいよ。このことが不都合であったか（いや、そんなことはない）」と申し上げなさるけれど、5殿（＝雅信）は、まるであるべきことでもないとお思いになっている。

6この大臣（＝雅信）は、それぞれの妻に男君たちがとてもたくさんそれぞれの様子でいらっしゃった。女君たちもいらっしゃるにちがいない。7この方（＝母上）の生んだ子には、女君お二方、男子三人がいらっしゃった。8（男子のうち）弁や少将などでいらっしゃった人は、法師になりなさった。9一方（俗世に）いらっしゃる人も、世の中をとても無常のものとお思いになって、どうかすると世を離れようとしなさるのを、（大臣は）とても気がかりなこととお思いにならずにはいられなかった。

の中を**いと** **はかなき**ものに**思して**、ともすれば**あくがれ**たまふ（ノ）を、（大臣ハ）**いと** **うしろめたき**ことに**思さ**れけり。

10 かくてこの母上（ガ）、この三位殿の御事を心づきに**思して**、ただ**いそぎにいそが**せたまふ（ノ）を、殿は心もゆかず**思い**《し》たれど、11 ただ今の帝（ハ）**いと**若う《く》おはします、**東宮**もまたさやうにおはしませば、**内**（ノ后ニシヨウ）、**東宮**（ノ妃ニシヨウ）と**思しかく**べきにもあらず。12 また、**さ**《さる》べい《き》人などの、もののしう《く》思すさまなる（人）も、ただ今**おはせ**ず。13 閑院の大将などこそは、**北の方**（ガ）年老いたまひて、ありなしにて**聞え**など（ヲ）すめれど、かの枇杷の**北の方**などの**わづらはしく**て、この母**北の方**（ハ）**聞しめしいれ**ず。14 ただこの三位殿を、**いそぎたち**たまひて婿取りたまひつ。

10 こうしてこの母上が、この三位殿のことを心にかなうものと**お思いになっ**て、ただひたすら（道長を婿として迎える）**支度をし**なさるのを、殿（＝雅信）は気にも入らずに**お思いになっ**ていたけれど、11 現在の天皇は**とても**幼くていらっしゃる、**皇太子**もまたそのように（幼くて）いらっしゃるので、**天皇**（の后にしよう）、**皇太子**（の妃にしよう）と**かねてお考えになる**ことができるのでもない。12 また、**相応な**（身分の）人などで、堂々としていてお望みどおりの人も、現在は**いらっしゃら**ない。13 閑院の大将などは、**奥様**が年老いなさって、いるかいないかわからない様子で噂《うわさ》などをするようだけれど、例の枇杷《びわ》の大納言の**奥様**（との関係）などが**厄介で**、この（姫君の）母の**奥様**は**お聞き入れになら**ない。14 ただもうこの三位殿を、**支度をととのえ**なさって婿として迎えなさった。

設問解説

問一 やや難　空欄[A]が設けられた前後の文（大臣《おとど》の会話全体）を見れば、「口わき[A]ばみたる」が「ぬしたち」を悪く言っているのだとわかる。そこまではわかるのだが、空欄[A]にどの色を入れればいいのか、まったくわからない。この問は、「くちばしが黄色い」という慣用句を前提に作られている。鳥類のヒナのくちばしが黄色いことから、年が若くて未熟なことをあざけっていう言葉である。「国語辞典」にのっているから現代語であるが、知っているのは主に老人。この言葉の知識を若い世代に求め、それを前提に[A]を補う語を問うのは無理である。

問二 易　B「ぬ」の上にある「聞しめし入れ」は、ラ行下二段活用動詞「聞《きこ》しめし入《い》る」。下二段活用だから、未然形も連用形も「聞しめし入れ」の形になる。もし、この「聞しめし入れ」が、未然形ならば下の「ぬ」は打消の助動詞「ず」の連体形、連用形ならば完了の助動詞「ぬ」の終止形。しかし、そもそもこの「聞しめし入れ」が未然形なのか連用形なのか決まらないのだから、B「ぬ」は、このどちらの助動詞なのか上（接続）からは決まらない。そこでB「ぬ」の下を見る。助詞の「を」が付いている。「を」は活用する語には連体形に付く。ということはBの「ぬ」は連体形。Bは打消の助動詞「ず」の連体形「ぬ」だとわかる。これをふまえて、各選択肢の「ぬ」を見てみよう。

①の「ぬ」は、ラ行四段活用動詞「散る」の連用形に付いているので、完了の助動詞「ぬ」の終止形だとわかる。×である。

②の「ぬ」は、ラ行変格活用動詞「あり」の未然形に付いているので、打消の助動詞「ず」の連体形だとわかる。これが正解。

③の「ぬ」はナ行下二段動詞「寝《ぬ》」の終止形。×。

④の「ぬ」は、カ行四段活用動詞「泣く」の連用形に付いているので、完了の助動詞「ぬ」の終止形。×。

⑤の「ぬ」はナ行変格活用動詞「往《い》ぬ」の終止形語尾。×。

問三 やや易　「かしこく」と「かどかどしく」がポイント。「かしこく」は、ク活用形容詞「かしこし」の連用形。〈❶すぐれている、❷並々でない、❸幸運だ、❹恐れ多い〉などの意味を表す。ここは姫君の母上の「心」が普通の女よりもすぐれていることを言い表している。語義的に①③④⑤は○だが、②は×。

「かどかどしく」は、シク活用形容詞「かどかどし」の連用形。「かどかどし」は、いい意味で使われているときと、わるい意味で使われているときがある。いい意味は〈❶才気がある、利発だ〉、わるい意味は〈❷とげとげしい、性格にかどがある〉。この「かどかどしく」は、上の「心かしこく」がいい意味なので、❶の意味。①は○。②は語義的にはOKだが、わるい意味で解釈しているので×。③④⑤は語義的に×。正解は①である。

問四 やや難　まず傍線部Dを正しく解釈できなければならない。その際、厄介なのは、Dの中の「あべい」。「あべい」は「あるべき」。つまり、「あ」はラ行変格活用動詞「あり」の連体形「ある」の撥音便「あん」の「ん」が記されていない形。「べき」は助動詞「べし」の連体形「べき」のイ音便。これがわかれば、Dは「あるべきことにもあらず」（直訳すると「あってよいことではない」）ということだから、正解は簡単にわかるが、「あべい」が簡単でないのだから、この問はちょっと難しい（もっとも、Dの上の母上の会話内容、そして「聞えたまへど」の逆接の接続助詞「ど」に注目すれば、簡単なのだけれど）。正解は⑤。②が紛らわしい。でも、「あべいことにもあらず」を「かなしむべきことだ」とするのは意訳のしすぎ。「嘆く」も文脈上いただけない。

問五 易　①は[4]の内容に合う。②は「東宮は出家の志があるため」が×。帝ばかりではなく、東宮もまた大変若かったのである（[11]）。これが正解。③は[8]～[9]の内容に合う。④は[4]・[10]・[14]の内容に合う。

⑤、これが厄介だ。[12]の文に注目すると、×であるような気がする。[12]を詳しく見てみよう。ここで姫君の結婚相手の要件が三つ記されている。「⑴さべい人などの、⑵もののしう⑶思すさまなる」。姫君の結婚相手は要件を満たさなければならないわけだ。閑院の大将は、「大将」だから⑴と⑵の要件は満たしている。⑤は問題文の内容に合っていることがわかるだろう。ではなぜ姫君の結婚相手にならないのか？　枇杷の北の方と関係があるためである。つまり⑶の要件を満たしていないのだ。

問六 易　『源氏物語』の作者紫式部が、藤原道長の娘中宮彰子に仕えたことは常識。そして、①の『紫式部日記』は、その紫式部が主に職場のことを記した「日記」。

問七 やや難　傍線部Eの上の文「かくてこの母上、この三位殿の御事を心づきに思して」に注目する。「心づき」は「心にかなうもの」こと。母上は、三位殿（藤原道長）のことを「心にかなうもの」として、何かを「いそぎにいそ」いだのだ。何かとは何か？　[4]の母上の会話に注目！　そして[14]の文に注目！　母上（「この母北の方」）が、娘の夫として道長を「婿取る」ことを「いそぎにいそ」いだのだとわかる。

10 保元物語

評価

50〜39点→合格圏

38〜28点→まあまあ

27〜0点→がんばれ

解答

（50点満点）

問一　A 2　B 8　C 4　D 6　E 2
　　　F 9　（各2点）

問二　イ 2　ニ 3　ヘ 3　（各2点）

問三　5　（2点）

問四　4　（3点）

問五　11　（4点）

問六　1　（5点）

問七　2　（4点）

問八　3　（4点）

問九　10　（6点）

問十　3　（4点）

出典

作品名　『保元《ほうげん》物語』　　作者　未詳

ジャンル　軍記物語　　時代　鎌倉時代前期

本文解説

崇徳《すとく》上皇は後白河《ごしらかわ》天皇との合戦に敗れ、如意《にょい》山まで逃れてきた。「上皇」とは、天皇の位をおりた人。「院」とも呼ばれる。お供には武士たちがいる。如意山は、険しいことで有名な山。馬で登ることはできない。そこで上皇は、馬から下《お》りて、自分の足で歩いて登る。元天皇という特別な人が、敵に追われ、土を踏み、山を登るなんて！　その様子は、あまりに気の毒でまともに見ることができないほどだ。ふつう天皇や上皇は気軽に外に出かけたりはしない。出かけても、移動の手段は輿《こし》とか車。馬に乗ることすら異例である。まして徒歩、そして山登り！　慣れない足取りの上皇を、武士たちは気づかい、いたわりながら登って行く。すると、突然上皇が気を失った。皆あわてて騒ぎ、どうしてよいかわからなくなる。しばらくして上皇は意識を取り戻すが、周りにお供がいることもわからないほどのありさま。上皇は水を欲しがる。しかし、近くに川もない。武士たちは、たまたま通りかかった法師に水をもらう。上皇は水を口にし、少し意識がはっきりした。武士たちは一安心。しかし上皇は横になったまま。「敵

はきっと追ってくるでしょう。用心してもっと遠くまで逃げましょう」。上皇方の武士の大将源為義《ためよし》が進言する。上皇は「私をここへ捨てて行き、皆は生き延びよ」と答える。「それはできません。最後までお世話します」と口々に言う武士たち。臣下を思いやる君主、君主を思いやる臣下。軍記物語にしばしば現れる涙を誘う場面である。かさねて上皇は言う、「お前たちと一緒にいると、敵が来たら応戦するため、そこで私も殺される。一人なら降参を願い出て命乞いをし、助かるだろう」と。たとえ捕らわれの身となっても、上皇の身分なら殺されることはない。最高刑は流罪《るざい》。が、崇徳上皇のこの言葉を額面どおりにとってはいけない。当然裏には、忠誠心の厚い武士たちの命を助けたいという上皇の優しさがある。何度も説得する上皇にこれ以上反対するのも畏《おそ》れ多く、武士たちは、思いを残し、涙にくれながら去って行く。

このあと上皇は天皇方に捕らえられて讃岐国（今の香川県）に流される。そして、そのままそこで亡くなる。無念だったにちがいない。死後、上皇は「怨霊《おんりょう》」となり、人々に恐れられる存在となった。たしかに、崇徳上皇は保元の乱に敗れ、怨霊と化した。政治の上では敗者である。しかし、一方で、崇徳上皇は和歌が得意で、よく歌合《うたあわせ》を開き、六番目の勅撰和歌集である『詞花《しか》和歌集』を作らせるなど、文化的な人でもあった。本文には臣下を気づかう優しさも語られている。過酷な運命を生きた悲劇の人にもさまざまな面があったのである。

この「ことば」に注目！

◆「おのれら御身に添へじと思し召すぞ」

自分で自分を敬う表現のことを文法用語で「自敬表現」という。これは院（新院）の会話の中にある言葉。「おのれら御身に添へじ」と思っているのは院。院が自分の「思う」ことを「思し召す」と尊敬表現しているのだ。ちなみに「御身」もそう。「自分のからだ」のことを「御身」と言っている。「自敬表現」にはもう一つ別の言葉づかいがある。相手の自分に対する行動を謙譲表現。本文中の「人や候ふ」「水やある、参らせよ」「我をばただここに捨て参らせて」「助け参らせよ」がこれに当たる。「自敬表現」は、院（天皇の位をおりた元《もと》天皇のこと。「上皇《じょうこう》」とも。）とか天皇とかきわめて身分の高い人の会話の中に現れる。だから、こういう高貴な人の会話の中の敬語表現は要注意だ！　尊敬語であっても主語は自分、謙譲語であっても主語は相手。ケッコウあるからね。

本文

1院の御供には、為義、家弘、武者所の季能なんど（ガ）ぞ**候ひ**ける。2（上皇ハ）如意山へ入らせ給ふ。3御馬より下りさせ給ひて、歩ませ給ふ。4十善の御足に汚き土を踏ませ給ひて**渡ら**せ給ふ御有様（ハ）、まことに目も当てられず。5**兵**ども（ハ）、皆馬より下りて、（上皇ノ）御手を引き、御足をいたはり参らせて行く**ほどに**、山中にて、新院（ハ）にはかに御絶入ありければ、御供の人々（ハ）あわて**騒ぎ**て、守り参らする。6東西くれてぞ思ひける。7暫くありて、（上皇ハ）「人（ガ）や**候ふ**。」と**召さ**れけり。8さしも多く並み**居**たる兵どもを**御覧ぜ**ずして、人も無しと**思し召し**ける（ノ）は御目の暗くならせ給ひけるにや。9（御供ノ人々ガ）「某（ガ）**候ふ**。某（ガ）**候ふ**。」と声々に名乗り申しければ、（上皇ガ）「水（ガ）やある、**参らせよ**。」と**仰せ**られければ、（御供ノ人々ガ）谷の方へ走り下りて見れども、水も無し。10こは**いかがせ**んと悲しむ所に、（上皇ハ）御命（ガ）延び

本文解釈

1崇徳上皇のお供には、為義、家弘、武者所の季能などが**お仕えし**た。2（上皇は）如意山へお入りになる。3お馬からお下りになって、お歩きになる。4上皇のお足で汚い土をお踏みになってお**行き**になるご様子は、本当に見るにたえない。5**武士**たちは、みんな馬から下りて、（上皇の）お手を引き、お足をいたわり申し上げて行く**うち**に、山中で、上皇は急に気を失いなさったので、お供の人々はうろたえ**動揺し**て、世話をし申し上げる。6どうしてよいかわからなく思った。7しばらく経って、（上皇は）「誰か人が**控えている**か。」と**お呼びになら**れた。8それほど多く並んで**座っ**ている**武士**たちを**ご覧になら**ないで、誰もいないと**お思いになっ**たのは目が見えなくなりなさったのであろうか。9（お供の人々が）「誰それが**お控え申し上げている**。誰それが**お控え申し上げている**。」と声々に名乗り申し上げたところ、（上皇が）「水があるか、**もって参れ**。」と**おっしゃっ**たので、（お供の人々が）谷の方へ急いで下《くだ》って見るけれど、水もない。10これは**どう**しようかと悲しんでいるところに、（上皇は）お命が生き延びなさる運命であったのだろうか、法師が水瓶《みずがめ》に水を入れて、寺の方へ通ったのを、家弘がもらい受けて（上皇に）**差し上げ**たところ、（上皇は）水を**召し上がっ**て、少しご意識がはっきりなさった。11（お供の人々は）これを拝見して、喜び合ったけれども、（上皇は）

させ給ふべきにやありけん、法師の水瓶に水を入れて、寺の方へ通りける（ノ）を、家弘（ガ）乞ひ請けて（上皇ニ）参らせければ、（上皇ハ）水を参りて、少し御心地（ガ）つかせ給ひぬ。11（御供ノ人々ハ）これを見奉りて、悦び合ひけれども、（上皇ハ）なほ平に臥せ給ふ。

12為義（ガ）申しける（コト）は、敵（ハ）定めて追ひて参らんずらん、相構へて今少し延びさせ給ふべき由（ヲ）申しければ、13（上皇ガ）「我もさこそ思へども、いかにも御身のはたらかぬぞ。我をばただこれに捨て参らせて、おのれらはいづくの方へも落ち行きて、助かり候へ。」と仰せられければ、14（御供ノ人々ガ）「命を君に参らせ候ひぬる上は、いづ方へか落ち行き候ふべき。いづくの浦にも見置き参らせてこそ。」と各々（ガ）申しければ、15（上皇ハ）「兵（ガ）追ひ来たらば、おのれらが禦ぎ戦はんほどに、我も打たれなんず。我一人は武士（ガ）近付かば、『我にてあるぞ。助け参らせよ。』と、

依然としてひたすら（体を）横にしなさっている。

12為義が（上皇に）申し上げたことは、敵はきっと追いついて参ることになるだろう、用心してもう少し遠くへ逃げなさるのがよいということを申し上げたところ、13（上皇が）「私もそう思うけれど、どうしても体が動かないのだ。私のことはただもうここに見捨てて、おまえたちはどこの方へでも逃げて行って、助かってください。」とおっしゃったので、14（お供の人々が）「命を上皇様に差し上げました以上は、（上皇様を見捨てて）どちらへ逃げて行くことができるでしょうか（いや、できない）。どこの浦であっても（上皇様の行く末を）見届け申し上げて（死ぬ覚悟です）。」とそれぞれが申し上げたところ、15（上皇は）「（敵の）武士が追いついて来たならば、おまえたちが防戦するような間に、私もきっと殺されるだろう。私一人なら武士が近づいてきたら、『私であるぞ。助けよ。』と、手を合わせて命を乞えば、そうはいっても、命だけはどうして助けないことがあろうか（いや、ない）と思うので、おまえたちを我が身に付き添わせまいと思うのだ。これ以上それでもまだ無理に（おまえたちがここに）留まるならば、私にとって不都合であるにちがいない。」と、お言葉が再三に及んだので、16留まりますこともかえって（上皇の言葉に背く）恐れ多さがあったので、為義以下の武士たちは、鎧《よろい》の袖を（涙で）濡らしながら、それぞれが四方へ逃げ去った。

手を合はせて命を乞はん《仮定》に、さりとも、命ばかりはなどか《反語(係)》助けざる《打消》べき《推量(結)》と思へば、おのれら（ヲ）御身に添へじ《打消意志》と思し召す《尊敬(自敬)》ぞ《強調(文末)》。この上猶もしひて（オマエタチガ）止まらば、我がため悪しかるべし《推量》。」と、仰せ（ガ）再三に及びけれ《過去》ば、16罷り《謙譲》止まる（コト）もなかなか恐れ（ガ）ありけれ《過去》ば、為義以下の兵ども（ハ）、鎧の袖をぞ《強調(係)》濡らしつつ、各々（ガ）四方へ落ち去りけり《過去》。

設問解説

問一 やや易 傍線A～Fが引かれている動詞（補助動詞）は、「候《さぶら》ふ」と「参《まゐ》らす」。

「候ふ」はハ行四段活用動詞。〈❶お仕えする、伺候する、❷うかがう、❸あります、います、❹〔補助動詞〕～です、～ます、～ございます〉の意味を表す敬語である。❶❷の意味なら「謙譲語」、❸❹の意味なら「丁寧語」。「参らす」はサ行下二段活用動詞。〈❶差し上げる、❷〔補助動詞〕～申し上げる〉の意味を表す敬語である。❶も❷も「謙譲語」。

A補助動詞は、「活用語の連用形＋動詞」または「活用語の連用形＋助詞＋動詞」の形をとる。Aは、「季能《すゑよし》なんどぞ」に付いているので、補助動詞ではない。「候ひ」は、ハ行四段活用動詞「候ふ」の連用形。正解は2。

Bラ行四段動詞「いたはる」の連用形に付いて、「活用語の連用形＋動詞」の形をとっている。ただし、この形をとっていても即「補助動詞」とはいえない。この「参らせ」が本来の意味、〈差し上げる〉という意味で使われているならば、「本動詞」（選択肢はこれを単に「動詞」としている）である。「御足をいたわり差し上げて行くほどに」。おかしい。つまり、この「参らせ」には「差し上げる」という意味はない。上の動詞「いたはり」に「謙譲」の意を添えているだけである。敬意を添えているだけのことだから、なくてもいい。「御足をいたはりて行くほどに」。なくても意味は変わらない。補助動詞である。活用形は、下が接続助詞「て」なので、連用形。正解は8。

C「人や」に付いているので、本動詞（動詞）。「人や」の「や」は疑問の係助詞。Cは、その結びの語だから、連体形。正解は4。

D本動詞（動詞）。活用形は命令形。正解は6。

E「君に」に付いているので、本動詞（動詞）。活用形は、下が動詞「候ひ」なので、連用形。正解は2。

F「活用語の連用形＋動詞」の形をとっている。なくても意味は変わらない。「いづ方へか落ち行くべき」。補助動詞である。活用形は、下が助動詞「べし」なので、終止形。正解は9。

問二 標準 イ「絶入」は音読みで「せつじゅ」。訓読みすれば「絶え入る（こと）」。したがって、正解は2か5。後の文に「暫くありて、「人や、候ふ。」と召されけり」⑦とあるから、死んではいない。正解は2。

ニ「参り」はラ行四段活用動詞「参る《まゐ》」の連用形。「参る」は敬語で、謙譲語として〈❶参上する、参詣する、❷差し上げる、❸〈補助動詞〉～して差し上げる〉、尊敬語として〈❹召し上がる、お飲みになる〉などの意味がある。「水をニ参りて、少し御心地つかせ給ひぬ。」の文の主語は院（新院）。「参り」は尊敬語、❹の意味である。ちょっと待って！と思うかもしれない。なぜ❷ではダメなのか？ それは上に「家弘乞ひ請けて参らせければ」とあるから。ここですでに家弘は院（新院）に水を〈差し上げて〉いる。だから❷は×。正解は3である。

へ「平《ひら》に」は〈❶ひたすら、❷やすやすと、❸ぜひとも〉という意味を表す副詞。でも、知らなくてもいい言葉。文脈から考える。ポイントはすぐ上の「なほ」。〈それでもやはり、依然として〉という意味の副詞である（これは重要単語）。これをふまえて、「水を参りて、少し御心地つかせ給ひぬ。」は「なほ（それでもやはり、依然として）へ平《ひら》に臥せ給ふ。」という文の流れで考える。その際、院（新院）が「絶入」していたことも念頭に置くとなおいい。正解は3。

問三 難 まず、1「法師」と3「院（新院）」は×。これは簡単。2「為義」も、「水やある、参らせよ。」という院（新院）の言葉を受けて、水を求めて「谷の方へ走り下《くだ》」ったのが、為義一人だけというのもヘンだから、これも×。正解は4「院（新院）のお供の人々」か5「兵ども」のどちらか。どちらだろう？ これが難しい。というよりも、4も5も同じ人々の言い換えと見なすこともできる。「院の御供には、為義、家弘、武者所の季能《するよし》なんどぞ候ひける」①（為義、家弘、季能も「武士」、つまり「兵ども」)、「兵ども、皆馬より下りて、御手を引き、御足をいたはり参らせて行くほどに、山中にて、新院にはかに御絶入ありければ、御供の人々あわて騒ぎて、守り参らする」、「さしも多く並み居たる兵どもを御覧ぜずして、…『某《それがし》候ふ。某候ふ。』と声々に名乗り申しければ、『水やある、参らせよ。』と仰せられければ、谷の方へ走り下りて見れども、水も無し」をどう読んで、4と5を分けたのだろう？　おそらく4は「為義、家弘、武者所の季能《すゑよし》の三人、5はその他の武士のことだと思われる。だとすれば正解は5。そもそも、水を求めて、院だけをその場に残し、全員が「谷の方へ走り下」ったはずはない。「院の御供」は残ったはずだ。すると、「水瓶《みづがめ》に水を入れて」寺に帰る法師と道（「谷」ではない）で出会う。そこで「御供」の家弘が水を「乞ひ請け」たというわけである。正解は5。

問四 易　疑問の副詞や係助詞を受けずに連体形で文を終止しているものは4行目の「守り参らする」の「参らする」。「参らする」の終止形は「参らす」。「参らす」はサ行下二段活用動詞だから、「参らする」は連体形。

問五 標準　「自分が自分に対して尊敬の表現」をする言葉づかいを「自敬表現」という。この言葉づかいは、院とか天皇とかきわめて身分の高い人の会話の中に現れる。そこで院（新院）の会話に注目する。まず、「我もさこそ思へども、いかにも御身のはたらかぬぞ」⑬の「御身」。自分のからだを「御身」と言っている。「御」は尊敬の接頭語。「二箇所見られる」うちの「はじめに出てくる箇所」だから、これが正解。第二段落の2行目である。ちなみにもう一つは第二段落6行目の「おのれら御身に添へじと思し召すぞ」の「御身」。

問六 難　できなくてもいい。正解は1。文脈から2・4・5は×だが、3は絶対ダメとは言えない。ロ「東西くれてぞ思ひける」は「目の前が真っ暗になるように思えた」→3「まわりが見えなくなるように思えた」。ほら。「東西くる」は慣用句。「くる」は「暮る」。「東西暮る」→「東西の方向もわからなくなる」、ということから、〈途方に暮れる、どうしてよいかわからなくなる〉という意味を表す。慣用句だが、覚えろ！とは口が裂けても言えない言葉。だから、できなくてもいい。

問七 やや易　ポイントは、ホの中の「せ給ひ」の「せ」。助動詞「す」の連用形である。「す」は、「使役」と「尊敬」の意味を表す助動詞。「使役」なのか「尊敬」なのかは文脈から判断する。ここは、すぐ上の「水を参りて」の主語が「院（新院）」、つまり「参り」は「飲む」の尊敬で使われているから（問二の二の解説参照）、ホの主語も「院（新院）」。つまり「せ」は「尊敬」。そこから、「せ給ひぬ」を「させなさった」と解釈している3・4・5は×。正解は1か2。「心地つく」とは「安心する」（1）ことなのか「意識がはっきりする」（2）ことなのか？院（新院）が「絶入」し、正気にかえったあとも「さしも多く並み居たる兵どもを御覧ぜずして、人も無しと思し召し」ていたことを思い出そう。正解は2である。

問八 やや易　トの中の「などか」がポイント。「などか」は、疑問の意味を表す副詞「など」に疑問の係助詞「か」が付いたもの。「疑問＋疑問」。強い疑問である。そこでトを反語文で解釈してみると「どうして助けないことがあろうか、いやない」。文脈に合う。正解は3。4は「助けられない」の「られ」がヘン。だから×。

問九 難　「直接話法の表現がそのまま地の文に流れ込んでいるもの」とは、「会話文だからカギカッコ（「　」）でくくれるはずなのに、終わりのカッコ（」）がキレイでないもの」ということ。言い換えれば、まぎれもなく会話内容なのに、その会話の主《ぬし》の言ったとおりの言葉づかいではなく、会話の主の声が消された形で地の文に続いているものを指している。着眼点は「由《よし》」。直接話法、つまり会話の主が言ったとおりの言葉づかいで会話を閉じるときは、助詞の「と」「とて」「など」を使う。しかし、直接話法で始まった会話文を明らかにここでカギカッコ閉じ（」）！という表現上の断絶をぼかして、スムーズに地の文に移行させる働きをもつ言葉は「由」。本文中から「由」を探す。「為義申しけるは、敵定めて追ひて参らんずらん、相構へて今少し延びさせ給ふべき由申しければ」⑫。「敵定めて追ひて参らんずらん」は為義は言ったとおりの言葉づかい。しかし、「相構へて今少し延びさせ給ふべき」は違う。為義は「相構へて今少し延びさせ給ふべし」と言ったはずだ。それなのに、この為義の会話をスムーズに地の文に移行させるため、「と」「とて」「など」ではなく、「由」を使ったのである。「由」は名詞。だから「べし」（終止形）は「べき」（連体形）に形を変えている。「相構へて今少し延びさせ給ふべき由申しければ」。為義の声が消えて、為義が院（新院）に語った内容だけがタンタンと述べられている感じ、地の文の感じがする。「由」にはいろいろな意味があるが、この意味（働き）で使われている「由」が重要である。覚えておこう。

問十 易　文脈から考える。具体的には、空欄 X のすぐ前の院（新院）の会話内容⑮。そして、後の「為義以下の兵ども、鎧《よろひ》の袖をぞ濡らしつつ、各々四方へ落ち去りけり」に注目する。正解は3。

11 落窪物語

評価

50～36点→ 合格圏

35～28点→ まあまあ

27～0点→ がんばれ

解答

（50点満点）

問一 1 （3点）
問二 2 （3点）
問三 5 （4点）
問四 4 （4点）
問五 2 （3点）
問六 1 （4点）
問七 3 （4点）
問八 4 （4点）
問九 2 （3点）
問十 2 （4点）
問十一 3 （4点）
問十二 (a) 1 (b) 2 （各2点）
問十三 「つく」「見ね」 （各3点）

出典

作品名 『落窪物語《おちくぼ》』　作者 未詳
ジャンル 作り物語　時代 平安時代中期

本文解説

「いかにぞ、かのことは」。「かのこと」とは、少将が乳兄《ちきょう》弟《だい》の帯刀《たてわき》に姫君に逢わせてくれと頼んだこと。帯刀が直接手引きするわけではない。手引きするのは、あこぎ。あこぎは帯刀の妻で、姫君に仕えている。帯刀はあこぎに少将の思いを伝える。あこぎの返事はあまり思わしくない。少将は帯刀からそのことを聞く。ふつう高貴な家の姫君は、親が結婚を決める。男が姫君に手紙を送り、親も認め、何度か文通した上で、晴れて結婚となる。でもこの姫君は継母に虐げられていて、そういう手順は期待できない。「だから、『いまに入れよ』とは言ったのだ」。「いまに入れよ」とは、手順を踏まず、いきなり姫君の部屋に案内してくれということ。強引に契りを結んでしまおうというわけだ。なんとも身勝手な少将の考え。身勝手はこればかりではない。虐げられている姫君のもとに婿として通うのは気がひける。で、逢ってみて、姫君がかわいかったらここに迎え、そうでなければ付き合いをやめようと言うのだ。いやはや、である。もっともこれは半ば冗談。「まめやかには」もっと仲介を工夫してくれ、自分は決して姫君のことを「ふとは」忘れまいから。「ふとは」とは「すぐには」ということ。いったん契りを結んだら、末永く付き合うのが人間の誠意というもの。それなのに「ふとは」忘れまい。では、いずれは忘れるのか？帯刀からすかさずつっこみが入る。少将は笑いながら「『長く』と言おうとしたのに、つい言い間違えたのだよ」と言いわけをする。この二人のやりとりはおもしろい。少将と帯刀は主従の関係にあるのに、じつにフランク。それもそのはず。少将と帯刀は乳兄弟なのだから。当時、高貴な子どもは「乳母《めのと》」と呼ばれる女性に養育された。子どもにとって、乳母は実母のようなものである。乳母の母乳を飲んですくすく育つ。ということは、その女性も同時期に子どもを産んでいることになる。でなければ「乳母」はつとまらない。そして乳母が産んだ子どものことを「乳母子《めのとご》」という。帯刀は少将の乳母の子。ふたりは兄弟のように育ったのだ。少将と帯刀のフランクな会話からは二人のそんな絆《きずな》が見てとれる。

さて、少将は姫君に手紙を書く。しぶしぶ少将の手紙を受け取った帯刀は妻のあこぎのもとへ行く。あこぎから姫君に手紙を渡してもらおうというのだ。あこぎも最初は迷惑そう。でも、姫君のもとへ持って行く。姫君は手紙を受け取らない。継母に遠慮しているのだ。恐れているのではない。継母の気持ちを思いやっているのだ。虐げられているのに継母を気遣う姫君の心の優しさ。あこぎにはそれがはがゆい。帯刀のもとに帰ったあこぎは姫君の取りつく島もない様子を報告する。しかし、まったく脈がないわけではない。あこぎも少し前向きになる。なぜ？　少将の手紙がすばらしかったからだ。和歌も筆跡も。

この後、少将と姫君は帯刀・あこぎの仲立ちで結ばれ、姫君は少将の家に迎えられることになる。めでたし、めでたし。

この「ことば」に注目！

◆**「しかじかなむ申す」**　「しかじか」は漢字で記すと「然然」。指示語の「しか」（副詞）を重ねた言葉で、訳すと「これこれ」。この「しかじか」は何を指しているのか？　じつは問題文の前にあるあこぎの言葉を指している。「今姫君は結婚など考えていないけれども、近々《ちかぢか》、姫君のご意向をうかがってみよう」。現代の小説ならば、こうは記さない。読者であるわれわれが既に知っている事柄であっても、もう一度あこぎの言葉を記すはずだ。「あこぎは、『今姫君は結婚など考えていないけれども、近々《ちかぢか》、姫君のご意向をうかがってみよう』と申しております」。古文は違う。読者にとって既知の事柄は、繰り返すことなく、指示語で表すのがふつう。この「しかじか」もそう。古文独特の文体。入試でよくきかれるから、この言葉づかい、しっかりと覚えておこう！

本文

1帯刀（ガ）、大将殿に**参り**《謙譲》たれ《完了》ば、（少将ガ）「**いかに**ぞ《強調(文末)》、かのことは」（ト尋ネルノデ、2帯刀ガ）「言ひはべり《丁寧》しか《過去》ば、（あこぎハ）しかじかなむ《強調(係)》**申す**《謙譲(結)》。まことに**いと**はるけなり。かやうの**筋**は、親（ガ）ある人は、それ（ガ）こそ《強調(係)》ともかくも急げ《(結・逆接)》、**おとど**も**北の方**にとりこめられ《受身》て、**よも**したまは《尊敬》じ《打消推量》」と**申せ**《謙譲》ば、3（少将ハ）「さればこそ《強調(係)》、（私ハ）『いまに入れよ』とは（言ッタノダ）。婿どらるる《受身》（コト）も、**いと はしたなき**心地（ガ）すべし《推量》。**らうたう**《く》 **なほ おぼえ**ば、（姫君ヲ）ここに迎へてむ《強意 意志》と（思ウ）。**さら**ず《打消》は、（世間ガ）**あなかまとて**もやみなむ《強意 意志》かし《念押し》」と**のたまへ**《尊敬》ば、4（帯刀ガ）「そのほどの御定め（ヲ）、よく**うけたまはり**《謙譲》てなむ《強調(係)》、**つかうまつる**《謙譲》べか《適当べかる》なり《推定》」と言へば、5少将（ハ）、「（姫君ヲ）見てこそ《強調(係)》は、定むべか《適当べかる》なれ《推定(結)》。**そらにはいかで**かは《反語(係)》。**まめやかに**は、**なほ たばかれ**。**よにふと**は（姫君ヲ）忘れじ《打消意志》」と**のたまへ**《尊敬》ば、6帯刀（ガ）、「『ふと』（ハ）ぞ《強調(係)》、**あぢきなき**文字な《断定なる》なる《推定(結)》」と**申せ**《謙譲》ば、7君（ハ）

本文解釈

1帯刀が、左大将邸に**参上し**たところ、（少将が）「**どう**だ、例のことは」（と尋ねるので、2帯刀が）「話しましたところ、（あこぎは）これこれと**申します**。本当に**とても**時間がかかる。このような（縁談の）**方面**は、親がある人は、（普通は）その親がとにかく急ぐけれど、**ご主人**も**奥様**に丸め込まれて、**まさか**（口出しは）なさるまい」と**申し上げる**と、3（少将は）「だから、（私は）『今すぐに（私を姫君の部屋に）入れろ』とは（言ったのだ）。婿《むこ》として迎えられることも、**とても 体裁が悪い**感じがするにちがいない。（会ってみて）**かわいらしく それでもやはり 思われる**なら、（姫君を）きっとここに迎え取ろうと（思う）。**そうで**なかったら、（世間が）**うるさい**といって（結婚を）やめてしまおうよ」と**おっしゃる**ので、4（帯刀が）「その**あたり**のご決心を、よく**お聞きし**て、（仲介を）**して差し上げる**のがよいようだ」と言うと、5少将は、「（姫君を）見て、決めるのがよいようだ。（何も見ないで）**いいかげんに**は**どうして**（決められようか、いや、決められない）。**まじめなところ**、**もっと**（仲介を）**工夫しろ**。**決して**すぐには（姫君を）忘れまい」と**おっしゃる**ので、6帯刀が、「『すぐに』は、**おもしろくない**言葉であるようだ」と**申し上げる**と、7少将様は笑いなさって、「『長く』と言おうとしたのに、つい言い間違えたのだよ」などと笑いなさって、「これを（姫君に届けてくれ）」といって、

うち笑ひたまひて、「『長く』と言はむとしつるに、言ひたがへられぬるぞや」などうち笑ひたまひて、「これを」とて、御文（ヲ）賜へば、⑧（帯刀ガ）しぶしぶに取りて、あこぎに、「御文」とて引き出でたれば、⑨（あこぎハ）「あな見苦し。何しにぞと（イウ）よ。よしないことは（姫君ニ）聞こえで（オコウ）」と言へば、⑩（帯刀ガ）「なほ御返り（ヲ）せさせたまへかし。よにあしきことにはあらじ」と言へば、⑪（あこぎハ手紙ヲ）取りて（姫君ノモトニ）参りて、「かの聞こえはべりし御文」とて奉れば、⑫（姫君ガ）「何しに。上も聞《き》いたまひては、『よし』とはのたまひてむや」とのたまひて、⑬（あこぎガ）「さてあらぬ時は、よくやは聞こえたまへるや。上の御心（ニツイテハ）なつつみきこえたまひそ」と言へど、（姫君ハ）いらへもしたまはず。⑭あこぎ（ガ）、御文を紙燭（ヲ）さして見れば、ただかくのみあり。

⑮君（ガ）ありと聞くに心をつくばねの見ねど恋しきなげきをぞする

お手紙をお渡しになるので、⑧（帯刀が）気が進まない様子で受け取って、あこぎに、「（姫君への）お手紙」といって取り出したところ、⑨（あこぎは）「ああ見るのがつらい。どういうわけだというのよ。つまらないことは（姫君に）申し上げないで（おこう）」と言うので、⑩（帯刀が）「やはり（姫君に言って）お返事を書かせてくださいよ。決して悪いことではあるまい」と言うと、⑪（あこぎは手紙を）受け取って（姫君のもとに）参上して、「例のお話し申し上げましたお手紙です」といって（姫君に手紙を）差し上げると、⑫（姫君が）「どういうわけで（そんな手紙を持ってきたのか）。奥様も聞きなさって、『よい（縁談だ）』ときっとおっしゃるだろうか」とおっしゃって、⑬（あこぎが）「それで他の時は、（奥様は姫君のことを）よく申し上げなさっているかしら（いや、いない）。奥様のお気持ちについては遠慮し申し上げなさらないでください」と言うけれど、（姫君は）返事もなさらない。⑭あこぎが、お手紙を紙燭《しそく》をともして見ると、ただこのようにだけ書いてある。

⑮あなたのような人がいると聞くと思いこがれて、筑波《つくば》嶺《ね》の峰のように、まだ見たことはないけれど、恋しく思って嘆いていることだ。

⑯（あこぎは）「趣深いご筆跡だよ」と独り言を言いつづけていたけれど、（姫君が少将のお手紙に取り合わない）効果のなさそうなご様子なので、（あこぎは手紙を）巻いて、（姫君の）櫛《くし》の箱に入れて席を立った。⑰帯刀が、「どうだ。

16（あこぎハ）「をかしの御手や《詠嘆》」とひとりごちゐたれ《存続》ど、（姫君ガ）かひなげなる御けしきなれ《断定》ば、（あこぎハ手紙ヲ）おしまきて、御櫛の箱に入れて立ちぬ《完了》。17帯刀（ガ）、「いかにぞ《強調（文末）》。（姫君ハ）御覧じ《尊敬》つ《完了》や《疑問（文末）》」（ト尋ネルト、18あこぎハ）「いで、（姫君ハ）まだいらへをだに《類推》せさせ《尊敬》たま《尊敬》はざり《打消》つれ《完了》ば、（私ハ手紙ヲ）置きて立ちぬ《完了》」と言へば、19（帯刀ガ）「いでや《詠嘆》、（姫君ガ）かくておはします《尊敬》よりはよからむ《推量》。我らがためにも思ふやうにて」と言へば、20（あこぎハ）「いでや《詠嘆》、（少将ノ）御心の《主格》頼もしげにおはせ《尊敬》ば、（姫君ガ）などかは《反語（係）》さも」と言ふ。

（姫君は手紙を）ご覧になったか」（と尋ねると、18あこぎは）「いいえ、（姫君は）まだ返事をさえなさらなかったので、（私は手紙を）置いて席を立った」と言うので、19（帯刀が）「いやまあ、（姫君が）このままでいらっしゃるよりはいいだろう。私たちのためにも望み通りで」と言うと、20（あこぎは）「いやまあ、（少将の）お心があてになる様子でいらっしゃるのなら、（姫君が）どうしてそうも（お返事なさらないことがあろうか、いや、ない）」と言う。

設問解説

問一　易　――部(1)「はしたなき」は、ク活用形容詞「はしたなし」の連体形。「はしたなし」は〈❶不釣り合いだ、❷無愛想だ、❸はげしい、❹体裁が悪い〉という意味を表す重要単語。この語を正しく解釈しているのは1だけ。あとの選択肢は語義的に×。正解は1。

問二　易　――部(2)「らうたう」は、ク活用形容詞「らうたし」の連用形「らうたく」のウ音便。「らうたし」は〈かわいい、かわいらしい〉という意味の重要単語。正解は2。

問三　難　ポイントは――部中の「なむ」の解釈。この「なむ」は、マ行四段活用動詞「やむ（止む）」の連用形に付いているので、〈完了（強意）の助動詞「ぬ」の未然形＋推量・意志の助動詞「む」の終止形〉。「む」が「推量」ならば〈～しまうだろう、きっと～だろう〉、「意志」ならば〈～てしまおう、きっと～よう〉などと訳す。これを正しく訳しているのは、2の「やめてしまおう」と5の「やめてしまおう」。1・3・4は「な」を訳していないので×（4は「やめるだろうか」の「か」も×）。正解は2か5。2と5の違いは「あなかまとても」の解釈。2「北の方がうるさいので」、5「世間がうるさいからと」。2にしろ5にしろ、「あなかま」を、結婚をやめてしまうことの少将の姫君に対する言いわけ（もちろんウソの言いわけ）と読んでいる点は同じ。そこで、注意したいのは、少将はこっそり姫君に会おうとしていること。「おとど」（姫君の父親）や「北の方」（姫君の継母）に知られずに会った上で、結婚をやめてしまうことの言いわけとして、1「北の方がうるさいので」はいかにもヘン。5「世間がうるさいから」ならば筋が通る。正解は5。

問四 やや易　ポイントは――部中の「そらに（は）」の解釈。「そらに」は、ナリ活用形容動詞「そらなり」の連用形（ちなみに「は」は助詞）。「そらなり」の「そら」は、もともとは「空《そら》」。「空《から》っぽ」ということ。「そらなり」で、基づくものが「空っぽ」、「何もない」ことを言い表し、〈❶根拠がない、❷うわのそらだ、❸暗記して〉などと訳す。この語を正しく解釈しているのは「何も見ないで」。正解は4である。

問五 易　――部(5)はク活用形容詞「あぢきなし」の連体形。「あぢきなし」は〈❶道理にはずれている、❷どうにもならない、❸おもしろくない〉という意味を表す重要単語。この語を正しく解釈しているのは2だけ。あとの選択肢は語義的に×。正解は2。

問六 難　消去法で出す。2・3・4は論外。正解は1か5。これが難しい。結論を先に言えば、正解は1。5は本文の「いでや、かくておはしますよりはよからむ。我らがためにも思ふやうにて」⑲に注目すると×。帯刀とあこぎは、夫婦であるが、一緒には暮らしていない。しかし、二人は相思相愛の仲。帯刀は、少将の手紙の使いをすることで、あこぎに会う機会がふえる。そして、少将と姫君が結ばれて、晴れて一緒に暮らすことになったならば、帯刀もあこぎと一緒にいられる。少将の手紙を姫君に渡すことができるのはあこぎだけ。そのあこぎに手紙の仲介を頼むのを帯刀がためらうわけがない。もっとも、このことを本文から読み取ることはちょっと無理。1か5で迷った末に、5と答えてもしかたがない。

問七 やや難 ポイントは「よしない」と「聞こえで」。「よしない」は、ク活用形容詞「よしなし」の連体形「よしなき」のイ音便。「よしなし」は〈❶関係がない、いわれがない、❷方法がない、しかたがない、❸つまらない、かいがない〉という意味の重要単語。この語の解釈として、2「筋の通らない」、4「ぶしつけな」は×。正解は1・3・5のどれか。「聞こえ」はヤ行下二段活用動詞「聞こゆ」の未然形。「聞こゆ」は、〈❶聞こえる、耳にする、❷世間に知られる、評判になる、❸理解できる、意味がわかる〉という意味を表すが、謙譲語として〈❹申し上げる、❺〔補助動詞〕～申し上げる〉という意味で使われているときもある。「で」は〈～ないで、～なくて〉という意味の接続助詞。この語句の解釈を見てみると、1「世間に知られてしまいます」、3「申し上げないでおきましょう」、5「誰も取り合わないでしょう」。「聞こえ」の解釈として、5は×。「で」の解釈として、1は×。正解は3である。

問八 難 選択肢1と2は――部(8)の主語を「姫君」、3・4・5は「北の方」としている。どちらだろう？「さてあらぬ時は、よくやは聞こえたまへるや。上の御心なつつみきこえたまひそ」の「上の御心なつつみきこえたまひそ」に注目すれば、――部(8)の主語は「上」。「上」は、――部(8)の前の「何しに。上《うへ》も聞いたまひては、『よし』とはのたまひてむや」という姫君の言葉に注目すると、「姫君」ではなく「北の方」だとわかる。1と2は×。――部(8)が引かれた会話は姫君の言葉に対するあこぎの反論。反論として3は×。正解は4か5。4と5の違いを見ると、「姫君のことをよく」（4）「道理に適《かな》ったことをいつも」（5）。これは――部(8)の中の「よく」の解釈である。そして、この「よく」は、姫君の「上も聞いたまひては、『よし』とはのたまひてむや」の「よし」を受けた言葉。この「よく」「よし」の解釈として○なのは4。正解は4である。

問九 易 ――部(9)「つつみ」は、マ行四段活用動詞「つつむ」の連用形。「つつむ」は〈❶遠慮する、気がひける、❷隠す〉という意味。この語の意味を正しく解釈しているのは、2と4。あとは文脈。正解は2。

問十 標準 ポイントは「かひなげなる」。「かひなげなる」は、ク活用形容詞「かひなし」の語幹「かひな」に「げなる」が付いた語。言い切りの形は「かひなげなり」。「かひなげなり」は品詞的にはナリ活用形容動詞。しかし、意味の根本は「かひなし」にある。「かひなし」は今の「かいがない」に当たる言葉。ただし、現代語は、「努力したかいがない」というふうに、何の「かい」なのか（この場合は「努力した」）はっきりと示して使う。古語の「かひなし」は示さない。そこで何の「かひ」なのか文脈から考える必要がある。ここは、少将が姫君に手紙を出した「かひ」、あるいは、あこぎがその手紙を見て、姫君の興味をひこうと「をかしの御手や」と独り言を言った「かひ」が「ない」のである。つまり、姫君は少将の手紙に興味を示さないというわけだ。正解は2。

問十一 標準　選択肢を見ると、――部中の「さ」の指示内容が揺れている。「さ」は副詞で「そう」という意味。1「姫君が求愛されない（こと）」、2「姫君が北の方に虐げられる（こと）」、3「姫君がお返事なさらない（こと）」、4「姫君の結婚が許されない（こと）」、5「姫君の信頼に応えない（こと）」。どれだろう？「帯刀、『いかにぞ。御覧じつや』」⑰以下の文脈から考える。⑰から⑳にかけての帯刀とあこぎの話題は、少将の手紙に対する姫君の対応について。正解は3である。

問十二 標準　ⓐは文脈。「おとども北の方にとりこめられて」の助詞「に」注目すると、「られ」は「受身」の意味だとわかる。正解は1。ⓑも文脈。「言ひたがへられぬるぞや」の主語が会話主の「君（少将）」自身であることに注意する。正解は2の「自発」。

問十三 難　「つくばねの見ね」に掛詞が二つある。「つく」と「見ね」。「つく」は「心を尽《つ》くす」の「尽《つ》く」と「筑波嶺《つくばね》」の「筑《つく》」、「見ね」には「峰」が掛けられている。発見のポイントは、「君ありと聞くに心をつくばねの」の「つくばね」に首をかしげるかどうか。「君ありと聞くに心を」とまでは意味がすうっとわかったのに、「心をつくばねの」で？？？。自然な意味の流れが阻害されている。そういうときは、「掛詞」を疑ってみよう！意味の流れをわきに置いて、首をかしげた言葉にほかの意味を探ってみる。「つくばね」？「筑波嶺《つくばね》」！そう気づいたならば、「見ね」に「峰」が掛けられていることは自然とわかるはずだ。もっとも、「つくばね」に「筑波《つくば》嶺《ね》」を読み取ることが難しいのだけれど…。

12 発心集

評価

50〜38点↓ 合格圏
37〜31点↓ まあまあ
30〜0点↓ がんばれ

解答

問一　4　（3点）
問二　B　2　C　4　（各3点）
問三　1　（3点）
問四　ⓐ　4　ⓑ　1　ⓒ　3　ⓓ　1　ⓔ　1　（各2点）
問五　ア　3　イ　1　ウ　4　エ　2　オ　4　（各3点）
問六　①　7　②　17　③　2　④　8　⑤　1　（各2点）
問七　3　（3点）

（50点満点）

出典

作品名　『発心《ほっしん》集』　作者　鴨長明《かものちょうめい》
ジャンル　説話　時代　鎌倉時代前期

本文解説

西行《さいぎょう》法師は平安時代末期から鎌倉時代初期にかけて活躍した有名な歌人。もとは武士だったが、二十三歳で出家し、全国を旅しながら数多くのすぐれた和歌を詠み残した。本話は、その西行法師が修行のために東国を旅しているとき、武蔵野《むさしの》で出会った人の話である。

　武蔵野は、現在の東京都と埼玉県の一部の地域。今でこそ多くの人が暮らす都会であるが、当時はあまり人も住まない自然そのままの土地であった。そこで西行法師はある人物に出会う。時は八月十日過ぎ。一年で最も月がきれいな八月十五日に近い夜。秋（「八月」は古文の暦では「秋」である）の色とりどりの花々に露がおり、月の光を受けてきらきら光る。虫の声も風に乗って聞こえてくる。歌人である西行法師にとってはたまらないほど風情ある夜。そんな野中を露に濡れながら分け進んで行くと、なんと経を読む人の声が聞こえてきた。不思議！武蔵野なのに。声をたどってそちらのほうに行ってみると、小さな家で誰かが経を読んでいる。小屋を彩る「萩」「女郎花《おみなえし》」「薄《すすき》」「かるかや」「荻《おぎ》」は和歌に詠まれる秋の草花。主《あるじ》の教養、センスの良さがうかがえる。西行法師が声をかけると、主はこう語り出す。「昔は郁芳《ゆうほう》門院という高貴な人に仕えていた従者の長でしたが、そのかたが亡くなってすぐに出家したのです」—主人の死を契機に出家するなんて、きっと彼は郁芳門院に真心を尽くして仕えていたのだろう—「誰もいない所で暮らしたいと思って、あちこち放浪の末、ここに居を定めたのです」—でも、こんな寂しい野中に一人で住んで、つらくはないのだろうか？—「わたしはもともと秋の草花が好きで、花が咲いていないときは咲いていた時をなつかしく思い出し、咲いていたらそれで心を慰められるから、つらいことはありません」。贅沢《ぜいたく》なことは何も望まず、自然の中で淡々と勤行《ごんぎょう》の日々を生きる。西行法師は彼の生き方に感動し、涙を流して、二人の間に話は尽きない。「それにしても、どのようにして月日を送りなさっているのか？」—たしかに、食べ物などはどうしているのだろう？—「めったなことでは人里にも行きません。人が食べ物を施してくれるのをここで待っているのです。ですから、四五日《しごにち》何も食べない時もあります。そもそも花に囲まれたこの美しい場所で炊事をして無粋《ぶすい》な煙を立てるのも不本意なので、たいして物を食べていないのです」。出家とは現世のすべてを捨て去ること。そして、ひたすら来世を思い、仏道修行に励むこと。食事だって最小限。この家の主はそうした出家ライフに徹している！が、この家の主には一つだけ捨て去ることのないものがあった。美しい草花、「風流」である。石のようにガチガチの仏道修行者ではなかったのである。柔らかな心の持ち主。西行法師もそう。武士という身分を捨て、妻子をも捨て、出家した西行法師であったが、和歌だけは捨てることはなかった。西行法師のこの家の主に対する共感はそこにある。仏道に心を寄せるばかりではなく、風流を愛する心もあわせ持つ。両者に共通する心のありよう。そして、それは言うまでもなくこの本文の作者鴨長明の心でもある。

この「ことば」に注目！

◆**「ころは八月十日あまりなれば」**「旧暦」では、一月・二月・三月が「春」、四月・五月・六月が「夏」、七月・八月・九月が「秋」、十月・十一月・十二月が「冬」となる。「八月」は「秋」。秋の真ん中なので「中秋《ちゅうしゅう》」。八月十五日の夜、空にかかる満月のことを「中秋の名月」という。一年の中で最も美しい月。九月十三夜の月も美しい。「名月」である。

本文

1西行法師（ガ）、東の方（ヲ）修行し ける《過去》 時、月の夜、武蔵野を過ぐること（ガ）あり けり《過去》。2ころは八月十日あまり なれ《断定》 ば、昼の やうなる《比況》（上）に、花の色々（ガ）露を帯び、虫の声々（ガ）風に**たぐひ**つつ、心も及ば ず《打消》。3はるばると分け行く**程**に、麻の袖もしぼるばかりになり に《完了》けり《過去》。

4ここは人（ガ）住む べく《可能》 もあら ざる《打消》 野中に、ほのかに経の声（ガ）聞こえ、**いと あやしく**て、声を**尋ね**つつ行きて見れば、わづかに一間ばかり なる《断定》 庵（ガ）あり。5萩、女郎花を囲ひにして、薄、かるかや、荻などを取り混ぜつつ、上には葺け り《存続》。6その中に、年（ガ）**たけ** たる《存続》 涸れ声にて法華経を綴り読む（ノガ）、**いと**めづらかに**覚え**て、（西行ガ）「いかなる人 の《主格》 **かくては**」と問ひ けれ《過去》 ば、7「我は昔、郁芳門院の侍の長 なり《断定》 し《過去》が、（郁芳門院ガ）**隠れ** させ《尊敬》 おはしまし《尊敬》 し《過去》 後、**やがて 様をかへ**て、人に知ら れ《受身》 ざら《打消》 む《婉曲》 所に住ま む《意志》 志（ガ）深くて、**いづち**ともなくさすらひ**歩き**侍り《丁寧》 し《過去》 **程**に、

本文解釈

1西行法師が、東国の方を托鉢《たくはつ》してまわったとき、月夜に、武蔵野を通り過ぎることがあった。2時節は旧暦八月十日過ぎであるので、（月が明るくて）昼のようである上に、花の様々な色が露を帯びて（きらきらと輝き）、虫の声々が風（の音）と**いっしょになっ**て（聞こえて）、想像を絶する（ほどすばらしい）。3はるばると分け進む**うち**に、麻の袖も（花の露に濡れて）しぼるほどになった。

4ここは人が住むことができそうにもない野の中（なのに、そこ）に、かすかに読経の声が聞こえ、**とても 不思議で**、声を**たどっ**て行って見ると、わずかに一間だけの庵《いおり》がある。5萩や、女郎花を囲いにして、薄、かるかや、荻などを取り混ぜて、（屋根の）上を覆ってある。6その中で、年齢が**盛りを過ぎ**ているしわがれ声で法華経《ほけきょう》を絶え間なく読むのが、**とても** めずらしく **思われ**て、（西行が）「どういう人が**こうして**（読経しているのか）」と尋ねたところ、7「私は昔、郁芳門院の従者の長だったが、（郁芳門院が）お **亡くなりになっ**た後、**すぐに 出家し**て、人に知られないような所に住みたい思いが深くて、**どこへ** ともなく放浪して **まわり**ました**うち**に、**そうなるはずの** 運命だったのだろうか、この花の様々な色を **よるべ** として、（この）野の中に留まって暮らして、いつの間にか多くの年月を送り、もともと秋の草に深く心を寄せました身なので、花がない時はその跡を**思**

さるべき《当然》に《断定》や《疑問(係)》ありけむ《過去推量(結)》、この花の色々を**よすが**にて、野中にとまり住みて、おのづから多くの年を送り、もとより秋の草を心に染め侍り《丁寧》し《過去》身なれ《断定》ば、花（ガ）なき時はその跡を**しのび**、このごろは色に心を慰めつつ、愁はしきこと（ハ）**侍ら**《丁寧》ず《打消》」と言ふ。

8（西行ハ）これを聞くに、**ありがたく** **あはれに** **覚えて**、涙を落として、さまざま**語らふ**。（西行ガ）「さても、**いかにして**か《疑問(係)》月日を送り給ふ《尊敬(結)》」と問へば、9「**おぼろけにて**は、里などに**罷り**《謙譲》**出づる**こともなし。おのづから人の憐れみを待ちて侍れ《丁寧》ば、四、五日**空しき**時もあり。大方は、この花の中にて煙たてむ《婉曲》ことも本意ならぬ《打消》やうに《様態》**覚え**て、常には**なべて**の朝夕のさまに《断定》はあらず《打消》」とぞ《強調(係)》語りける《過去(結)》。10**いかに心**（ガ）澄みける《過去》ぞ《強調(文末)》、うらやましくなむ《強調(係)》。

い慕い、この時節は（花の）色によって心を慰めて、嘆かわしいことは**ありません**」と言う。

8（西行は）これを聞くと、**めったにないほどすばらしいことと** **しみじみと** **思われ**て、涙を流して、いろいろと**語り合う**。（西行が）「それにしても、**どのように**して月日を送りなさるのか」と尋ねると、9「**並大抵のことで**は、人里などに**出かけます**こともない。成り行きに任せて人の同情（による施し）を待っていますので、四、五日は（食べ物の）**何もない**時もある。だいたいは、この花の中で（炊飯の）煙を立てるようなことも不本意であるように**思われ**て、いつもは**普通**の（人のような）朝夕の（食事をするといった）様子ではない」と話した。10**どれほど**心が澄んでいたことか、うらやましいことだ。

設問解説

問一 易　文脈から考える。もちろん各選択肢の語義を知っていることが前提。1はシク活用形容詞「あさまし」の連用形。「あさまし」は〈❶驚きあきれるほどだ、❷あきれるほどひどい、❸情けない〉という意味。2はシク活用形容詞「うつくし」の連用形。「うつくし」は〈かわいらしい〉という意味。3はシク活用形容詞「をかし」

の連用形。「をかし」は〈❶趣がある、❷おもしろい、❸美しい、❹かわいらしい、❺滑稽だ〉という意味。4はシク活用形容詞「うらやまし」の連用形。「うらやまし」の語義は現代語と同じ。5はク活用形容詞「あぢきなし」の連用形。「あぢきなし」は〈❶道理にはずれている、❷どうにもならない、❸おもしろくない〉という意味。これをふまえて、文脈から考える。着眼点は X の直前の「いかに心澄みけるぞ」（＝どれほど心が澄んでいたことか）。「心澄む」とは〈雑念や邪念が消えて心が清らかになる〉こと。誰しもがそうなりたいと思う、あこがれの境地である。正解は4。

問二 易 Bは「隠れさせおはしましし」と最高敬語（二重尊敬）が使われていることに注意する。この表現にふさわしい人物は2「郁芳門院」。「門院」とは、天皇の母とか后とか姉妹とか皇女などを敬って呼ぶ称。皇室ゆかりのとても高貴な女性を「門院」と呼ぶのだ！と押さえておこう。Cは「さすらひ歩き侍りし」の「侍り」に注目する。この「侍り」は丁寧の補助動詞。もしCの主語が西行法師であったならば、丁寧表現ではなく、「さすらひ給ひし」と尊敬表現されるはず。前後の文脈からも正解は4だとわかる。

問三 易 「はるばると分け行く程に」傍線部Aのような状態になったことに注意する。西行法師は今武蔵野を旅している。武蔵野は、秋の盛りで、「花の色々露を帯び、虫の声々風にたぐひつつ」(2)聞こえてくる。「花の色々露を帯び」に注目！ 正解は1である。

問四 やや易 ⓐ「たぐひ」がポイント。「たぐひ」はハ行四段活用動詞「たぐふ」の連用形。「たぐふ」は〈❶いっしょにいる、❷つりあう〉という意味。正解は4。ⓑ「やがて」は〈❶すぐに、❷そのまま〉という意味の副詞。正解は1。ⓒ「よすが」は〈❶よりどころ、よるべ、❷親類、縁者、❸手段、方法〉という意味の名詞。正解は3。ⓓ「おぼろけに」はナリ活用形容動詞「おぼろけなり」の連用形。「おぼろけなり」は〈❶並大抵だ、普通だ、❷並々でない、特別だ〉と正反対の意味をもつやっかいな語。ただし、この語の意味として○なのは1だけ。正解は1である。ⓔ「なべて」は今の「おしなべて」。〈❶総じて、一般に〉という意味の副詞。ただ「なべての」という形になると〈❷普通の〉という意味になる。ここはこの❷の意味。正解は1。

問五 易 ア「月の夜」であることに注意。しかも「ころは八月十日あまり」というのだから、「月」は（ほぼ）「中秋の名月」。まん丸の月だ。満月の夜は明るい。正解は3。イ「様《さま》（を）変《か》ふ」とは〈見た目を変える〉こと。

そこから〈出家する〉という意味が生じた。髪の毛を剃って黒衣《こくえ》（古語で「墨染《すみぞめ》の衣《ころも》」という）を着る。それが出家した人の姿。たしかに在俗の頃とは大きく〈見た目を変える〉ことになる。2「変装して」も〈見た目を変える〉ことだが、「変装」はヘン。正解は1。ウ「さるべきにやありけむ」は「さるべきちぎりにやありけむ」の「ちぎり」が省略された言葉。慣用句である。「ちぎり」は〈❶前世からの因縁、❷男女の関係、❸約束〉という意味の名詞。この句の中では❶の意味で使われている。「さるべきちぎりにやありけむ」、直訳すれば「そうなるのが当然の前世からの因縁であったのだろうか」。正解は4。エは文脈から考える。「おのづから人の憐れみを待ちて侍れば、四、五日、空しき時もあり」。「人の憐れみを待つ」「四、五日、空しき時もある」。つまり、「空しき時」とは「人の憐れみがない時」ということ。「憐れみ」は「あわれと思う心」。だから「人の憐れみ」とは「人が誰かをあわれと思う」こと。ここでは、里の人が男のことをあわれに思って施《ほどこ》し物を与えることをいっている。正解は2。オ「煙を立てむことも本意ならぬやうに覚えて、常にはなべての朝夕のさまにはあらず」という文脈に注目。この文の流れから「煙を立てむこと」＝「なべての朝夕のさま」だとわかる。「朝夕に立つ煙」としてふさわしいのは4「炊飯の煙」。もっとも、エを正解すれば、オは4が正解だとわかる（逆に、オを正解すれば、エは2が正解だとわかる）。それに、ほかの選択肢は論外でしょう！　正解は4。

問六 標準 選択肢を見渡すと、①〜⑤の語は助動詞だとわかる。①は7「断定」か13「伝聞」。「あまり」という活用のない語に付いているので、①は断定の助動詞「なり」の已然形。正解は7。②は過去の助動詞「き」の連体形。助動詞で「し」という形になるのは過去の助動詞「き」しかない。正解は17。③は助動詞「る」の未然形。「る」には2「受身」6「自発」9「可能」12「尊敬」の意味がある。それぞれの意味で「人に知られざらむ所」を訳してみる。2「人に知られないような所」、6「人に自然と知らないような所」、9「人に知ることができないような所」、12「人に知りなさるような所」。正解は2。④は1「意志」か8「婉曲」。それぞれの意味で「人に知られざらむ所」を訳してみる。1「人に知られないつもりの所」。何かヘンだ。8「人に知られないような所」。○だ。正解は8。⑤も1「意志」か8「婉曲」。それぞれの意味で「住まむ志深くて」を訳してみる。1「住もうという思いが深くて」（あるいは「住みたい思いが深くて」）、8「住むような思いが深くて」。比べてみると1のほうがいい。正解は1。

問七　標準

正解は3。『山家《さんか》集』は西行法師の歌集。西行法師は、平安時代末期から鎌倉時代初期にかけて活躍した歌人で、鎌倉時代前期に編まれた勅撰集『新古今和歌集』に一番多く歌が選ばれている一流の歌人。1『東《とう》海道中膝栗毛《かいどうちゅうひざくりげ》』は江戸時代後期の滑稽本。作者は十返《じっぺん》舎一九《しゃいっく》。2『花伝書《かでんしょ》』は室町時代の能楽書。作者は世阿《ぜあ》弥《み》。4『土佐《とさ》日記』は平安時代前期の日記。作者は紀貫《きのつら》之《ゆき》。5『方丈記《ほうじょうき》』は鎌倉時代前期の随筆。作者は鴨《かもの》長明《ちょうめい》。6『枕草子《まくらのそうし》』は平安時代中期の随筆。作者は清少納言《せいしょうなごん》。

13 今鏡

評価

50～36点→ 合格圏
35～27点→ まあまあ
26～0点→ がんばれ

解答

問一	3	（3点）
問二	2	（3点）
問三	1	（2点）
問四	3	（3点）
問五	4	（3点）
問六	4	（2点）
問七	3	（3点）
問八	3	（2点）
問九	1	（3点）
問十	2	（2点）
問十一	4	（3点）
問十二	3	（2点）
問十三	2	（3点）
問十四	4	（2点）
問十五	4	（2点）
問十六	1	（3点）
問十七	4	（2点）
問十八	2	（2点）
問十九	3	（3点）
問二十	1	（2点）

（50点満点）

出典

作品名　『今鏡《いまかがみ》』　作者　未詳
ジャンル　歴史物語　時代　平安時代後期

本文解説

慶滋保胤《よししげのやすたね》は、平安時代中期の人。漢詩文の達人で、詔《しょう》勅《ちょく》（天皇の命令を伝える文書）を作ったり御所の記録をしたりする「大内記《だいないき》」をつとめた。だが同時に、仏教を深く信仰していて慈悲の心のある人でもあった。

まず一つ目のエピソード。内裏に向かう途中、泣いている女がいる。わけを聞くと、主人の使いで人に借りた「石の帯」を落としてしまったという。「石の帯」は、正装のときに使う帯で、玉石《ぎょくせき》で装飾された貴重なものだ。人から借りた「石の帯」を落としたとは一大事。女が泣くのももっともだ。保胤は同情し、自分の帯を与えた。女は喜んで去る。一方保胤は、帯がなく困って片隅に隠れた。そうしているうちに公務の時間になり、促されて人に帯を借り、なんとかつとめることができた。保胤には、自分が困っても人を助ける優しさ、慈悲心があるのだ。

次に二つ目のエピソード。保胤は、俗世に身を置いていたときからいつも一生懸命仏道に励んでいたが、年を取って出家してから、増賀聖《ぞうがひじり》に出会った。増賀聖は、有名な徳の高い僧。天皇を守護する僧になるよう言われた時、狂気を装って辞退し多武峰《とうのみね》に籠もったほど、俗世間での名声や利益を嫌った人である。まさに保胤にとってはあこがれの人。その増賀が法文《ほうもん》の一節を読んだところ、感動した保胤は早くも泣いてしまう。増賀はそれが気に障り、「こんなに早く泣くことがあろうか」と言って、なんと保胤を殴ってしまった。驚くべきふるまいだが、増賀は奇行で有名だったのでいかにもという感じ。でも保胤は負けてはいない。しばらくしてもう一度お願いして、読んでもらう。そしてまた泣き、増賀に叱られる。さらにもう一度。今度もまた保胤はおいおい泣いてしまう。これには増賀聖も、仏法を尊く思い感動するからだと納得。とうとう保胤に法文を伝授した。あの藤原道長も保胤から受戒の儀式を受けるほど、保胤を信頼していた。またその死に際しては、立派なお布施や文章で供養するほど尊重した。

保胤は、『池亭記《ちていき》』という随筆を書いている。五十歳のとき京の市中、六条に造った「池亭」という邸での生活を中心に書いたものだ。高い官職にはつけなかったが、朝廷に仕えながらこの邸で俗世から少し離れて仏道修行に専心する様子がつづられている。その後、より仏道に専念するために出家した。保胤にとっては仏道こそが最も大切なものだった。

この「ことば」に注目!

◆「文作る道」「文」は「ふみ」と読む。「ふみ」は「文字を紙に書くこと」あるいは「文字が書かれた紙」のこと。「文字」は、漢字・平仮名・片仮名の三つ。ローマ字はまだない。「平仮名」「片仮名」、「平」と「片」の違いはあっても、どちらも「仮名」である点では同じ。「名」は「文字」の意味だから、「仮名」とは「仮の文字」ということ。「仮」ではない「正式の文字」は何か? もちろん「漢字」! 「漢字」のことを古語で「真名(まな)」という。当時、「紙」はとても貴重なものであった。貴重な紙にいい加減なことなど書かない。書くぞ!という心意気のもとに紙に字が記され、文章がつづられていく。書き残したい事柄を正式の文字「真名」で記す。「ふみ」に「漢詩文」「漢籍」「漢学」という意味があるのはそのため。たとえ「仮名」で記されてあっても、それは大切な事柄。心を込めて、相手の心に届くように書き記す。たとえば「恋文」。なにも「恋文」だけとはかぎらない。「手紙」そのものが、そう。「手紙」には書いた人の心が込められている。だから、今でも、人の手紙は捨てたりはしない。保管しておく。メールはためらわず削除することがあるけれども。

本文

[1]大内記の聖は、**やむごとなき**博士にて、**文**（ヲ）作る道（ハ）、類（ガ）少なくて、**世**につかへけれど、心はひとへに仏の道に深くそみて、あはれびの心のみ（ガ）ありければ、[2]大内記にて、記すべきこと（ガ）ありて、催されて**内**に**参れ**りける（トキ）に、左衛門の陣などの方にや、女の泣き立てる（コト）がありけるを、「何事のあれば、**かく**は泣くぞ」と問ひければ、[3]（女ガ）「あるじの使ひにて、石の帯を人に借りて、もて**まかり**つるが、道に落してはべれば、あるじにも重く、戒められむずらむ。**さばかり**のものを失ひつる（コトガ）、**あさましく**悲しくて、帰るそらもなければ、**思ひやる** **方**もなくて、それを泣きはべるなり」と**申し**ければ、[4]（保胤ガ）「心のうち（ヲ）推し量るに、まことにさぞ悲しからむ」とて、わがさしたる帯をときて、取らせたりければ、[5]（女は）「元の帯にはあらねども、**むなしく**失ひて（主人ニ）**申す** **方**（ガ）なからむ（コト）よりも、**おのづから**罪も

本文解釈

[1]大内記の聖（＝慶滋保胤）は、**格別にすぐれた**博学の人で、**漢詩文**を作る方面は、並ぶ者がほとんどいなくて、**朝廷**に仕えたけれど、心はひたすら仏道に深く寄せて、慈悲の心ばかりがあったので、[2]大内記として、記録しなければならないことがあって、呼び出されて**宮中**に**参上し**たときに、左衛門《さえもん》の陣などのあたりであったろうか、女が泣きわめいていることがあったので、「どんなことがあるから、**このように**泣くのだ」と尋ねたところ、[3]（女が）「主人の使いで、石帯を人に借りて、持って**参りまし**たが、途中で落として見当たりませんので、主人にも厳しく、叱られることになるだろう。**あれほど**の（大切な）物をなくしたことが、**情けなく**悲しくて、帰る気持ちもないので、**思いを晴らす** **方法**もなくて、それを泣いているのです」と**申し上げ**たので、[4]（保胤が）「（あなたの）心中を推測すると、本当にさぞかし悲しいだろう」といって、自分の結んでいた帯をほどいて、（女に）与えたところ、[5]（女は）「もとの帯ではないけれども、（借りた帯を）**無駄に**失くして（主人に）**申し上げる** **すべ**がないようなことよりも、**もしかすると**罪も（減じられて）**まあましで**あるかもしれません」といって、「これを持って**参ります**ようなうれしさよ」と、手を合わせて、（帯を）受け取って**参りまし**た。[6]そうして、（保胤が）片隅に帯もなくて隠れて**座っ**ていた**うち**に、行事が始まっ

よろしくやはべる」とて、「これを持てまからむずる嬉しさ」と、手をすりて、(帯ヲ)とりてまかりにけり。6さて、(保胤ガ)片隅に帯もなくて隠れゐたりけるほどに、事(ガ)始まりければ、「遅し、遅し」と催されて、(保胤ハ)御倉の小舎人とか(イウ者)が帯を借りてぞ、公事はつとめられはべりける。

7『池亭記』とて(保胤ガ)書かれたる文にも、「身は朝に在りて、心は隠に在り」とぞはべるなる。8中務宮の、もの(ヲ)習ひたまひける(トキ)にも、(保胤ハ)文(ヲ)少し教へたてまつりては、目を閉ぢて仏を念じたてまつりてぞ、怠らずつとめたまひける。

9かくて年をわたりけるほどに、(保胤ハ)年(ガ)たけてぞ、頭(ヲ)剃して、横川に登りて、法文(ヲ)習ひたまひけるに、10増賀聖のまだ横川に住みたまひけるほどにて、(増賀聖ガ)「止観の明静なること(ハ)、前代にいまだ聞かず」と読みたまひける(コトニ対シ)、この入道(ガ)ただ泣きに泣きければ、聖(ガ)、「かくやはいつしか泣くべき」とて、こぶしを握りて

たので、「遅い、遅い」と催促されて、(保胤は)御倉の小舎人とかいう者の帯を借りて、政務はつとめなさいました。

7『池亭記』といって(保胤が)書きなさった漢文にも、「身は朝廷に仕えて(俗世にあるが)、心は隠遁《いんとん》(の境地)にある」とありますという。8中務宮が、(保胤から)ものを習いなさったときにも、(保胤は)漢詩文を少し教え申し上げては、目を閉じて仏を祈り申し上げて、なまけず仏道修行に励みなさった。

9こうして年月が経過したうちに、(保胤は)年齢が盛りを過ぎて、髪を剃って(出家して)、横川に登って、法文を習いなさったが、10増賀聖がまだ横川に住みなさっていたころで、(増賀聖が)「止観の明静なること、前代にいまだ聞かず(＝雑念を捨てて仏法の真理を悟るというのは、いまだかつて聞いたことのないすぐれた教えだ)」と読みなさったことに対し、この入道(＝保胤)がただもう泣きに泣いたので、増賀聖が、「このように早くも泣くべきか(いや、泣くべきではない)」といって、こぶしを握ってたたきなさったので、自分(＝増賀聖)も相手(＝保胤)も気まずく思って(その場を)立ち去った。11また時が経って、(保胤が)「このまま(教えを受けない)でおりますのがよいか(いや、よくない)。例の法文(の教え)を受け申し上げましょう」と申し上げたところ、(保胤が)また以前のように泣いたので、(増賀聖が)またひどく叱ったので、(保胤は)次の言葉も聞くことができないで時が過ぎるうちに、12また

打ちたまひければ、我も人も事にがりて立ちにけり。11また**程**（ガ）経て、（保胤ガ）「さてもやは**はべる**べき。かの**文**（ヲ）受けたてまつりはべらむ」と**申し**ければ、（保胤ガ）また前のごとくに泣きければ、（増賀聖ガ）また**はしたなく**さいなみければ、（保胤ハ）後のことばも**え**聞かで過ぐる**ほど**に、12また懲りずまに、御**気色**（ヲ）とりたまひければ、（増賀聖ガ）またさらに読みたまふ（トキ）にも、同じやうに**いとど**泣きをりければこそ、13聖も涙（ヲ）こぼして、「まことに深き御法の尊く**おぼゆる**にこそ」とて、**あはれがり**て、その**文**（ヲ）静かに授けたまひけり。

14さて（保胤ハ）**やむごとなく**はべりければ、御堂の入道殿も、御戒など（ヲ）受けさせたまひて、聖（ガ）**みまかり**にける時は、御諷誦など（ヲ）せさせたまひて、さらし布百匹（ヲ）**賜ひ**ける。15請文には、三河の聖（ガ）**たてまつり**て、秀句など（ヲ）書き留めたまふなり。

昔隋の煬帝の智者に報ぜし（トキ）、千僧（ハ）

懲りもせずに、（保胤が増賀聖に）ご**機嫌**をなおしてもらいなさったので、（増賀聖が）またあらためて（法文を）読みなさるときにも、同じように**ますます**泣き続けていたので、13増賀聖も涙をこぼして、「本当に深遠な仏法が尊く**思われる**のであろう」といって、**しみじみ思っ**て、その**法文**を静かに伝授しなさった。

14そうして（保胤は）**格別にすぐれて**いましたので、御堂の入道殿（＝道長）も、（保胤から）御戒などをお受けになって、聖（＝保胤）が**亡くなっ**たときは、（道長が）御諷誦などをなさって、さらし布百匹を（僧たちに）**お与えになっ**た。15請文については、三河の聖が**さしあげ**て、秀句などを書き留めなさっているという。

むかし隋《ずい》の煬帝《ようだい》が智者大師に返礼した時、僧の数は千一人に及び、いま左大臣（＝道長）が寂公（＝保胤）を**供養する**時、さらし布は百千に達している。

と書きなさいました。

一つをあまし、今左丞相の《主格》寂公（ヲ）とぶらふ（トキ）、さらし布（ハ）百千に満てり《存続》とぞ《強調(係)》書かれ《尊敬》はべり《丁寧》ける《過去(結)》。

設問解説

問一 易　傍線部①の中の「文作る道」の説明がポイント。とりわけ「作る道」。「作る」は現代語と同じ意味。「道」は〈方面、分野〉という意味。つまり、「文作る道」とは「『文』を作る方面（分野）」ということ。その方面（分野）において、大内記の聖は類《たぐい》まれな人であったというのである。この「（文）作る道」の説明として○なのは3だけ。なお、「文《ふみ》」は〈❶漢詩文、❷漢籍、書物、❸漢学、学問、❹手紙〉という意味の重要単語。この語を「和歌」としている1は×だが、3の「文章」も?である。ただこの「文章」を「漢詩文」の言い換えと見なせば○となる。正解は3。

問二 標準　②の終止形は「参る」。「参る」は、謙譲語のときと尊敬語のときがあるが、ここは〈参上する〉という意味なので「行く」の謙譲語。謙譲語は目的語に当たる人（動作の受け手）を敬う言葉。大内記の聖はどこに「参る」のか？　もちろん「内」、「帝のいる所」。②は「帝」に対する敬意を表している（だから1と3は×。正解は2か4）。④の終止形は「はべり」。「はべり」は丁寧語のときと謙譲語のときがある。丁寧語のときは〈❶あります、います、❷〈補助動詞〉～です、～ます、～ございます〉という意味を表し、謙譲語のときは〈お仕えする、伺候《しこう》する〉という意味を表す。この「はべれ」を〈お仕えする、伺候《しこう》する〉と読むとヘンなので、④は丁寧語で使われていることがわかる。丁寧語は、会話の中に現れて、会話の聞き手を敬う言葉。④が引かれている会話の聞き手は「大内記の聖」。④は「大内記の聖」に対する敬意を表している（2も4もＯＫ）。⑩終止形は「たてまつる」。「たてまつる」は、謙譲語のときと尊敬語のときがあるが、ここは補助動詞として使われているので謙譲語。「念じたてまつりてぞ」の「念じ」の目的語（動作の受け手）を敬っている。目的語（動作の受け手）はもちろん「仏」。⑩は「仏」に対する敬意を表している（4は×）。正解は2。

問三 易 傍線部③の中の「にや」の「や」に注目。この「や」は疑問の係助詞。いわゆる「係り結び」の「や」だ。文末の活用語は連体形になる。選択肢1「けむ」、2「けめ」、3「べし」、4「あれ」の中で、連体形と見なすことができるのは1「けむ」だけ。「けむ」は過去推量の助動詞。終止形も「けむ」だが、連体形も「けむ」。2は「けむ」の已然形。3は助動詞「べし」の終止形。4「あれ」は動詞「あり」の已然形か命令形。正解は1。

問四 標準 マ行下二段活用動詞「戒む」を未然形から命令形まで活用させてみる。「戒め―戒め―戒む―戒むる―戒むれ―戒めよ」。ここから2「戒めら」は×だとわかる。「むず」はこれで一語の助動詞。「む／ず」としている2と4は×。「むず」を活用させると「○―○―むず―むずる―むずれ―○」。「むず」は終止形。そこから、「らむ」は終止形に接続する現在推量の助動詞「らむ」だとわかる。正解は3。

問五 やや難 傍線部⑥の中の「思ひやる」はラ行四段活用動詞「思ひやる」の連体形。「思ひやる」は〈❶思いを晴らす、心を慰める、❷思いをはせる、想像する〉という意味の重要単語。「方もなくて」の「方」は多義語。ただし、「～方なし」の形のときは〈方法〉の意味を表す。この「方」が〈方法〉の意味であるところから、「思ひやる」は❶の意味であることがわかる（「思いを晴らす（心を慰める）方法」は言葉としてOKだが、「思いをはせる（想像する）方法」はヘンでしょ）。つまり傍線部⑥は直訳すると「思いを晴らす方法もなくて」ということ。この解釈として○なのは4だけ。正解は4。

問六 易 bとdに注目！ bはラ行四段活用動詞「推し量る」の連体形に付いているので、「接続助詞」。正解は1か4。dは、「まかりにけり」を単語に分けると、1だと「まかりに／けり」、4だと「まかり／に／けり」。動詞「まかりぬ」など存在しない。したがって、正解は4。なお、4は（2も）、aを「格助詞」としているが、「にて」で一語の「格助詞」なので、正しくは「格助詞の一部」とありたいところ。

問七 やや易 傍線部⑦を解釈すると「もしかすると罪もまあましであるかもしれません」。「この時の『女』の気持ち」以前に傍線部を正しく解釈しているのは3だけ。1がちょっと紛らわしいが、「おのづから」を「間違いなく」、「よろしく」を「帳消しになる」とは解釈できない。ちなみに、傍線部⑦のすぐ後の『「これを持てまからむずる嬉しさ』と、手をすりて、とりてまかりにけり」に注目すると、「この時の『女』の気持ち」として「喜ぶ気持ち」はOKであることもわかる。正解は3。

問八 易　傍線部⑧の前半「御倉《みくら》の小舎人《こどねり》とかが帯を借りて」の「帯を借りて」の解釈がポイント。1は「帯を貸して」とあるので×。2は「帯を借りて来て」の「来て」が余計だから×。3の「帯を大内記の聖が借りて」は○。4の「大内記の聖に代わって」は論外。正解は3。なお、「御倉《みくら》の小舎人《こどねり》とかが帯を借りて」の「が」（格助詞）は、ここでは「連体修飾」〈…の〉の意味で使われている。

問九 やや難　正解は1。慶滋保胤は、（注）1にあるように、平安時代中期の漢学者。『池亭記』は彼の代表作。京の荒廃ぶり、郊外での閑居を漢文で記した随筆である。ただし、この作品は、受験生ならば知っていて当然というたぐいの作品ではない。「知る人ぞ知る」というレベルの作品。知らないならば（たいていの人がそう）消去法で正解を出す。つまり、2・3・4は知っておきたい作品。2『太平記』は南北朝時代の軍記物語。『方丈記』よりも後の作品。影響など与えられない。3もそう。『折《おり》たく柴の記』は新井白石《あらいはくせき》の自叙伝。新井白石は江戸時代の人。4『明月記』は藤原定家《ふじわらのさだいえ》の漢文日記。

問十 易　⑨は「たてまつり」に注意。この「たてまつり」は謙譲の補助動詞。中務宮は宮様（親王）。（注）の2によると、慶滋保胤（大内記の聖）の弟子ではあるが、身分は上。弟子が師に「文」を「教へ」ることもヘン。⑪は文脈から⑨と同じ動作主であることは明らか。つまり、動作主は「大内記の聖」である。正解は2か4。⑪は文脈から⑨と同じ動作主であることは明らか。つまり、動作主は「大内記の聖」。4は×である。つまり、正解は2。

ついでに⑮⑱も見てみよう。傍線部⑮が引かれている段落（⑨～⑬）の登場人物は、大内記の聖と増賀聖の二人だけ。増賀聖は大内記の聖の先生である。先生が生徒に「かの文受けたてまつりはべらむ」というのはヘン。「申し」と、〈言う〉ことが謙譲表現されているところからも、動作主は「大内記の聖」だとわかる。⑱は、何を「読みたまふ」なのかを考える。もちろん「法文」。段落の初めに「増賀聖《ぞうがひじり》のまだ横川に住みたまひけるほどにて、『止観《しくわん》の明静《めいせい》なること、前代にいまだ聞かず』と読みたまひける」（⑩）とある。段落の終わりに「聖も涙をこぼして、『まことに深き御法《みのり》の尊くおぼゆるにこそ』とて、あはれがりて、その文静かに授けたまひけり」（⑬）ともある。動作主は「増賀聖」である。

問十一 標準　ポイントは「いつしか」。「いつしか」は〈❶早く（～たい・～てほしい）、❷早くも、早々に〉という意味の副詞。この語の解釈として○なのは3と4。「またさらに読みたまふにも、同じやうにいとど泣きをりければこそ、…あはれがりて、その文静かに授けたまひけり」（⑫～⑬）に注目！この文をふまえると、増賀聖は、最初慶滋保胤の涙を「深き御法《みのり》の尊くおぼゆる」はずがないと誤解していたことがわかる。正解は4である。

問十二 **やや易** 傍線部⑬の前半「こぶしを握りて打ちたまひければ」の解釈がポイント。「こぶし」は「握り拳《こぶし》」、つまり「げんこつ」のことだから、2は論外だとわかる。「打ち」とあるので、げんこつをくらわしたことになる。1は×。「増賀聖が大内記の聖をこぶしでたたいた」(3)のか、「大内記の聖が増賀聖をこぶしでたたいた」(4)のか。たたいたのは増賀聖。正解は3。

問十三 **易** 傍線部⑭を直訳すると「このままでおりますのがよいか、いやよくない」。こう思って、保胤は増賀聖に「かの文受けたてまつりはべらむ」と申し出たわけだから、「このまま」は「法文の教えを受けない状態」をいっていることがわかる。正解は2。

問十四 **易** ポイントは「さいなみ」の解釈。「さいなみ」はマ行四段活用動詞「さいなむ」の連用形。「さいなむ」は〈❶しかる、とがめる、❷いじめる、苦しめる〉という意味。ここは❶の意味。正解は4。

問十五 **易** 「下の打ち消しの語と呼応して不可能の意味を表す副詞」は4「え」。ここでは、「聞かで」の「で」〈〜ないで、〜なくて〉という意味の接続助詞)と呼応して、「できないで」という意味を表している。

問十六 **難** 傍線部⑰のすぐ前の「また懲《こ》りずまに」に注目する。「懲りずまに」は〈懲りることなく、性懲《しょうこ》りもなく〉という意味の副詞。「懲りることがない」のは、「大内記の聖」なのか「増賀聖」なのか? 痛い目にあったのは、握り拳でぶたれたり⑩、ひどく叱られたり⑪した大内記の聖。そこから傍線部⑰の動作主は「大内記の聖」だとわかる。つまり、2と4は×。次にすぐ後の「またさらに読みたまふにも」に注目する。この動作主は増賀聖。読んだのは「法文」。大内記の聖が傍線部⑰をしたことで、増賀聖は法文を読んだのである。正解は1。

問十七 **易** ポイントは傍線部⑲の中の「まことに」と「おぼゆる」。「まことに」は〈ほんとうに〉という意味の副詞。「尊くおぼゆる」の「おぼゆる」にかかっている。この「まことに」を「(深き)御法《みのり》」にかけて「まことの」と訳している1と3は×。副詞は名詞を修飾しない。「おぼゆる」は下二段活用動詞「おぼゆ」の連体形。「おぼゆ」は〈❶(自然と)思われる、❷(自然と)思い出される、❸似かよう、❹(人から)思われる〉などさまざまな意味を表す重要単語。この「おぼゆ」の口語訳として、語義的には2も4も○。文脈から考える。「尊くおぼゆる」の動作主は「大内記の聖」。大内記の聖は、今、増賀聖について、初めて「法文」を習っている身。2のように「思い出される」と解釈すると、以前どこかで「法文」を習ったことになる。おかしい。正解は4である。

問十八 易 ポイントは「させたまひ」の解釈。「させ」は助動詞「さす」の連用形。「たまひ」はハ行四段活用動詞「たまふ」の連用形。「たまふ」は〈❶お与えになる、くださる、❷〔補助動詞〕～なさる〉という意味を表す尊敬語。この「たまふ」を「申し上げ」と謙譲語で訳している3と4は×。正解は1か2。1は助動詞「さす」を「受けさせなさって」と〈使役〉の意味で解釈し、2は「お受けなさって」と〈尊敬〉の意味で解釈している。文脈から考える。傍線部⑳の動作主は「御堂《みだう》の入道殿」（藤原道長）。1のように「受けさせなさって」と解釈すると、道長が大内記の聖に「御戒《かい》」（仏教に帰依した者が守るべき倫理、規則、戒め）を授けたことになって、これはヘン。道長が大内記の聖から「御戒」を受けたのである。正解は2。

問十九 標準 正解は3。「納得できない教えには、たとえ師の教えであっても最後まで妥協しない芯の強さを持っていた」が⑩～⑬の内容に反する。

問二十 難 正解は1。できなくてもよい。1の「誤っている」ところは「『大鏡』は、仮名書きによる最初の歴史物語で」。「仮名書きによる最初の歴史物語」は『栄花物語』。

14 枕草子

評価

50〜38点→ 合格圏

37〜27点→ まあまあ

26〜0点→ がんばれ

解答

（50点満点）

問一 (a) エ (c) イ（各3点）

問二 (b) ウ (d) オ（各3点）

問三 (e) ウ (g) ア (h) イ（各4点）

問四 エ（2点）

問五 (X) 1 イ 2 カ 3 エ（各2点）

(Y) 1 カ 2 イ 3 イ（各2点）

問六 ア（3点）

問七 エ（5点）

問八 1 ア 2 カ（各2点）

出典

作品名 『枕草子《まくらのそうし》』

作者 清少納言《せいしょうなごん》

ジャンル 随筆

時代 平安時代中期

本文解説

男性貴族のお供について書かれた章段である。恋人として、また割合親しい存在として、そしてひょいと立ち寄るようにして、男性は女性のもとに来て、ついつい話し込み長居してしまう。楽しいひとときだ。でも、待たされる従者にとってはたまらない。ふつう従者は、門の外や庭の衝立《ついたて》である立《たて》蔀《じとみ》のもとなどに控えている。待っても待っても主人は出て来ない。「まだ？」とばかりにこちらをちらちらのぞき、ぶつぶつ愚痴を言ったり、大あくびをしたり。中には聞こえていないと思って言っているのだろうけど、十分聞こえている！　このような従者の態度に対し作者は、男性を迎える女性の立場から、「いみじう心づきなし（＝たいへん気にくわない）」と言う。でもそれは、従者に対してというよりも、従者を連れている主人、目の前の男性貴族に対してそう思うのだ。どんなに感じのよい男性でも従者がこれではもう台無し。日ごろの男性の、従者に対する教育や扱い、ひいては彼の人格やセンスが分かってしまう。またこんな従者もいる。はっきり文句を言えずに「あーあ」と大声でため息をつく。「雨が降りそうだ」と聞こえるように言って主人の注意を引こうとする。いずれにせよ女性からすると、こちらがつい気を遣《つか》ってしまうような嫌なことだ。

最後に作者は、主人の身分と従者の関係を書く。とても立派な身分の人のお供にはこんなことはない。礼儀をわきまえしっかりしている。上流貴族の子弟レベルの人の従者だと、まああといったところ。それ以下の人の従者が、このように無礼で無神経なのだ。やはり主人の身分や人柄、待遇が従者の態度に表れるもの。主人としては、自分がまずしっかりして、従者の気立てをよく見て選びたい。

本文は『枕草子』の中で、作者の感じたことを様々に記した、随想《ずいそう》の章段である。作者は、一条天皇の中宮定子《ちゅうぐうていし》に女房として仕えていた。中宮の女房というと、高貴な男性貴族たちと交流する機会も多い。容姿の美しい人、朗詠のうまい人、漢詩や和歌をよく知っていて機知あるやりとりが得意な人。もちろんそうでない男性たちもいる。女房たちは自分のセンスで、洗練された人、格好悪い人を見分ける。だから、男性の従者までもがその判断基準。細かいところまでよく見ているのだ。

この「ことば」に注目！

◆「下行く水の」　「下行く水の」は、「心には下行く水のわき返り言はで思ふぞ言ふにまされる」という古歌によった表現。有名な昔の歌の一部（全部ではない）を引いて、今の自分の思いを述べる。これを「引歌《ひきうた》」という。和歌の知識がないと、何を言っているのか？？？。でも、歌を引いた人はそんなことは気にしない。わかる人だけがわかればいい。この閉鎖的な態度。排除の論理。いかにも貴族的！という感じがする。昔の人って大変だったのだなあと思ってしまう。古文を読んでいると、ときどきこの「引歌」に出くわす。今のわれわれはもっと大変？いや、そうではない。「引歌」にはちゃんと（注）を付けて、もとの歌を示してくれる。（注）も問題文の一部。（注）には必ず目を通さなければならない。とりわけ（注）に和歌があったら、必見必読！きっと設問にからんでいるから。

本文

1懸想人にて（男ガ）来たる（ノ）は言ふべきにもあらず、ただうち語らふ（ノ）も、また、さしもあらねど、おのづから来などもする人の、簾の内に人々（ガ）あまたありて、物など（ヲ）言ふ（トコロ）に、ゐ入りてとみも帰りげもなき（ノ）を、2供なる男・童など（ガ）、とかくさしのぞき、けしき（ヲ）見るに、「斧の柄も朽ちぬべきなめり」と、いとむつかしか《むつかしかる》めれば、長やかにうちあくびて、みそかにと思ひて言ふらめど、「あなわびし。煩悩苦悩かな。夜は夜中になりぬらむかし」と言ひたる（ノハ）、いみじう《く》心づきなし。3かの言ふ者は、ともかくもおぼえず、このゐたる人（ノコトガ）こそ、をかしと見え聞こえつることも失するやうにおぼゆれ。

4また、さいと色に出でてはえ言はず、「あな」と高やかにうち言ひ、うめきたる（ノ）も、下行く水のといとほし。5立蔀・透垣などのもとにて、「雨（ガ）降りぬべし」など聞こえごつ（ノ）も、いとにくし。

本文解釈

1恋人として（男が女のところに）来ているのは言うまでもなく、ただちょっと親しく話をするのも、また、それほど（親しいわけ）でもないけれども、たまたま来たりなどもする人が、簾《すだれ》の内側に女房たちがたくさんいて、何か話などをするところに、座り込んですぐにも帰りそうもないのを、2（その人の）お供の下男や召使いの少年などが、何やかやとのぞき見て、様子をうかがうが、「斧《おの》の柄もきっと腐るにちがいない（ほど時間がかかる）のであるようだ」と、とても機嫌が悪いかのようなので、長々とあくびをして、気づかれないようにと思って言っているのだろうけれど、「ああやりきれない。苦しくつらいことだなあ。夜も夜中になってしまっているだろうよ」と言っているのは、たいへん気にくわない。3その（不平を）言う従者のことは、なんとも思われないで、この座っている人のことが、素敵だと見えたり聞こえたりしたことも帳消しになるように思われる。

4また、それほどたいして（不満を）あらわにしては言うことができなくて、「ああ」と大きな声で言い、ため息をついているのも、「下行く水の（↓口に出さないのは口に出すよりつらいだろう）」と気の毒だ。5立蔀や透垣《すいがい》などのもとで、「きっと雨が降るにちがいない」などと聞こえるように申し上げるのも、とても憎たらしい。

6 いとよき人の御供人などはさもなし。君達などのほどはよろし。それより下れる《存続》際は、みなさやうにぞ《強調(係)》ある《(結)》。7（従者が）あまたあらむ《婉曲》中にも、心ばへ（ヲ）見てぞ《強調(係)》ゐてありかまほしき《願望(結)》。

6 とても立派な人のお供の人などはそんなふうでもない。上流貴族の子弟などの身分（の人のお供の人）はまあ普通だ。それより劣っている身分（の人のお供の人）は、みんなそんな様子である。7（従者が）たくさんいるような中でも、気だてを見きわめて連れてまわりたいものだ。

設問解説

問一 標準 ⓐを単語に分けると「さ／しも／あら／ね／ど」。まず「あら／ね／ど」に注目。「あら」はラ行変格活用動詞「あり」の未然形。「ね」は打消の助動詞「ず」の已然形。「ど」は〈～けれども、～のに〉という意味の接続助詞。「あらねど」で〈～でないけれども、～でないのに〉という意味を表している。イは、「ね」を「た」と完了の助動詞と誤解しているので×、ウは「ど」の訳が×である。次に「さ／しも」。「さ」は〈そう、そうのように〉という意味の副詞。「しも」は強意の副助詞。ポイントは「さ」の指示内容である。この「さ」が指しているのは、すぐ前の「(ただ)うち語らふ」。「語《かた》らふ」は〈❶話をする、相談する、❷親しくする、交際する、❸味方にする、説得する〉という意味の動詞。重要単語だ。この「語らふ」は文脈から❷の意味だとわかる。これをふまえて、傍線部ⓐを直訳してみよう。「親しくしているというわけでもないけれども」。正解はエである。

ⓒも単語に分けてみる。「むつかしか／めれ／ば」。ポイントは「むつかしか」。「むつかしか」は、シク活用形容詞「むつかし」の連体形「むつかしかる」。「る」の音が撥《は》ねて「ん」に変化し（これを「撥音便《はつおんびん》」という）、「ん」が記されていないケース。「むつかし」は重要単語だ。多義語で〈❶不快だ、うっとうしい、❷面倒だ、わずらわしい、❸見苦しい、むさくるしい、❹不気味だ、いとわしい〉などの意味を表す。この語の訳として○なのは、イ「機嫌が悪い」（❶の意味）とウ「気味が悪く」（❹の意味）。あとは文脈。外出先で長居して、なかなか帰ろうとしない主人にいだく思いとして❹の意味はヘン。なにしろ「あくび」をしているのだから。正解はイである。

問二 易 ⓑ「とみも」の「とみ」は〈急〉とか〈即〉という意味の重要単語。この語の意味としてふさわしいものはウだけ。ⓓ「みそかに」はナリ活用形容動詞「みそかなり」の連用形。「みそかなり」は漢字で記すと「密かなり」。「みそか」は今の「ひそか」と同義の言葉。人に気づかれないようにこっそりとするさまを言い表す。この語の意味としてふさわしいのはオ。なお、ウ「月の終わりに」は「みそかに」を「三十日《みそか》に」と読んでいるが、文脈に合わない。正解はオ。

問三 標準 (e)「このゐたる人」とは、人のもとに来て、話をしている人のこと([1]に注目。「ゐ入りて」とある)。その人の「をかしと見え聞こえつることども」供の者の言動によって「失《う》するやうに」思われるというのである。正解はウ。(g)「さやうにぞある」の「さ」は、上の「いとよき人の御供人などはさもなし」の「さ」と同じ内容を指している。つまり、第一段落・第二段落で述べられている供の者の様子を指している。主人が帰ろうとするときまで、おとなしく待っていることができない供の者たち。「君達」(上流貴族の子弟)より下の身分の人の供の者はみんな「さやうにぞある」。おとなしく待っていられないのである。正解はア。(h)「心ばへ」は〈❶心づかい、❷気だて、❸趣〉という意味の名詞。ここは❷の意味。「ゐて」の「ゐ」はワ行上一段活用動詞「ゐる」の連用形。「ゐる」には「居る」と「率る」があるが、ここは下に「ありかまほしき」とあるので、「率る」のほう。つまり〈連れる〉こと。「ありか」はカ行四段活用動詞「ありく」の未然形。「ありく」は〈動きまわる、歩きまわる、〜まわる〉という意味。「まほしき」は〈〜たい〉という意味を表す助動詞「まほし」の連体形。上に係助詞「ぞ」があるので、連体形になっている。これらをふまえて傍線部を訳してみると「気だてを見きわめて連れてまわりたいものだ」。正解はイ。

問四 易 傍線部(f)の「る」は、ラ行四段活用動詞「下る」の已然形(または命令形)「下れ」についているので、完了・存続の助動詞「り」の連体形。アは過去の助動詞「けり」の連体形「ける」の一部。イは、ハ行四段活用動詞「笑ふ」の未然形に付いているので、自発・可能・受身・尊敬の助動詞「る」の終止形(ここの意味は「受身」)。ウは、ラ行四段活用動詞「思ひやる」の未然形に付いているので、自発・可能・受身・尊敬の助動詞「る」の終止形(ここの意味は「自発」)。エは、ハ行四段活用動詞「たまふ」の已然形(または命令形)に付いているので、完了・存続の助動詞「り」の連体形。これが正解。オは、マ行四段活用動詞「住む」未然形に付いているので、自発・可能・受身・尊敬の助動詞「る」の終止形(この意味は「可能」)。

問五 やや易 (X)「する」はサ行変格活用動詞「す」の連体形である。(Y)活用させると「ゐ—ゐ—ゐる—ゐる—ゐれ一ゐよ」。ワ行上一段活用動詞である。活用形は、下が動詞（「入り」）なので、連用形。

問六 易　ポイントは「いと」と「え」。「いと」は〈❶とても、たいそう〉という意味の副詞であるが、下に打消の語を伴うと、〈❷それほど（～ない）、たいして（～ない）〉という意味を表す。二重傍線部(ア)の中の「いと」は、「さいと色に出《いで》てはえ言はず」とあるので❷の意味。正解はアかウ。「え」は、下に打消の語を伴って、〈～できない〉と不可能の意味を表す副詞。アは、「言えなくて」と、「言うことができない」という意味で解釈し、訳しているが、ウは、「言わないで」と、「え」を見落としている。したがって、正解はア。

「色に出《い》で」に注目してもいい。「色に出づ」は「心の中の思いが表情やしぐさに表れる」こと。重要慣用句である。この言葉を正しく訳しているのはアだけ。

問七 やや難　「下行く水の」は、（注）を見ると、「心には下行く水のわき返り言はで思ふぞ言ふにまされる」という和歌の第二句による言葉だとわかる。「引歌《ひきうた》」である。「引歌」とは、有名な古歌の一部を引用して、自分の思いを述べること。そこでこの和歌を解釈してみる。「心の中では、物陰の下を流れて行く水がわき返っているように、熱い思いがわき立っているが、それを口にしないでじっと思っていることのほうが、口にして言うことよりも、思いの強さはまさっているのだ」。つまり、(イ)は、供の者がなかなか帰ろうとしない主人に対して強い不平不満を心の中にいだきながら、「斧《をの》の柄《え》も朽ちぬべきなめり」とか「あなわびし。煩悩苦悩かな。夜は夜中になりぬらむかし」などと口にはしないで、ただ「『あな』と高やかにうち言ひ、うめきたる」ことを言い表している。正解はエ。

問八 やや難　『枕草子』のジャンルは「随筆」。選択肢の中で「随筆」であるのは『玉勝間《たまかつま》』。作者は、江戸時代の国学者である本居宣長《もとおりのりなが》。したがって、正解は、1はア、2はカ。『浮世風呂《うきよぶろ》』は江戸時代後期の滑稽本。作者は式亭三馬《しきていさんば》。『源氏物語《げんじものがたり》』は平安時代中期の物語。作者は紫式部《むらさきしきぶ》。『土佐《とさ》日記』は平安時代前期の日記。作者は紀貫之《きのつらゆき》。『古今著聞集《ここんちょもんじゅう》』は鎌倉時代中期の説話集。作者は橘成季《たちばなのなりすえ》。『日本永代蔵《にほんえいたいぐら》』は江戸時代前期の浮世草子。作者は井原西鶴《いはらさいかく》。

15 花月草紙

評価

50～34点→ 合格圏

33～25点→ まあまあ

24～0点→ がんばれ

解答

（50点満点）

問一 ア c イ d ウ c （各6点）

問二 d （6点）

問三 a （8点）

問四 c （8点）

問五 e （10点）

出典

作品名 『花月草紙《かげつそうし》』 作者 松平定信《まつだいらさだのぶ》

ジャンル 随筆 時代 江戸時代後期

本文解説

『花月草紙』は江戸時代後期の随筆。本文は、大名たちの会合の場面だ。一人の大名が、「達筆な人に一～二百石《こく》の領地を与えるだろうか、武芸をきわめた人に千石の領地を与えるだろうか、学識が秀でていて学問の道から武士の道まですべてすぐれている人に一万石の領地を与えるだろうか」と聞いた。「石」は、大名や武家の所領の大きさを表す単位。一万石以上の領地を将軍から与えられた者は大名（大名の家臣は一万石以上与えられても大名とはされない）、一万石未満は旗本《はたもと》・御家人《ごけにん》とされた。だから、最後の例である、文武《ぶんぶ》両道《りょうどう》に秀でた武士が「一万石」というのは、自分たち大名と同じ立場となり得る高い評価なのだ。一人が、「今はどこでもそんなことはしないだろう」と答えた。そこではじめの大名が、「この会合にいるみなさんは、文武どちらにおいても秀でているとまでは聞いていないが、どうか」と聞く。かなり厳しい言葉だ。それに対し他の大名が、「確かに秀でていることは一つもない」と謙虚に答えた。そしてまたはじめの大名が、「筆跡がすぐれていても一～二百石さえ与えられない。それなのに特に秀でたところのない我々は、祖先の武《ぶ》勲《くん》（戦《いくさ》で立てた手柄）と将軍の恩恵によって十万石、二十万石の領地を与えられている。にもかかわらず、生まれた時から自分は尊いと思って、より高い地位を望んだり自分の格より高い衣装を着ようとしたりして、自らを反省することがないとは、残念だ」と言った。正直で真面目な、重みある言葉だ。

筆者である松平定信は、八代将軍徳川吉宗の孫。白河藩主として天明の飢饉《ききん》で危機的状況におちいった藩を救った。この時代、貨幣経済が発展してきたり、天明の飢饉で農村が壊滅して一揆《いっき》が頻繁に起きたり、都市の治安が悪化したりと、幕府の体制が揺らいできていた。そんななか老中（将軍直属の幕府最高の職）になった定信は、規律を整え倹約をはかり、政治の立て直しを目指した。これは「寛政の改革」と言われるが、なかなかうまくはいかなかった。『花月草紙』は晩年の作であり、文学に深い理解がある定信がさまざまなことについて書いたもの。本文には、人の上に立つ者として生きた彼の高い意識が表れている。

本文

1 大名といふ人たち（ガ）、つどひ**ものがたり**（ヲ）し給ひ ける 時、ひとりの君 の いひ給ふ（コトハ）、「**手**（ヲ）よくかく人（ガ）あらば、一二百石の地（ヲ）あた

この「ことば」に注目！

◆「道」　「みち」と読む。でも、意味は「書道」「剣道」「柔道」の「ドウ」と同じ。「（専門の）分野」のこと。英語でいえば〈field〉。「フィールド」は「面」。活躍する場。「みち」は「線」。歩む所。一本道をコツコツ歩いて目的地に着く。「目的地」とはその「みち」の「奥義」。道を極める。いかにも日本的だ。兼好《けんこう》法師は『徒然草《つれづれぐさ》』の中でこんなことを言っている。「ありたき事は、まことしき文《ふみ》の道、作文《さくもん》・和歌の道・管絃の道」。「文の道」とは「漢学」のこと。その道を正式に歩みたい。学者になるためではない。漢学は当時の治政の礎《いしずえ》。基本的な政治哲学である。人の上に立つものとしてその道をきちんと歩む。が、それだけではつまらない。「文の道」は「公《おおやけ》の道」。「私《わたくし》の道」も歩みたい。「作文（漢詩を作ること）」「和歌」「管絃（音楽）」の道。つまり「風流の道」だ。漢学は「理性」、風流は「感性」。この二つの道の行き合うところに「知性」があると兼好法師は言いたかったのだろうか。

本文解釈

1 大名という人たちが、集まり**話**をなさったとき、一人の方が言いなさることは、「**文字**を上手に書く人がいたら、一二百石の領地を与えなさるか。弓馬の道をめったにないほど**得意とし**た人がいたら、千石ほどの領地を与えなさるか。

へ給ふ《尊敬》や《疑問(文末)》。弓馬のみち(ヲ)まれなる斗得て《完了》し《過去》人(ガ)あらば、千石斗の地(ヲ)あたへ給ふ《尊敬》や《疑問(文末)》。**ざえ**も秀、**文**の道より**もののふ**の道(マデ)、皆至れる《存続》といはば、一万石の地をあたへ給は《尊敬》ん《推量》や《疑問(文末)》」といへば、[2]「むかしは**さ**なん《強調(係)》いふこともありけらし《推定(結)》。いまはいづこにてもさすべし《推量》とは**おぼえ**ず《打消》」とこたへ給ふ《尊敬》。[3]「さらばこのまどゐのうちの君たち(ニツイテ)、**文**の道(ガ)人にすぐれ給ふ《尊敬》(人)もありや《疑問(文末)》、**もののふ**の道もありや《疑問(文末)》 と思へど、人なみにはたしみ給へ《尊敬》ど、秀でし《過去》ことはきき侍ら《丁寧》ず《打消》。**いかが**あらん《推量》」といへば、[4]「いかにも秀でし《過去》などいふことは、一**ふし**もなし」とこたへ給ふ《尊敬》。[5]初の、ものにすぐれし《過去》ものとても、一二百石の地さへあたへ**かね**たる《存続》が、わが輩の《主格》、ある(人)は十万石、二十万石の地を給ふ《尊敬》(ノ)は、いかなることと思ひ給ふ《尊敬》や《疑問(文末)》。ただにみおやのいさをと、大君のゆたけく大なる御恵なり《断定》。[6]しかるに、生れし《過去》(トキ)より**かく**たふときものとのみ思ひて、なほいやましに位つかさも人にこえん《意志》とし、大路(ヲ)**ありく**行装も、わ

教養も人より優れ、**学問**の道から**武士**の道まで、すべて究めていると言ったら、一万石の領地を与えなさるだろうか」と言うと、[2]「昔は**そう**いうこともあったらしい。今はどこ(の大名)でも**そう**するだろうとは**思われ**ない」と答えなさる。[3]「それならばこの会合の中の方々について、**学問**の道が人より優れなさっている人もいるか、**武士**の道も(人より優れている人が)いるかと考えてみるけれど、人並みにはたしなみなさるけれど、人より優れたことは聞きません。**どう**だろうか」と言うと、[4]「たしかに人より優れたなどということは、一**点**もない」と答えなさる。[5]初めの、何かに優れた者といっても、一二百石の領地さえ与えることが**できない**でいるのに、私たちの仲間が、ある人は十万石、二十万石の領地を下さるのは、どういうことと思いなさるのか。ひとえにご先祖の武勲と、将軍の豊かで大きなお恵み(によるの)だ。[6]ところが、生まれたときから(自分を)**このように**尊い者とばかり思って、さらにますます位階も官職も人にまさろうとし、大通りを**出歩く**装いも、自分の地位よりも格式高く、自分の家のきまりよりも優雅に(しよう)と、町の子どもがほめるようなことを望むばかりで、自分の心に反省してみる思いがないのは、**とても残念だ**」と言いなさったとかいうことだ。

が格よりも高く、わが家の定よりもみやびやかに（ショウ）と、市のわらべの[主格]ほめな[強意]ん[婉曲]ことをほりするのみにて[断定]、うちにかへりみる心の[主格]なき（ノ）は、いとうたてし」といひ給ひ[尊敬]し[過去]とか[疑問(係)]（イウ）や[詠嘆]。

設問解説

問一 やや易　アのポイントは「手」。「手」は多義語だが、覚えておきたい意味は〈❶筆跡、❷演奏法、❸技量、❹負傷〉。とりわけ❶と❷。ここは下に「かく（書く）」とあるので❶の意味。正解はc。「能筆」とは「字が上手なこと」をいう。イはできなくてもいい。「いさを」は「いさをし」とも。〈手柄、功績〉のこと。正解はd。「武勲」とは「戦場で立てた手柄」をいう。「勲」の字は訓読みすれば「いさお」と読む。人の名にある。ウ「うたてし」は〈❶いやだ、不快だ、❷情けない、残念だ〉という意味のク活用形容詞。正解はc。

問二 易　①「得てし人」を単語に分けると「得／て／し／人」。「し」に注目！「し」は過去の助動詞「き」の連体形。この助動詞は活用する語にしか付かない。つまり「て」は活用語。完了の助動詞「つ」の連用形である。

正解はd。

問三 標準　ポイントは「さ」（〈そう、そうのように〉という意味の副詞）の指示内容。この「さ」が「ひとりの君」の「手よくかく人あらば、……一万石の地をあたへ給はんや」①を指していることは明らか。つまり、能力に応じて「二百石の地」「千石斗の地」「一万石の地」を与えることを「さ」といっている。正解はa。「べし」に注目してもよい。この助動詞をちゃんと解釈しているのはa（「召し抱えるだろう」）とc（「召し抱えるべきだ」）。b・d・eは「べし」を解釈していないので×。cは「おぼえず」を「思っていない」と解釈しているので×。「おぼえず」は「思われない」という意味（ほかはみなそう解釈している）である。

問四 標準　③は「ひとりの君」が「わが輩《ともがら》の、あるは十万石、二十万石の地を給ふは、いかなることと思ひ給ふや」とまわりの大名に尋ねたすぐ後で「（わが輩《ともがら》の、あるは十万石、二十万石の地を給ふは、……）ただにみおやのいさをと、大君のゆたけく大なる御恵なり」と答えていることに注意する。「（私たちの仲間が、ある人は十万石、二十万石の領地を下さるのは、）ひとえにご先祖の武勲と、将軍の豊かで大きなお恵みである」。正解はc。なお、正解の選択肢には「みおやのいさを」が欠けているが、これは問一のイとのかねあいのため。

問五 やや難 「ひとりの君」の「しかるに、生まれしよりかくたふときものとのみ思ひて、……うちにかへりみる心のなきは、いとうたてし」⑥の会話内容に注目する。正解はe。cが紛らわしいが、「うちにかへりみる心のなきは、いとうたてし」の内容を欠いているので×。

16 源氏物語

評価

50〜34点→ 合格圏

33〜29点→ まあまあ

28〜0点→ がんばれ

解答 （50点満点）

問一 A せんざい　C あずまじ　J えん　（各2点）

問二 異　（2点）

問三 B 1　E 6　F 3　H 12　L 12　（各3点）

問四 5　（3点）

問五 D 3　K 2　（各3点）

問六 最初＝昔も、最後＝るかな　（各3点）

問七 2　（4点）

問八 1・5　（各4点）

出典

作品名　『源氏《げんじ》物語』　　作者　紫式部《むらさきしきぶ》

ジャンル　物語　　時代　平安時代中期

本文解説

「手習」巻は、光源氏が亡くなった、その後の話が書かれた「宇治十帖《うじじゅうじょう》」の中の一つ。浮舟《うきふね》は、リード文に「人間関係に悩んで入水をくわだてた」と書かれているがその事情はこうだ。

「宇治十帖」の主人公は、「薫《かおる》」と「匂宮《におうのみや》」。薫は光源氏の子として育てられるが、実は違い、本人もそれに気づいて悩みを抱いている。容姿が美しく才能もある貴公子だが、少し暗くて真面目な人物だ。一方匂宮は、光源氏の孫で天皇の子、皇子である。容姿が美しく、性格は華やかで行動派、そしてプレイボーイだ。ある日浮舟をこっそり見て好きになった薫は、浮舟を京から少し離れた山里である宇治に住まわせ、通う。しかし匂宮がそれに気づき、薫のふりをして宇治を訪れ契りを結んでしまう。薫もその後浮舟と匂宮との関係に気づく。そして求愛する二人の男性の間で悩みに悩んだ浮舟は、入水を決意する。宇治では皆が浮舟は死んだと思い嘆き悲しむが、実は浮舟は横川《よかわ》の僧都《そうず》や尼君たちに助けられていた。本文はそのあとの場面なのだ。

本文にはまず、浮舟が暮らす小野の描写がある。なごやかな音を立てて流れる川、風情ある邸、木立や庭の植え込みも美しく、秋の空の様子も趣がある。庵の人々は勤行をしてひっそりと暮らしているが、苦しんだ末入水した浮舟の心を癒やす穏やかな環境だ。また、尼君たちはもともと身分のある優雅な人々らしく、月の明るい夜には「琴《きん》」や「琵琶《びわ》」を弾く。古文の世界では「琴（こと）」は弦楽器の総称で、「琴（きん）」は七絃の琴を指す。浮舟も誘われるが、彼女はそんなことをしている余裕はなかったいやしい自分の身の上を思う。幼い頃母とともに常陸国《ひたちのくに》（現在の茨城県）に行き育った浮舟は、それを引け目に感じているのだ。当時は「都」に対して「鄙《ひな》（＝田舎）」は軽蔑される傾向にあった。特に彼女が育った東国は、粗野で無風流なイメージだった。浮舟は身の上のはかなさを実感し、不本意にも生きながらえてしまったという気持ちを歌に詠む。そしてまた、孤独を痛切に感じながらその思いを歌にして、親や乳母、右近のことをひとり思い出す。

本文

[1]昔の山里よりは水の音もなごやかなり。[2]造りざま（ガ）**ゆゑ**（ガ）ある所の、木立（ハ）**おもしろく**、**前栽**なども**をかしく**、**ゆゑ**を尽くしたり(存続)。[3]秋になりゆけば、空の**けしき**も**あはれなる**を、門田の稲（ヲ）刈る

この後浮舟は出家し、彼女が生きていることを知った薫が手紙をよこすが、返事をしなかった。運命に流された浮舟は、最後には自分の穏やかな人生を守る力強さを得るのだ。

この「ことば」に注目！

◆**「琴」**「琵琶」「管絃」という言葉がある。「管」は「管楽器」、「絃」は「絃楽器」。「管」は「くだ」、「竹の管《くだ》」。つまり「笛」のこと。「絃」は「糸」、「張った糸」。つまり「糸を張った楽器」のこと。「笛」は「横笛」「縦笛」。その中にさまざまな種類の笛がある。「糸を張った楽器」は「琴」と「琵琶」。「三味線《しゃみせん》」はまだない。男は、笛を吹き、糸を奏でる。「管」も「絃」もOK。ところが、女は、笛は吹かない。「絃」だけ。その分、「絃」は女性的。女性を感じさせる楽器だ。男の耳に琴の音《ね》が聞こえてくる。お屋敷の中から、ひとりでつま弾く琴の音《おと》が漏れ聞こえてくる。男と女の物語の開幕を告げる音である。

本文解釈

[1]（小野は）昔の山里（＝宇治の山里）よりは川の音も穏やかだ。[2]（庵の）造り方が**風情**がある所の、木立は**風流**で、**庭の植え込み**なども**趣深く**、**風情**を尽くしている。[3]秋になってゆくと、空の**様子**も**しみじみとしている**が、門前の田の稲を刈るということで、若い女たちは歌をうたい

とて、若き女どもは歌（ヲ）うたひ興じあへり《存続》。④引板（ヲ）ひき鳴らす音もをかし。⑤見し《過去》東路のことなども思ひ出でらる《自発》。⑥かの夕霧の御息所の《主格》おはせ《尊敬》し《過去》山里よりはいますこし入りて、山に片かけたる《存続》家なれ《断定》ば、松蔭（ガ）しげく、風の音もいと心細きに、つれづれにおこなひをのみしつつ、いつともなくしめやかなり。

⑦尼君（ハ）ぞ《強調(係)》、月など（ガ）明き夜は、琴など（ヲ）弾き給ふ《尊敬(結)》。⑧少将の尼君などいふ人は、琵琶（ヲ）弾きなどしつつ遊ぶ。⑨かかるわざはしたまふ《尊敬》や《疑問(文末)》。つれづれなるになど（少将の尼君ガ浮舟ニ）言ふ。⑩昔も、あやしかりける《過去》身に《断定》て、心のどかにさやうのこと（ヲ）すべき《可能》ほどもなかりしか《過去》ば、いささかをかしきさまなら《断定》ず《打消》も生ひ出でに《完了》ける《詠嘆》かな《詠嘆》と、かくさだ（ヲ）すぎに《完了》ける《過去》人の《主格》心をやるめる《推定》をりをりにつけては（浮舟ハ）思ひ出づ。⑪なほあさましくものはかなかりける《詠嘆》と、我ながら口惜しければ、手習に、

⑫身を投げし《過去》涙の川のはやき瀬をしがらみ（ヲ）

みんながおもしろがっている。④鳥おどしを鳴らす音も趣深い。⑤かつて見た東国のことなども自然と思い出される。⑥あの夕霧の御息所《みやすんどころ》がいらっしゃった山里よりはもう少し（奥に）入って、山（の斜面）に片方をかけて（造って）ある家なので、松の木陰が茂っていて、風の音もとても心細いので、（庵の人々は）所在ないままに勤行《ごんぎょう》ばかりをしては、いつもひっそりとしている。

⑦尼君は、月などが明るい夜は、琴などを弾きなさる。⑧少将の尼君などという人は、琵琶を弾いたりなどしては楽しんでいる。⑨「（あなたは）こういうことはなさるのか。所在ないのに」などと（少将の尼君が浮舟に）言う。⑩「昔も、普通と違っていた身の上で、のんびりとそのようなことをすることができる時もなかったので、少しも趣深い様子ではなく成長してしまったのだなあ」と、このように盛りの年齢を過ぎた人（＝尼君・少将の尼君）が心を慰めているように見える時々につけては（浮舟は）思い出す。⑪「やはり（自分の身の上は）驚きあきれるほどどこかあてにならなかったんだなあ」と、我ながら残念なので、手すさびに、

⑫涙にくれて川の早瀬に身を投げたのに、しがらみ（＝川をせき止める装置）をかけていったい誰が私を引き止め助けたのか（助けてくれなくてもよかったのに）。

⑬思いがけず（助けられたことが）つらいので、これから先のことも気がかりで、（自分でも）いやになるほど思いを

かけて誰か《反語(係)》とどめし《過去(結)》

13思ひのほかに心憂ければ、行く末もうしろめたく、疎ましきまで思ひやらる《自発》。

14月の《主格》明き夜な夜な、老人どもは艶に歌（ヲ）よみ、いにしへ（ヲ）思ひ出でつつさまざまの物語など（ヲ）するに、（浮舟ハ）いらふべき《可能》かたもなければ、つくづくとうち眺めて、

15われ（ガ）かくてうき世の中にめぐるとも誰（ガ）
かは《反語(係)》知らむ《推量(結)》月のみやこに

16今は限りと思ひはてし《過去》ほどは、恋しき人（ガ）多かりしか《過去》ど、こと人々はさしも思ひ出でられ《自発》ず《打消》、ただ、親（ハ）いかにまどひたまひ《尊敬》けん《過去推量》、乳母（ハ）、よろづに、いかで人並々になさむ《意志》と思ひ焦られ《尊敬》し《過去》を、いかにあへなき心地（ガ）しけん《過去推量》、いづこにあらむ《推量》、我（ガ）世にあるものとはいかでか《反語(係)》知らむ《推量(結)》、同じ心なる《断定》人もなかりし《過去》ままに、よろづ（ヲ）隔つることなく語らひ見馴れたり《存続》し《過去》右近などもをりをりは思ひ出でらる《自発》。

めぐらさずにはいられない。

14月が明るい夜ごとに、老人たち（＝尼君・少将の尼君）は**優美に**歌を詠み、昔を思い出しながらいろいろな**話**などをするが、（浮舟は）**返事のし**ようもないので、しんみりと**物思いにふけっ**て、

15私が**こうして** **つらい**世の中でまだ生きていると、いったい誰が知っているだろうか（いや、誰も知らないだろう）、月の（ように遠く感じられる）都では。

16今はもう**最期**《さいご》と**すっかり**思った**時**は、恋しい人が多かったけれど、（今では）**他の**人々は**それほど**思い出されず、ただ、親は**どれほど** **思い乱れ**なさっただろう、乳母は、**何かにつけて**、**なんとかして**（私を）人並み（の幸せ）にしようと気をもみなさったのに、**どれほど** **がっかりした**気持ちがしただろう、どこにいるのだろう、私がこの世にいるものとは**どうして**知っているだろうか（いや、知らないだろう）、気の合う人もいなかったので、**すべて**を心に隔てを置くことなく**語り合い**慣れ親しんでいた右近のことなども時々は自然と思い出される。

設問解説

問一　やや難　Aは「せんざい」と読む。「庭先の草木の植え込み」のこと。Cは「あずまじ」と読む。歴史的かなづかい（古文のかなづかい）だと「あづまぢ」。でも、設問文に「現代かなづかい・平がなで書け」とあるので「あずまじ」。Jは「えん」と読む。「つや」ではない。「艶に」はナリ活用形容動詞「えんなり」の連用形。だから「艶」は「えん」と読む。

問二　標準　「こと」の下に名詞（ここでは「人々」）がきていたら、「こと」は「異なる」意味ではないかとまず疑う。「こと人々」は「異なる人々」。文脈に合う。したがって、「こと」は漢字に直せば「異」。「こと＋名詞」で「こと」は「異」＝「異なる」。覚えておこう！

問三　やや易　B「秋になりゆけば」を訳してみる。「秋になってゆくと」。「なり」はラ行四段活用動詞「成《な》る」の連用形だとわかる。正解は1。E「をかしきさまならず」を訳してみる。「趣深い様子ではなく」。打消の助動詞「ず」をとって訳してみる。「をかしきさまなり」→「趣深い様子である」。「なら」は断定の助動詞「なり」の未然形だとわかる。「をかしきさまならず」を「趣深い様子にならなく」と訳して、「なら」をラ行四段活用動詞「成《な》る」の未然形だと思ったかもしれない。でも、よく見てみよう。「趣深い様子にならなく」。本文にはない「に」を補って訳している。正解は6。F「生ひ出でにけるかな」を単語に分けると「生ひ出で／に／ける／かな」。「に」は、下に過去の助動詞「ける」（終止形は「けり」）がきているので、活用する語（動詞・形容詞・形容動詞・助動詞）の連用形。形容詞ではありえない。形容動詞でもない（「生ひ出でなり」？）。「に」は動詞か助動詞。動詞ならば、ナ行上一段動詞「似《に》る」「煮《に》る」の連用形。それぞれで「生ひ出でにけるかな」を訳してみると、どちらも文意が通らない。「に」は助動詞である。つまり、「に」は断定の助動詞「なり」の連用形か完了の助動詞「ぬ」の連用形。断定の助動詞「なり」は、活用する語には、その連体形に付く。「生ひ出で」は、ダ行下二段動詞「生ひ出づ」の未然形か連用形。連体形ではない。したがって、「に」は〈完了の助動詞「ぬ」の連用形〉だとわかる。正解は3。ちなみに「生ひ出で」の活用形は「連用形」。Hシク活用形容詞「口惜し」を活用させてみる。「○―口惜しく―口惜し―口惜しき―口惜しけれ―○」。「口惜しけれ」は已然形語尾。正解は12。Lシク活用形容詞「恋し」を活用させてみる。「○―恋しく―恋し―恋しき―恋しけれ―○」。「恋しき」は連体形語尾。正解は12。

問四　易　「反語表現」とは、強い疑問を示すことで述べたこととは反対の内容を伝える表現。5を単語に分けると「いかで／か」。「いかで」は「疑問」の副詞。「か」は「疑問」の係助詞。「疑問＋疑問」。強い疑問である。「我世にあるものとはいかでか知らむ」を反語の文で訳してみる。「私がこの世にいるものとはどうして知っているだろうか、いや知らないだろう」。文脈にかなう。正解は5。

問五 易　Dポイントは「おこなひ」（名詞）。「おこなひ」は〈仏道修行、勤行〉という意味の重要単語。正解は1か3。「つれづれに」はナリ活用形容動詞「つれづれなり」の連用形。「つれづれなり」は〈❶退屈だ、所在ない、❷孤独だ、もの寂しい〉という意味の重要単語。語義的には1も3もOK。ただし、「つれづれに」は、活用形は連用形。1「退屈な」は連体形（「つれづれなる」）のときの訳。正解は3。Kポイントは「いらふ」。「いらふ」は、ハ行下二段活用動詞「いらふ」の連体形。〈返事をする、答える〉という意味の重要単語。正解は2。

問六 やや難　傍線部Gの前の文章に注目する。どう（昔を）思い出すのか？「……と（昔を）思い出す」。着眼点は「と」。「と」は引用を表す格助詞。「『……』と（昔を）思い出す」。『……』の箇所が思い出す「内容」に当たる。助動詞「き」にも注意したい。「き」は過去の助動詞。過去は過去でも、自分が直接体験したことを述べるときに用いる言葉。この助動詞が出てくるかもしれない。「……生ひ出でにけるかなと」。「と」がある。その上には「…すべきほどもなかりしかば」と「しか」（「き」の已然形）がある。さらにその上には「昔も、あやしかりける身にて……」と「昔」がある！「昔も、あやしかりける身にて……生ひ出でにけるかな」が「『思ひ出づ』の内容」なのだとわかる。ただし、最初の三文字に注意！「句読点を含む」とあるので、抜き出しは「昔も、」。「昔もあ」は×。

問七 標準　「身を投げし……」の和歌に注目する。「涙にくれて川の早瀬に身を投げたのに、しがらみをかけていったい誰が私を引き止め助けたのか」。ここまで正しく解釈できなくても、リード文に注目すると、「身を投げし涙の川のはやき瀬を」は浮舟が「入水をくわだてたこと」、「しがらみかけて誰かとどめし」は浮舟が「助けられて比叡山のふもとの小野に住むことに」なったことを言っているのだとわかる。正解は2。

問八 標準　正解は1と5。2と4は文全体の内容が×。3は、「歌をよみかわしたりして」が×。本文の中の歌は二首とも浮舟の歌。また、浮舟は小野の地の人々に「心をひらきつつ」もしていない（⑭〜⑯）。

17 源氏物語玉の小櫛

評価

50～38点→  合格圏

37～31点→  まあまあ

30～0点→  がんばれ

解答

（50点満点）

問一 4 （5点）

問二 2 （5点）

問三 (a) 1 (b) 3 （各6点）

問四 2・4 （各5点）

問五 3 （6点）

問六 不義なる恋 （6点）

問七 ただも～のよき （6点）

出典

作品名 『源氏《げんじ》物語《ものがたり》玉《たま》の小櫛《おぐし》』　作者 本居宣長《もとおりのりなが》

ジャンル 注釈書　時代 江戸時代後期

本文解説

私たちが日常接している、小説・漫画・ドラマ・映画のことを考えてみよう。さまざまな内容のものがあるけれど、すべてが道徳的に正しいものというわけではない。ケンカに明け暮れる若者の話、道ならぬ恋をする男女の話、巧みでゴージャスな泥棒の話…。私たちはそれを見て、すかっとしたり、切なさに心うたれたり、わくわくしたりして、楽しむ。でも本文が書かれた江戸時代までは、そのような道徳に反する話は「儒仏」の立場から否定的にとらえられていた。儒教は、古代中国で孔子《こうし》を祖として生まれた。日本への影響も大きく、江戸時代においても武士の学ぶべきものとして重要視された。儒教では、道徳が最上のもの。また仏教では、俗世のことに心奪われることなく、一心に仏道修行することがよいとされた。この二つの立場からすると、『源氏物語』は最悪だ。主人公光源氏が、次々に女性たちとの恋愛に心奪われていく話だからだ。本文に例として挙げられている「空蟬《うつせみ》の君」には夫がおり、「朧月夜《おぼろづくよ》の君」は政敵一族の娘で尚侍《ないしのかみ》（天皇の妃）となる人であり、「藤壺の中宮」は父である天皇の妃（光

源氏にとっては継母）である。どの女性との恋愛も、「儒仏」の立場からいえば道に背いた悪い行いだ。でも筆者は、このような話の中で「もののあはれ」を知ることが物語の主旨だと説く。筆者本居宣長は、「もののあはれ」という言葉で『源氏物語』を語った。「もののあはれ」とは、自然や人生のさまざまな出来事に出会ったときに感じる、いとしさや悲しみや優雅さや苦しみなどの、しみじみとした思い。本文のはじめにもあるように、人の心は思いどおりにはならず、おさえようとしても自然と動いてしまうもの。でも、そんなふうに何かに深く感動できることこそが人間の心の豊かさであり、それをよく味わえるのが「物語」なのだ。筆者は最後に「もののあはれ」を「蓮」に、「不義なる恋」を「泥水」に例えている。美しい蓮を観賞するには汚い泥水も必要、というわけだ。

本居宣長は、江戸時代中期の国学者だった。国学とは、日本の古い時代の文学を研究し、日本特有の文化とは何かを追究する学問だ。宣長はその時代の常識を超えて「物語」を道徳的善悪から解放し、その本来の美しさや悲しみを味わおうと言った。これこそ、今私たちが日常行っている、「文学を味わう」ことなのだ。

この「ことば」に注目！

◆「もののあはれ」　「もののあはれ」〈物事のしみじみとした情趣〉〈物事にふれて心の底から生じる思い〉。「もののあはれ」は、もともとは「もの／の／あはれ」。「あはれ」は〈ああ〉という意味。〈おお〉とか〈わあ〉とかではなく〈ああ〉という意味。胸がしめつけられて、思わず口からもれる〈ああ〉である。生のはかなさにふれて〈ああ〉。運命の悲しさにふれて〈ああ〉。口から〈ああ〉がもれるのは、人に「心」があるから。「心」と「頭」は別なもの。「心」は「感情」、「頭」は「理性」。そして、しばしば「心」は「頭」を超える。とくに「恋」！　人は恋をすることで、理性では抑えきれない「心」の存在を知る。道徳とか宗教とかが語るものとは違う世界が人の世にはあることを知る。「もののあはれ」の世界である。

本文

1 物語は、もののあはれを知る（コト）を、むねとはしたる《存続》に、その**筋**に至りては、儒仏の教へには、そむ

本文解釈

1 物語は、「もののあわれ」を知ることを、主意とはしているが、その**内容**ということになると、儒教や仏教の教えには、反していることも多いのだよ。2 それはまず人の心が、

けるる《存続》ことも多きぞ《強調(文末)》かし《念押し》。2そはまづ人の情の《主格》、物に感ずることには、善悪邪正（ガ）さまざまある中に、**ことわり**にたがへる《存続》ことには、感ずまじき《打消当然》**わざ**なれ《断定》ども、情は、われながらわが心にもまかせぬ《打消》こと（ガ）ありて、おのづから**忍びがたき**節（ガ）ありて、感ずること（ガ）あるものなり《断定》。3源氏の君の上にて言はば、空蟬の君、朧月夜の君、藤壺の中宮などに情をかけて、**逢ひ**たまへ《尊敬》る《完了》（コト）は、儒仏などの道にて言はむ《仮定》には、**よに**上もなき、**いみじき**不義悪行なれ《断定》ば、ほかに**いかばかり**のよきこと（ガ）あらむ《婉曲》（人）に《断定》ても、よき人とは言ひがたかるべき《当然》に、4その不義悪行なる《断定》**よし**をば、**さしも**たてては言はず《打消》して、ただその間の、もののあはれの深き方を、**かへすがへす**書き述べて、源氏の君をば、むねとよき人の本として、よきことの**限り**を、この君の上に、とり集めたる《存続》（ノハ）、これ（ガ）物語のおほむねに《断定》して、そのよき（コト）**あしき**（コト）は、儒仏などの**書**の善悪と、変はり（ガ）あるけぢめなり《断定》。5さりとて、かのたぐひの不義をよしとするに《断定》

何かに感動することには、善悪邪正がいろいろとある中で、**道理**に外れていることには、感動するべきではない**こと**であるけれども、心は、自分のものではあっても自分の思いどおりにもならないことがあって、おのずと**こらえられない**時があって、感動することがあるものである。3源氏の君に関することで言うならば、空蟬の君、朧月夜の君、藤壺の中宮などに心を寄せて、**関係を結び**なさったことは、儒教や仏教などの教えに即して言うとすれば、**まったく**この上もない、**たいへんな**不義悪行であるので、他に**どれほど**の良いことがあるような人であっても、立派な人とは言えないはずだが、4その不義悪行である**ということ**を、**それほど**取り立てて問題にしないで、ただその間の、「もののあわれ」の深い方面を、**くりかえし**書き記して、源氏の君を、もっぱら立派な人の典型として、良いことの**すべて**を、この源氏の君に関することに、集約しているのは、これが物語の主意であって、その良いこと**悪い**ことは、儒教や仏教などの**書物**の善悪と、違いがある区別である。5そうかといって、その種類の不義を良いとするのではない。6その**悪い**ことは、あらためて言わなくても**明白で、そういう**種類の罪を論じることは、おのずとその方面の書物が、世間に（**非常に**）**たくさん**あるので、（そういうこととは）あまり縁のない物語をあてにするべきではない。

7物語は、儒教や仏教などの、**きちんとした**教えのように、迷いを離れて、悟りに入るべき規範でもない。また国や

はあらず《打消》。6そのあしきことは、今さら言はで《打消》も**しる**
く、**さる**たぐひの罪を論ずることは、おのづからその方
の書どもの《主格》、**よに** **ここら**あれば、ものどほき物語を待
つべき《当然》に《断定》あらず《打消》。

7物語は、儒仏などの、**したたかなる**道のやうに《例示》、
まよひを離れて、さとりに入るべき《当然》法に《断定》もあらず《打消》。
また国をも家をも身をも、治むべき《当然》教へに《断定》もあら
ず《打消》。8ただ世の中の物語なる《断定》がゆゑに、**さる** **筋**の善悪
の論は、しばらくさしおきて、**さしも**かかはらず《打消》、た
だもののあはれを知れる《存続》方のよき（トコロ）を、とり
たててよしとはしたる《存続》なり《断定》。9このこころばへを、物
にたとへて言はば、蓮を植ゑて**めで**む《意志》とする人の《主格》、濁
りてきたなくはあれども、泥水をたくはふるがごとし《比況》。
10物語に不義なる恋を書ける《存続》（ノ）も、その濁れる《存続》泥
を、**めでて**に《断定》はあらず《打消》。もののあはれの花を咲かせ《使役》
む《意志》料ぞ《強調（文末）》かし《念押し》。

家や身を、整えるべき教えでもない。8ただ単に世の中の物語なのであるから、**そういう** **方面**の善悪の論については、しばらく措いて、**それほど** 拘泥《こうでい》せず、ただ「もののあわれ」を知っている方面の良いところを、特に取り上げて良いとしているのだ。9この事情を、物にたとえて言うならば、蓮を植えて **賞美し** ようとする人が、濁って汚くはあるけれども、泥水をためるようなものだ。10物語に不義の恋を書いてあるのも、その濁っている泥を、**賞美し** てではない。「もののあわれ」の花を咲かせようとする材料なのだよ。

設問解説

問一 やや易 [A] のすぐ上の「善悪」と同義の語を選ぶ。正解は4。「邪正《じゃしょう》」の「邪」は「邪《よこしま》なこと」。「正」は「正しいこと」。

問二 易 [B] の前後の文に注目する。「そのよきあしきは、儒仏などの書《ふみ》の善悪と、変はりあるけぢめなり（＝その良いことと悪いことは、儒教や仏教などの書物の善悪と、違いがある区別である）」。「かのたぐひの不義をよしとするにはあらず（＝その種類の不義を良いとするのではない）」。これをふまえて、それぞれの選択肢を空欄に入れて読んでみる。正解は2「さりとて（＝そうかといって）」。

問三 やや難 どの選択肢も「筋」の語義としてはOK。文脈から考える。傍線部の「筋」をそれぞれの選択肢に置き換えて、(a)「物語は、……その筋に至りては、……そむけることも多きぞかし」、(b)「物語は、儒仏などの、……さる筋の善悪の論は、……とりたててよしとはしたるなり」の文を読んでみる。(a)は、1「内容」なのか3「方面」なのか、紛らわしい。下の「至りては」に注目する。この「至り」（「至る」）は現代語と同義。「及ぶ」という意味。「その筋に至りては」＝「その筋に及んでは」。「その内容に及んでは」（1）。わるくはない。「その方面に及んでは」（3）。少しヘン。「方面のことに及ぶ」なら、いいのだけれど…。正解は1。正解を決めるのは、現代語の語義・語感の問題。古文の学力ではない。3と答えた人が少しかわいそう。でも、古文も「国語」、国語の問題である。文句は言えない。

(b)は「さる」の指示内容に注目。「さる」は「儒仏などの、したたかなる道」「国をも家をも身をも、治むべき教へ」を指している。正解は3。

問四 易 ポイントは「よに」。「よに」は、もともとは名詞「世」に助詞「に」が付いた言葉。「世に」は「世の中に」「世間に」。熟して〈非常に〉という意味の副詞にもなった。正解は2と4。

問五 やや難 二重傍線「法《のり》」をそれぞれの選択肢に置き換えて、「物語は、儒仏などの、……まよひを離れて、さとりに入るべき法にもあらず」の文を読んでみる。2「法令」、4「寸法」は明らかにヘン。あとは現代語の語感の問題。正解は1「道徳」か3「規範」。「物語は、迷いを離れて、悟りに入るべき道徳でもない」（1）、「物語は、迷いを離れて、悟りに入るべき規範でもない」（3）。「道徳」は何かヘン。「道徳」を同義語の「倫理」に置き換えてみる。「物語は、迷いを離れて、悟りに入るべき倫理ではない」。かなりヘン。「規範」を同義語の「手本」に置き換えてみる。「物語は、迷いを離れて、悟りに入るべき手本ではない」。これなら、いい。正解は3。

問六 標準 「さるたぐひの罪」とは「そういう種類の罪」ということ。どういう種類の罪なのか、文脈から考える。傍線Xの前の文章をさかのぼる。「かのたぐひの不義」⑤は「その不義悪行」④＝「いみじき不義悪行」③。では、「いみじき不義悪行」とは、具体的にはどういう行為か？「源氏の君の上にて言はば、空蟬《うつせみ》の君、朧月《おぼろづく》夜《よ》の君、藤壺《ふぢつぼ》の中宮などに情をかけて、逢ひたまへるは、……いみじき不義悪行なれば」。源氏の君が複数の女性と契りを結んだことを「いみじき不義悪行」といっている。「いみじき不義悪行」＝「さるたぐひの罪」。「さるたぐひの罪」とは「いけない恋」のことだ。この「いけない恋」を表す五字ジャストの語句を文中から探すと「不義なる恋」⑩。

問七 やや易 抜き出す十六字ジャストの言葉の中に「もののあはれ」が入っていることが不可欠。「もののあはれ」をキーに十六字ジャストのきりのいい言葉を探す。あった！「ただもののあはれを知れる方のよき」⑧。「よき」の下には「ところ」が省略されている。

18 無名抄

評価

50〜37点→ 合格圏

36〜29点→ まあまあ

28〜0点→ がんばれ

解答

（50点満点）

問一 (ウ) 2　(エ) 2　(カ) 4　(キ) 1　(ケ) 3　（各3点）

問二 4　（4点）

問三 4　（3点）

問四 a 3　b 4　c 2
d 3　e 1　f 2　（各2点）

問五 (A) 3　(B) 4　（各2点）

問六 詞に現〜ぬ景気　（4点）

問七 浦の苫屋《とまや》の秋の夕暮れ　（2点）
＊漢字はひらがなでも可。

問八 心なき者　（4点）

問九 古今和歌集「仮名序」　（2点）

出典

作品名 『無名抄《むみょうしょう》』　作者 鴨長明《かものちょうめい》

ジャンル 歌論　時代 鎌倉時代前期

本文解説

和歌とはどういうものかについて書かれた文章である。『無名抄』は、鴨長明が書いた歌論。歌論とは、和歌に関する評論だ。鴨長明は、随筆である『方丈記』を書いた人だが、和歌の名人でもあった。

長明が活躍した鎌倉時代前期は、勅撰集《ちょくせんしゅう》（天皇が命じて作らせた歌集）である『新古今和歌集』が作られた時代。その時代の和歌の重要な理念である「幽玄《ゆうげん》」を中心に、まず語られる。幽玄とは、「言葉に表れない余情、姿として見えない雰囲気」であると長明は言う。たとえば、秋の夕暮れの空の様子。「色もなく、声もない」と書かれている。夕暮れと言うと、赤、オレンジ、薄紫色の空。「色」はあるじゃないか、と思ってしまう。でもここでの「色」はそれとは違い、はなやかで特徴や面白味のある風情のことだ。確かに夕暮れは毎日のように見られるもの。「桜」や「紅葉」に比べたら特に見る価値はないかもしれない。また、「声」は生き物や楽器が発する独特の音のこと。当時は虫の声、鹿の声は趣あるものとして聞かれていたし、当然楽器の音色も楽しまれた。確かに夕暮れに音はない。でも、秋の夕暮れを見ているとなんとなく心打たれて涙が出る。それが、幽玄。また、美しい女性が恨めしい気持ちを表さずこらえている様子。男性にとっては、恨み言をたくさん言われて泣かれるよりも、気持ちが痛切に感じ取れる。これも、幽玄。そして、霧の絶え間から秋の山を見るとき。霧が邪魔をしてなかなか見えない。でもきっと一面に紅葉してさぞ美しいだろうと、見えない部分を想像して思う。それが幽玄。つまり、たくさんの言葉を並べてはっきりと説明するのではなく、あえて言葉を絞ることでかもし出される雰囲気や趣が幽玄なのだ。

例えば、「突然の夕立」。こう聞いて、何を思い浮かべるだろうか? 夏の湿った重い空気、一気に暗くなる空、大粒の雨、あたりの音をかき消すようなザーッという雨音、大きな雷鳴、一瞬の雷の光、草や土の匂い、友達と雨宿りに走るときにはねる泥…。さまざまなイメージが広がるだろう。語り尽くす必要のない、もとから言葉にあるイメージ。詩、十七音の俳句、そして三十一音の和歌はこれを用いた表現だ。そしてこれらは、普通の文よりも伝わることがある、特別なものだ。だから本文最後にあるように「天地をも動かし、鬼神を穏やかにする力を持つ」のだ。

この「ことば」に注目!

◆**「三十一字」** 「さんじゅういちじ」。訓読みすれば「みそひともじ」。「和歌（短歌）」のことである。「5・7・5・7・7」。「和歌」の基本的な形。「5＋7＋5＋7＋7」＝「31」。ところが、

見わたせば花も紅葉もなかりけり浦の苫屋《とまや》の秋の夕暮れ　『新古今和歌集』・藤原定家

この歌の字数を数えてみると、25字。31字ではない。それは、「はな」を「花」、「もみぢ」を「紅葉」、「うら」を「浦」、「とまや」を「苫屋」、「あき」を「秋」、「ゆふぐれ」を「夕暮れ」と漢字を用いて記してあるから。全部ひらがなで書いてみよう。

みわたせばはなももみぢもなかりけりうらのとまやのあきのゆふぐれ

数えてごらん。…ほら、31字ジャスト。「三十一字」の「字」とは「ひらがな」のこと。「ひらがな」は「音節文字」だから、「三十一字」とは「三十一音節」ということ。「5・7・5・7・7」の「5」とか「7」とかは、歌をひらがなで書いたときの字数。漢字交じりの字数ではない。勘違いしないでね。

本文

1すべて歌の姿は**心得にくき事**に《断定》こそ《強調(係)》。2古き口伝・髄脳などにも、**難き事**どもをば手を取りて教ふばかりに釈したれ《存続》ども、姿に至りては確かに見えたる《存続》事（ハ）なし。3**いはむや**幽玄の体（ハ）、まづ名を聞くより**惑ひ**ぬ《強意》べし《推量》。4自らも**いと 心得**ぬ《打消》事なれ《断定》ば、定かに**いかに 申す**《謙譲》べし《適当》とも**覚え**侍ら《丁寧》ね《打消》ど、よく境に入れる《完了》人々の《主格》申さ《謙譲》れ《尊敬》し《過去》趣は、**詮**はただ詞に現れぬ《打消》余情、姿に見えぬ《打消》景気なる《断定》べし《推量》。5心にも**理**（ガ）深く詞にも**艶**（ガ）極まりぬれ《完了》ば、これらの徳は自づから備はるに《断定》こそ《強調(係)》。6たとへば、秋の夕暮れ空の**気色**は、色もなく声もなし。7**いづく**にいかなる故（ガ）あるべし《推量》とも**覚え**ね《打消》ど、**すずろに**涙（ガ）こぼるるごとし《比況》。8是を**心なき**者は**さらに いみじ**と思はず《打消》、ただ目に見ゆる花・紅葉をぞ《強調(係)》**めで**侍る《丁寧(結)》。9また、よき女の《主格》恨めしき事（ガ）あれど、言葉には現さず《打消》深く**忍び**たる《存続》**気色**を、（男ガ）「**さよ**」などほのぼの見つけたる《完了》（ノ）は、（女ガ）言葉を尽くして恨み、袖を絞り

本文解釈

1総じて歌の姿は**理解しにくい**ことであろう。2古い口《く》伝《でん》や歌学書などにも、**難しい**事々については手を取って教えるくらいに（懇切丁寧に）解説しているけれども、（歌の）姿ということになるとしっかりと書かれていることはない。3**まして**幽玄の詠みぶりは、まず（幽玄という）名称を聞いたとたんにきっと**戸惑う**にちがいない。4私自身も**あまり 理解して**いないことなので、はっきりと**どのように 申し上げる**のがよいとも**思いつき**ませんけれども、十分に名人の境地に達した人々が**申さ**れた趣旨は、**結局**はただ言葉に表れない余情、姿に見えない雰囲気であるにちがいない。5内容についても**道理**が深みに届き言葉についても優美さが極点に達してしまうと、これらの長所は自然と備わるのであろう。6たとえば、秋の夕暮れの空の**様子**は、色もなく声もない。7**どこ**にどんな理由があるだろうとも**思われ**ないけれど、**わけもなく**涙がこぼれるのと同じだ。8これを**情趣を理解しない**者は**まったく すばらしい**と思わず、ただ目に見える花や紅葉を**賞美し**ます。9また、美しい女が（男に対して）恨めしいことがあっても、言葉には表さず深く（胸の奥に隠して）**こらえ**ている**様子**を、（男が）「**そうだよ**（→私を恨めしく思っているんだよ）」などとうすうす気づいたのは、（女が）言葉を尽くして恨みを訴え、（涙に濡れた）袖を絞って見せるようなのよりも、**気の毒で** **愛情**が

て見せん（ノ）よりも、**心苦しう**《く》**哀れ**（ガ）深かるべきがごとし。[10]この二つの譬へにぞ、風情（ガ）少なく心（ガ）浅からん人の悟り難き事をば知りぬべき。[11]また、霧の絶え間より秋山を眺むれば、見ゆる所はほのかなれど、**おくゆかしく**、**いかばかり**紅葉**わたりておもしろから**んと、限りなく推し量らるる面影は、**ほとほと**定かに見ん（ノ）にも優れたるべし。

[12]すべて心ざし（ガ）詞に現れて、月を「**くまなし**」といひ、花を「妙なり」と讃めん事は**何**かは**難から**ん。[13]**いづく**（ヲ）かは、歌（ガ）、ただものをいふ（ノ）に勝る徳とせん。[14]一詞に多くの**理**をこめ、現さずして深き心ざしを尽くし、見ぬ世の事を面影に浮かべ、いやしき（モノ）を借りて優を現し、**おろかなる**やうにて妙なる**理**を極むればこそ、心も及ばず詞も足らぬ時、是にて思ひを述べ、僅か三十一字が中に天地を動かす徳を**具し**、鬼神を和むる術にては侍れ。

深く感じられるにちがいないのと同じだ。[10]この二つの例えによって、風情が乏しく思慮が足りないような人は理解できないということがきっとわかるにちがいない。[11]また、霧の絶え間から秋の山を眺めると、見えるところはわずかだけれど、（霧にさえぎられて）**隠れた所が見たくて**、**どれほど** **一面に**紅葉していて**趣深い**だろうと、際限なく自然と推測される情景は、**ほとんど**はっきり見るようなのに比べてもすぐれているにちがいない。

[12]総じて思いが言葉に表れて、月を「**曇りがない**」と言い、花を「霊妙で美しい」と讃《ほ》めるようなことは**どうして** **難しい**だろうか（いや、難しくない）。[13]（それでは）**どこ**を、歌が、普通に（散文的に）ものを言うのに勝る長所とするのだろうか。[14]（歌は）一つの言葉に多くの**道理**を含ませ、（はっきりとは）表さないで深い思いを表現し尽くし、見たことのない世の中のことを想像で思い浮かべ、卑賤《ひせん》なものを用いて優美なことを表現し、**いい加減な**ようでいて霊妙な**道理**を極めるから、（普通には）思いも及ばず（普通の散文的な）言葉（で言い表すの）も十分ではないとき、これ（＝歌）によって思いを述べ、わずか三十一字の中に天地を動かす能力を**備え**、恐ろしい神を穏やかにする手段であるのです。

設問解説

問一 標準 (ウ)はナリ活用形容動詞「すずろなり」の連用形。「すずろなり」は〈❶あてもない、❷わけもない、❸関係がない、❹思いがけない、❺むやみやたらだ〉などの意味を表す重要単語。語義的にOKなのは2と4。あとは文脈から決める。といっても、文脈上もどちらも○。ただ、傍線部のすぐ上の「いづくにいかなる故あるべしとも覚えねど（＝どこにどんな理由があるだろうとも思われないけれど）」に注目すると、2のほうがベター。理由がわからないのに「すずろに」涙がこぼれるのだから、2のほうがベターといえる。正解は2（4と答えた人はちょっとかわいそう）。(エ)はシク活用形容詞「心苦し」の連用形。「心苦し」は〈❶つらい、❷気の毒だ〉という意味の重要単語。語義的にOKなのは2だけ。正解は2。(カ)はシク活用形容詞「おくゆかし」の連用形。「おくゆかし」は〈(奥が)見たい、(奥が)知りたい〉という意味。〈心ひかれる、慕わしい〉という意味もあるが、これは現代語の「おくゆかしい」とほぼ同義。古文の設問であることを考えれば、ここは〈(奥が)見たい、(奥が)知りたい〉という意味で読みたい。つまり、正解は4。残念ながら、3は×。(キ)は現代語の「ほとんど」の語源。古語の「ほとほと」には〈すんでのところで、危うく〉という意味もあるが、ここは現代語と同義。正解は1。(ケ)は単語に分けると「おろかなる／やうに／て」。ポイントは「おろかなる」。「おろかなる」はナリ活用形容動詞「おろかなり」の連体形。「おろかなり」は〈いい加減だ、おろそかだ〉という意味の重要単語。語義的にOKなのは3だけ。

問二 標準 傍線(ク)が「歌」と対になっていることに注意する。「歌」vs.「ただものをいふ」。「歌」は「韻文《いんぶん》」だから、「ただものをいふ」とは「韻文ではなくものをいう」こと。「韻文」の反対は「散文」。正解は4。

問三 やや難 選択肢の語はいずれも「副詞」。「呼応の副詞」（「叙述（or陳述）の副詞」とも）である。1「え」は、下に「打消の語」を伴って、〈～できない〉という意味を表す。2「よも」は、下に助動詞「じ」を伴って、〈まさか～ないだろう〉という意味を表す。3「さだめて」は、下に「推量の語」を伴って、〈きっと～（ない）だろう〉という意味を表す。4「さらに」は、下に「打消の語」を伴って、〈まったく～ない〉という意味を表す。□の下を見てみると、「打消の語」（助動詞「ず」）はあるが、「じ」も「推量の語」も見当たらない。したがって、2と3は□には入らない。正解は1か4。それぞれ□に入れてみて、「是を心なき者は□いみじと思はず」を解釈してみよう。まず、1。「これを情趣を理解しない者はすばらしいと思うことができず」。次に、4。「これを情趣を理解しない者はまったくすばらしいと思わず」。ウーンとうなってしまう。どちらも○？　ただ、この文の構造は複文。つまり「是を心なき者は□『いみじ』と思はず」という組み立てである。

□が「いみじ」をまたいで「思はず」にかかっている。「さらに」は、このように、文中の文（「従属節」という）をまたいで下の「打消の語」と呼応することがあるが、「え」はまたがないのがふつう。したがって、正解は4。1と答えた人はちょっとかわいそう。しかし、「是を心なき者はえいみじと思はず」「是を心なき者はさらにいみじと思はず」、この二つの文を声に出して読んでみよう。「さらにいみじと思はず」は自然な感じがするが、「えいみじと思はず」はヘンな感じがするはずだ。言葉は意味だけではない。その使い方というものがある。言葉の自然な使い方を体得するためには、古文の文章を声に出して読んでみること！　つまり、「音読」も立派な「勉強」なのである。

問四　**やや難**　解答どおり。落としてならないのはbとe。できればできてほしかったのはcとf。「係助詞」といえば、「ぞ」「なむ」「や」「か」「こそ」が頭に浮かぶ。でも、これだけではない。「は」も「も」も「係助詞」。文中で「は」や「も」を使っても、文は終止形で結ばれる。だから、「係り結び」とは無縁なだけ。「は」も「も」も「係助詞」。知らなかったら、押さえておいたほうがベター。aとdは、首をひねってもしかたがない。

問五　**標準**　(A)1は平安時代後期の歌人西行の歌集。2は鎌倉時代後期の説話集。作者は無住《むじゅう》。3は鎌倉時代前期の説話集。作者は鴨長明。これが正解。4は鎌倉時代前期の物語評論。作者は未詳。5は平安時代中期の歌論。作者は藤原公任《きんとう》。

(B)鴨長明が活躍したのは鎌倉時代前期。同時代に活躍した歌人は4「藤原定家《さだいえ》」である。1「和泉式部《いずみしきぶ》」2「藤原公任」3「紀貫之《きのつらゆき》」は、いずれも平安時代の人。5「吉田兼好《よしだけんこう》」は鎌倉時代後期から南北朝時代にかけての人。

問六　**やや難**　傍線(ア)のあとの文、具体的には「自らもいと心得ぬ事なれば、……詮はただ詞《ことば》に現れぬ余情、姿には見えぬ景気なるべし。……これらの徳は自づから備はるにこそ」の一文に注目する。この一文の中から「幽玄」の定義に当たる言葉を抜き出せば、「詞《ことば》に現れぬ余情、姿には見えぬ景気」。

問七 難 「三夕《さんせき》の和歌」と称される三首の和歌がある。秋の夕暮れを詠んだ和歌で、『新古今和歌集』巻四・秋歌上に並んで収められている。どれも「秋の夕暮れ」で終わる歌。名歌である。

寂しさはその色としもなかりけり槇《まき》立つ山の秋の夕暮れ（寂蓮法師）

心なき身にもあはれは知られけり鴫《しぎ》立つ沢の秋の夕暮れ（西行）

見渡せば花も紅葉もなかりけり浦の苫屋《とまや》の秋の夕暮れ（藤原定家）

問八 標準 傍線(オ)のすぐ上の「この二つの譬《たと》へにぞ」に注目する。作者は(オ)「風情少なく心浅からん人の悟り難き事」を明らかにするために「二つの譬《たと》へ」を述べたことがわかる。「二つの譬《たと》へ」をチェックしてみる。まず、一つ目。

「たとへば、秋の夕暮れ空の気色は、色もなく声もなし。……是を心なき者は□いみじと思はず、ただ目に見ゆる花・紅葉をぞめで侍る。」

次に、二つ目。

「また、よき女の恨めしき事あれど、……心苦しう哀れ深かるべきがごとし。」

初めの譬えに注目！「秋の夕暮れ空の気色」は「色」もなく「声」もない。つまり、はっきりとわかる「風情」がない。それでも、それを眺めていると、わけもなく涙がこぼれるものだが、「是を心なき者は□いみじと思はず、ただ目に見ゆる花・紅葉」だけを賞美する、と言っている。はっきりとわかる「風情」がないために、「秋の夕暮れ空の気色」を賞美しない人のことを「心なき者」と言っている。

問九 難 『古今和歌集』の仮名序（作者は紀貫之）の中に「力も入れずして天地を動かし、目に見えぬ鬼神をもあはれと思はせ、男女《をとこをんな》の仲をも和《やは》らげ、猛《たけ》き武士《もののふ》の心をも慰むるは歌なり」とある。設問文に「何の文章か」とあるので、『古今和歌集』ではなく、『古今和歌集』「仮名序」と答えたい。

19 蜻蛉日記

評価

50～33点→ 合格圏

32～25点→ まあまあ

24～0点→ がんばれ

解答

（50点満点）

問一　ア　2　イ　3　ウ　1　（各5点）

問二　3　（5点）　問三　4　（5点）

問四　5　（5点）　問五　3　（5点）

問六　1　（5点）　問七　4　（5点）

問八　上達部たちが道綱に自ら果物などを差し出して言葉をかけるから。（30字）　（5点）

＊「上達部たちが道綱に声をかける」……3点

＊「上達部たちが道綱に自ら果物などを差し出す」……2点

出典

作品名　『蜻蛉《かげろう》日記』　作者　藤原道綱母《ふじわらのみちつなのはは》

ジャンル　日記　時代　平安時代中期

本文解説

『蜻蛉日記』は、藤原道綱母の日記である。夫の藤原兼家《かねいえ》は平安時代中期の有力な貴族だ。筆者はこの日記で、自分のもとになかなか兼家が通って来ないことをよく嘆いている。二人は夫婦だけれども、同居はしていないのだ。本文は、筆者40歳、道綱20歳のころの話。

道綱が「臨時の祭」の舞人に突然選ばれた。「臨時の祭」は、ここでは賀茂《かも》神社の臨時祭。賀茂神社の祭は盛大で、勅使が神社に向かう行列が見どころ。臨時祭も同じだ。舞人は勅使とともに行列に加わり、神社や天皇の前で舞を舞う大役だ。そこで兼家が、道綱が突然舞人に抜擢《ばってき》され困っているだろうと心配する手紙と、必要なものを送ってきた。やはり息子はかわいいのだ。そしてリハーサル、「試楽」の日。また兼家から、「穢《けが》れ」で内裏に出られず道綱の世話ができないが、そちらに行こうにもあなたが許してくれないだろうし…と言ってきた。でも、これは遠回しのアプローチ。言いたいことは、そっちに行ってもいいかな？　筆者としては、驚きだ。気持ちの上ではもう兼家など頼らないで生きていたのに。筆者は、道綱を兼家の邸に行かせた。「うち泣かれ」たのは、長い、苦労の絶えない結婚生活を思い出し、さまざまな思いがこみ上げたからかもしれない。そしてとうとう、祭の当日を迎える。筆者は息子の晴れ姿を見に行く。そこで、ある牛車に目がとまる。簾《すだれ》からは女性の衣の袖口が出ている（「この「ことば」に注目！」参照）。しかし周りには貴族が何人もいて、よく見ると見覚えのある人々。兼家の牛車だったのだ！そして、いよいよ行列が来る。道綱は急に舞人に選ばれたわりに立派に見え、供人もきらびやか。高位の貴族から果物をもらったり言葉をかけられたりして、母としては、鼻高々。その場にいた筆者の父も丁重に扱われる。

本文は、『蜻蛉日記』の最後に近い場面。道綱、兼家、父倫寧《ともやす》という重要な人物が登場し、筆者は穏やかな気持ちでそれを見ている。嫌なこともうれしいこともたくさんあった結婚生活。幸せのただ中にはいないが、最後に筆者は、静かな境地に至っている。

この「ことば」に注目！

◆「女車」 「をんなぐるま」と読む。「女性が乗る車」のこと。「女房車《にようばうぐるま》」とも。「女性が乗る車」といっても、女性が乗るために作られた車ということではない。「中に女性が乗っている車」、それが「女車」。女性は車に乗ると、着ている服の一部を外に出す。これを「打ち出《い》での衣《きぬ》」とか「出《い》だし衣《ぎぬ》」という。本文では「口の方、簾《すだれ》の下より、清げなる掻練《かいねり》に紫の織物重なりたる袖ぞ、差し出でためる」がこれに当たる。この衣を見て、まわりの人は「女車」とわかるのだ。なお、「車」は「牛車《ぎっしゃ》」！　馬車ではない。馬車は江戸時代の終わりに外国から入ってきた新しい乗り物です。

本文

1 臨時の祭（ガ）、明後日とて、助（ガ）、にはかに舞人に**召さ**(尊敬)れ(受身)たり(完了)。2 これにつけて ぞ(強調(係))、（夫カラ）**めづらしき 文**（ガ）ある(結)。3「**いかがする**」などて、要るべき(当然)もの（ヲ）、みな、**物し** たり(存続)。

本文解釈

1（賀茂神社の）臨時の祭が、明後日ということで、助（＝道綱）が、急に舞人に **ご指名** を受けた。2 このことについて、（夫から）**めったにない 手紙** がある。3「（舞の支度は）**どうしているか**」などと言って、必要な物を、すべて、**用意して**ある。

4試楽の日、（夫ガ）あるやう（ハ）、「穢らひの暇なる《断定》ところなれ《断定》ば、内裏にもえ参る《謙譲》まじき《打消推量》を、参り《謙譲》来て（道綱ヲ）見出だし立てむ《意志》とするを、（アナタガ私ヲ）寄せたまふ《尊敬》まじか《打消意志まじかる》なれ《推定》ば、いかがすべから《適当》む《推量》、いとおぼつかなきこと」とあり。5（私ハ）胸つぶれて、「今さらに何せむ《意志》にか《反語(係)》」と思ふこと（ガ）、繁ければ、「とく装束きて、かしこへを参れ《謙譲》」とて、（道綱ヲ）急がし遣りたり《完了》けれ《過去》ば、まづぞ《強調(係)》うち泣かれ《自発》ける《過去(結)》。6（夫ハ道綱ト）もろともに立ちて、舞（ヲ）、ひとわたりならさせ《使役》て、（道綱ヲ宮中ニ）参ら《謙譲》せ《使役》て《完了》けり《過去》。

7祭の日、（私ハ）「いかがは見ざら《打消》む《意志》」とて出でたれ《完了》ば、北のつらに、なでふこともなき檳榔毛（ガ）、後、口、（簾ヲ）うち降ろして立てり《存続》。8口の方（ハ）、簾の下より、清げなる掻練に紫の織物（ガ）重なりたる《存続》袖（ガ）ぞ《強調(係)》、差し出でた《存続たる》める《推定(結)》。9「女車なり《断定》けり《詠嘆》」と見るところに、車の後の方にあたりたる《存続》人の家の門より、六位なる《断定》者の《同格》太刀（ヲ）佩きたる《存続》（者ガ）、

4試楽の日、（夫が手紙をよこして）言うことは、「穢れ（を忌むため）の**休み**をとっているところなので、**宮中**（で行われる試楽）にも**参上する**ことが**でき**ないだろうから、（あなたの邸へ）**参上し**て、（道綱を）**世話し**て送り出してやろうと思うが、（あなたが私を）近づけなさらないつもりのようなので、**どう**したらよいだろうか、**とても 気がかりなこと**よ」と言う。5（私は）**胸がしめつけられ**て、「いまさら**何のために**（夫は来るというのか、いや、来る必要はない）」と思うことが、**しきりである**ので、「**早く**支度をして、あちら（＝夫の邸）へ**参上せよ**」といって、（道綱を）急がせて**行かせ**たところ、すぐに自然と涙が出てきた。6（夫は道綱と）一緒に立って、舞を、ひととおり練習させて（道綱を宮中へ）**参上さ**せた。

7祭の日、（私は）「**どうして**見ないでいられようか（いや、いられない）」と思って出かけたところ、（大路の）北側に、**何という**こともない（平凡な）檳榔毛《びろうげ》（の牛車）が、後ろも、前も、（簾を）下ろして止まっている。8前の方は、簾の下から、**きれいな**掻練《かいねり》に紫の絹織物が重なっている袖が、こぼれ出ているようだ。9「女車だったのだなあ」と思って見ているところに、牛車の後ろの方に面している人の家の門から、六位の者で太刀を腰につけている者が、威儀を正して出て来て、（牛車の）前の方にひざまずいて何かを言うので、**はっとし**て注意して見ると、その者（＝六位の者）が出て来た牛車のもとには、赤い（上着の五位の）人や、黒い（上

ふるまひ出で来て、（牛車ノ）前の方にひざまづきて物を言ふに、**驚き**て目をとどめて見れば、かれが出で来つる《完了》車のもとには、赤き人、黒き人（ガ）、おしこりて、数も知らぬ《打消》ほどに立てり《存続》けり《過去》。⑩よく見もて行けば、見し《過去》人びとの《主格》あるなり《断定》けり《詠嘆》と思ふ。

⑪**例の**年よりは、こと（ガ）**疾う**《く》なりて、上達部の車（ヤ）、かい《き》連れて来る者（ハ）、皆、かれを見てなる《断定》べし《推量》、そこに止まりて、同じ所に口を集へて立ちたり《存続》。

⑫我が思ふ人（ハ）、にはかに出でたる《完了》ほどよりは、供人などもきらぎらしう《く》見えたり《完了》。⑬上達部（ガ）、手ごとに果物など（ヲ）差し出でつつ、（道綱ニ）物（ヲ）言ひなどしたまへ《尊敬》ば、（私ハ）面立たしき心地（ガ）す。

⑭また、古めかしき人も、**例**の《比喩》、許され《受身》ぬ《打消》ことにて、山吹の中にある（ノ）を、うち散りたる《存続》中に、（夫ガ）さし分きてとらへさせ《使役》て、かのうちより酒など（ヲ）取り出でたれ《存続》ば、（父ガ）土器（ヲ）差しかけられ《受身》などする（ノ）を見れば、ただその片時ばかりや《疑問(係)》、（私ハ）ゆく心もありけむ《過去推量(結)》。

着の四位の）人が、ぎっしりと集まって、数もわからないくらいに（たくさん）立っていた。⑩（一人一人を）よく見てゆくと、見たことのある人々がいるのであったのだなあと思う。

⑪**いつもの**年よりは、行事が**早く**進行して、上達部《かんだちめ》の牛車や、連れ立って来る者は、みんな、それ（＝集まって立っている人々）を見てであろう、そこに立ち止まって、同じ所に前をそろえて車を止めている。

⑫私の心配している人（＝道綱）は、急に（指名を受けて）出たわりには、供人なども立派に見えた。⑬上達部が、手に手に食べ物などをさし出しては、（道綱に）何か言葉をかけたりなさるので、（私は）晴れがましい感じがする。⑭また、古風な人（＝私の父）も、**例によって**、（自分の官位では上達部と一緒にいるのは）許されないこととして、山吹（を頭に飾っている楽人たち）の中に（混じって）いるのを、あちこちに散らばっている（その人々の）中から、（夫が）特に区別してつかまえさせて、その（家の）中から酒などを出していたので、（父が）盃《さかずき》をさされなどするのを見ると、ただそのわずかな間だけは、（私は）満足する思いもあっただろうか。

設問解説

問一 難 ア上に「内裏にもえ参るまじきを」とあるので、1は×。兼家が自分の邸に行くことを「参り来」と謙譲表現するのもヘンなので、3も×。正解は2。ただし、アの主語を「道綱」と見なすと、3でもいいような気がする。しかし、そうすると、アは自敬表現（この「ことば」に注目！参照）になって、少し疑問符（？）がつく。下の「寄せたまふまじかなれば」に注意すると、この主語はやはり「兼家」。「来」は〈来る〉ではなく〈行く〉という意味。自分ではなく相手にウェイトを置くと、〈行く〉ことを「来《く》」という。これは英語の〈come〉に「行く」という意味があるのと同じ。イ下の「急がし遣りたりければ」に注目すると、「とく装束《さうぞ》きて、かしこへを参れ」は筆者が道綱に言ったことばだとわかる。ここで道綱が「参る」先は「かしこ」（あちら）。リード文を読むと、兼家が道綱に「祭の予行演習である試楽《しがく》の前に舞を教えた」ことがわかる。「かしこ」は「兼家の邸」を指す。正解は3。ウやはりリード文から、兼家が道綱に「舞、ひとわたりならさせて」試楽に「参らせ」たのだとわかる。正解は1。しかし、この一文の冒頭にある「もろともに立ちて」が曲者《くせもの》。その場に居合わせない筆者になぜそうのようなことがわかるのか？筆者は透視術の持ち主なのか？ありえない！と思うと、3になる。……線が引かれた一文は、「『とく装束《さうぞ》きて、かしこへを参れ』とて、急がし遣りたりければ」を説明し直した文なのだ！たしかに古文の文章にはしばしばそういう文がある。同じ場面を再度詳しく述べた文。ただそう読むと、「もろともに立ちて」がやはりヘン。身分の高い女性が立ち上がって手取り足取り人に舞を教えることがあるのか？ありえない！当時貴族の女性は室内では座っているのがふつう。移動するときも座ったまま移動する（これを「居《ゐ》去《ざ》る」という）。ここは、やはり兼家が道綱を宮中に「参らせ」たと読むのが穏当。では、なぜ、その場に居合わせていなかった筆者が「もろともに立ちて」などと目にしたようなことが言えるのか？ それは『蜻蛉日記』は、「日記」といっても「回想録」だから。その日の出来事をその日のうちに記したものではない。過ぎ去った出来事をあとから思い起こして書いたものである。その場にいなくても、あとから得た情報を書き込むことができるのである。

問二 標準 ポイントは「なでふ」。「なでふ」は「なんでふ」ともいうが、品詞的には「連体詞」と「副詞」とがある。「連体詞」ならば〈何という〉、「副詞」ならば〈どうして〉という意味になる。ここは、下の「こと」、つまり「体言」を修飾しているので「連体詞」。「なでふこと」で「何ということ」という意味を表している。これをふまえて、エを直訳すると「何ということもない（檳《び》榔毛《らうげ》）」。とりたてていうほどのこともない牛車だといっているのだ。正解は3。

問三 易 「立てる」という動詞は古語にはないので、「立てり」は「立て＋り」。「り」は完了・存続の助動詞。この助動詞は、四段活用動詞の已然形（命令形）かサ行変格活用動詞の未然形にしか付かない。正解は4。

問四 標準 第一段落の冒頭の文「臨時の祭、明後日《あさて》とて、助、にはかに舞人に召されたり」に注目すると、カの中の「我が思ふ人、にはかに出でたるほど」は、道綱（助）が、賀茂神社の祭の舞人に急に選ばれたことを言っていることがわかる。正解は5。

問五 やや難 筆者の胸がつぶれたのは、試楽の日に、夫の兼家が「穢《けが》らひの暇《いとま》なるところなれば、……いとおぼつかなきこと」[4]と言ってきたから。兼家は、装束など必要なものは前日にみな用意している[3]。すると、試楽の日に兼家が筆者に言ってきたことは、祭の予行演習である試楽の前に道綱に舞を教えたい、ということだとわかる（リード文に注目！）。これをふまえて、各選択肢を検討すると、3が正解だとわかる。1は「この時ばかりは夫がしきりに金品の援助を言うので」が×。2は「時間をもてあまし、ひまつぶしに」が×。4は「夫が重ねて準備のことを言ってきて」が×。5は「援助をしようという」が×。なお、「胸つぶる」は〈❶（驚いて）胸がドキッとする、❷（悲しみや心配事で）心がしめつけられる〉という意味の慣用句。この言葉の意味からも○なのは3だけ。

問六 やや易 傍線部Bを解釈すると「どうして見ないでいられようか（いや、いられない）」。傍線部をこう正しく解釈して、説明しているのは1だけ。また「祭の日」に「いかがは見ざらむ」として家を出たのは「筆者」。筆者は賀茂神社の祭りの日にいったい何を見るために外出したのか？それは、もちろん、舞人に選ばれた息子道綱の晴れ姿を見るため。正解は1である。

問七 難 それぞれの選択肢を「……ので（から）」の部分と「……と推測した」の部分の二つに分けてみる。分けて見比べると、傍線部Cは、筆者が推測した内容ではなく、「……ので（から）」の部分、つまり「推測のよりどころ」であることがわかる。「見し人びとのあるなりけり（＝見たことのある人々がいるのであったのだなあ）」と気がついて、筆者は何かを推測したのである。これをふまえて、各選択肢が傍線部Cをどう解釈しているかを見てみよう。1「取り巻く官吏たちも有名なので」、

2「車を取り巻く人びとの態度や顔から」、3「実際に来た車を取り巻く人びとの顔ぶれから」、4「車を取り巻く人びとの顔に見覚えがあったので」、5「車を取り巻く人びとは中流であり、兼家と一緒に働いている人もいたので」。傍線部Cを正しく解釈しているのは4だけ。正解は4である。

問八 やや易　傍線部Dのすぐ上の「たまへば」に注目。「たまへ」はハ行四段活用動詞「たまふ」の已然形、「ば」は接続助詞。「已然形＋ば」→「順接確定条件」→「原因・理由」（〜から、〜ので）。設問は傍線部Dの理由説明なので、「上達部、手ごとに果物など差し出でつつ、物言ひなどしたまへば」を30字以内でまとめればよいことになる。ただし、上達部が「手ごとに果物など差し出でつつ、物言ひなどし」た相手は、筆者ではなく道綱であることに注意。

20 宇治拾遺物語

評価

50〜40点→ 合格圏
39〜31点→ まあまあ
30〜0点→ がんばれ

解答

（50点満点）

問一 ⑤ （3点）
問二 ア ける イ けれ （各3点）
問三 B たいへんな（はなはだしい） D つまらない（いわれがない） （各5点）
問四 3 （4点）
問五 E 2 F 1 （各5点）
問六 2 （5点）
問七 3 （4点）
問八 5 （5点）
問九 2 （3点）

出典

作品名 『宇治拾遺物語《うじしゅうい》』 作者 未詳
ジャンル 説話 時代 鎌倉時代前期

本文解説

主人公は、ある聖。「聖《ひじり》」とは、「徳の高い僧」、「諸国をめぐって修行をする僧」、「一般的な僧」などを表す。ここでは「徳の高い僧」の意味。しかしこの聖、昔はかなりの悪人だった。罪を犯し、七回も牢屋《ろうや》に入った。そこで七回目に、検非違使《けびいし》たちは刑罰として足を切ってしまおうと考えた。「検非違使」は警察官であり、裁判官でもあるような人。そして今にも足を切ろうとした時、「相人《そうにん》」が現れる。「相人」とは、人相を見る人。今でも手相でその人の運勢を見たりするが、この時代は人の顔つき、人相を見てその人の運勢を占った。『源氏物語』でも主人公の光源氏が子どもの頃、相人が占う場面がある。そしてその相人の言葉を父である天皇が聞き、光源氏に皇族ではなく貴族として生きる道を選ばせた。このように、相人の占いは人々が信頼する重要なものなのだ。さてその相人が、足を切られようとしている悪人を許すように言う。その理由は、この悪人は「往生すべき相」がある人だから。人はこの現世で死んだら来世でまた生まれ変わる。「六道《ろくどう》」という六つの世界のどれかに生まれ変わるのがふつうだが、人々が一番生まれ変わって行きたいのが、苦しみのない「浄土」。浄土に生まれ変わることを、「往生」と言う。これはえらいお坊さんでもなかなか出来ることではない。それなのに、こんな悪人が往生できるなんて⁉誰も相人の言うことを信じず、再び足を切ろうとした時、相人は自分の体でそれを防ぎ、「この人の足を切るなら私の足を切れ！」とわめいた。そこまで捨て身で言われたら…。すぐれた相人だったこともあって、報告を受けた検非違使の長官は悪人を許した。その後悪人は出家し、すぐれた僧となり、最初に書かれていた「菩提講《ぼだいこう》」を始めた。「菩提講」は浄土に往生するために法華経の講義をする会である。それにしても、あの悪人がこんなに立派な人になるなんて…。結局相人の言ったとおり、この悪人はその後往生を遂げた。すぐれた相人は、並の人では見抜けない運命を見抜く力があるのだ。

本文

1東北院の菩提講（ヲ）始め ける（過去） 聖は、もとは**いみじき**悪人 にて（断定）、人屋に七度 ぞ（強調（係）） 入り たり（存続） ける（過去（結））。2七度といひ ける（過去） たび、検非違使ども（ガ）集りて、「これは**いみじき**悪人 なり（断定）。一二度人屋に**居** ん（婉曲）（コト）

この「ことば」に注目！

◆**「往生」** 「往生」とは「極楽往生」のこと。「極楽に往って生まれること」。「極楽」は「浄土」（仏の住む国土）の一つ（「浄土」はあちこちにある）。「極楽」は西にあるので「西方《さいほう》浄土」ともいう。ここの仏は阿弥陀仏《あみだぶつ》。たとえ悪人であっても、改心して帰依《きえ》すれば、救ってくれる。「救う」とは、阿弥陀仏が極楽浄土に迎えてくれる、ということ。つまり、阿弥陀仏に帰依する人は誰でも「往生」できるのだ。もちろん、ウソやうわべの信心ではダメ。真心から帰依しなければダメである。そして、死に臨《りん》んだときに、心を乱すことなく、阿弥陀仏の慈悲を信じて（これを「臨終正念《じゅうしょうねん》」という）「南無《なむ》阿弥陀仏」と唱えれば（これを「念仏」という）、その人は極楽往生するのである。「南無阿弥陀仏」の「南無」はサンスクリット語（古代インド語）〈namo〉の音訳。〈namo〉は〈わたしは帰依します〉という意味。「南無阿弥陀仏」。「わたしは帰依します！阿弥陀様」。

本文解釈

1東北院の菩提講を始めた聖は、もともとは **たいへんな** 悪人で、牢屋に七回入っていた。2七回目とい（うことで牢屋に入）った時、検非違使たちが集まって、「こいつは **たいへんな** 悪人だ。一二回牢屋に **留まる** ようなことさえ人としては良いはずのことか（いや、良いはずがない）。まして数

だに人としてはよかるべき事かは。ましていくそばくの犯をして、かく七度まで（牢屋ニ入ルノ）は、あさましくゆゆしき事なり。この度これが足（ヲ）斬りてん」と定めて、足（ヲ）斬りに率て行きて、斬らんとする程に、3いみじき相人（ガ）ありけり。それが物へ行きけるが、この足（ヲ）斬らんとする者に寄りていふやう（ハ）、「この人（ヲ）おのれに許されよ。これは必ず往生すべき相（ガ）ある人なり」といひければ、4（斬ロウトスル者ハ）「よしなき事（ヲ）いふ、物も覚えぬ相（ヲ）する御坊かな」といひて、ただ斬りに斬らんとすれば、5（人相見ハ）その斬らんとする足の上にのぼりて、「この足のかはりに我が足を斬れ。往生すべき相（ガ）ある者の足（ヲ）斬られては、いかでか見んや。おうおう」とをめきければ、6斬らんとする者ども（ハ）、しあつかひて、検非違使に、「かうかうの事（ガ）侍り」といひければ、やんごとなき相人のいふ事なれば、さすがに用ひずもなくて、別当に、「かかる事（ガ）なんある」と申し

多くの犯罪をして、このように七回までも（牢屋に入るの）は、あきれてとんでもないことだ。今回こいつの足を切ってしまおう」と決めて、足を切りに連れて行って、切ろうとするときに、3たいへんすぐれた人相見がいた。その人がどこかへ行くところだったが、この足を切ろうとする者に近寄って言うことは、「この人を私に免じてお許しください。この人は必ず極楽往生するはずの人相がある人だ」と言ったところ、4（切ろうとする者は）「つまらないことを言う、わけのわからない占いをするお坊様だなあ」と言って、ただもうとにかく切ろうとするので、5（人相見は）その切ろうとする足の上にのぼって、「この足の代わりに私の足を切れ。極楽往生するはずの人相がある者の足を切られて、どうして見ていようか（いや、黙って見てはいられない）。おうおう」とわめいたので、6切ろうとする者たちは、扱いに困って、検非違使に、「これこれのことがあります」と言ったところ、すぐれた人相見が言うことなので、そうはいってもやはり尊重しないわけでもなくて、別当に、「こういうことがある」と申し上げたところ、「それなら許してしまえ」ということで許された。7そのときこの盗人は、信仰心を起こして法師になって、たいへんすぐれた聖になって、この菩提講を始めたのである。8占いが当たって、たいへんすばらしく最期《さいご》を迎えて死んだ。

9こういうわけなので、功績を挙げるような人は、その人相があっても、並大抵の人相見が見てわかることでもな

けれ《過去》ば、「さらば許してよ《完了》」とて許され《受身》に《完了》けり《過去》。7 その時この盗人(ハ)、心(ヲ)おこして法師になりて、**いみじき**聖になりて、この菩提講は始めたる《完了》なり《断定》。8 相(ガ)かなひて、**いみじく**終(ヲ)とりてこそ《強調(係)》**失せ**に《完了》けれ《過去(結)》。

9 かかれば、高名せんずる《婉曲》人は、その相(ガ)ありとも、**おぼろけ**の相人の《主格》見る事に《断定》てもあらざり《打消》けり《過去》。10(コノ聖ガ)始め置きたる《完了》講も、今日まで絶えぬ《打消》(ノ)は、まことに**あはれなる**事なり《断定》かし《念押し》。

設問解説

問一 易 「聖」(傍線部A)が「もとはいみじき悪人」であったことを押さえる。その上で「その時この盗人、心おこして法師になりて、いみじき聖になりて、この菩提講は始めたるなり」(7)に注目する。

問二 易 ア は上の「人屋に七度ぞ」の係助詞「ぞ」に注目する。「ぞ～連体形」。「係り結びの法則」である。イ は上の「終《をはり》をとりてこそ」の係助詞「こそ」に注目する。「こそ～已然形」。これも「係り結びの法則」。

かった。10(この聖が)始めた菩提講も、今日まで途絶えることがないのは、本当に**しみじみ感慨深い**ことだよ。

問三 易 Bは、シク活用形容詞「いみじ」の連体形。「いみじ」は、〈程度がはなはだしい〉ことをいう言葉。基本的な単語である。ここは、下の「悪人」(名詞)につながるように「たいへんな」などと訳す。「はなはだしい」と訳してもかまわない。Dは、ク活用形容詞「よしなし」の連体形。「よしなし」は〈❶つまらない、❷いわれがない〉という意味の重要単語。ここはどちらで訳してもかまわない。

問四 標準 「あさましく」は、シク活用形容詞「あさまし」の連用形。「あさまし」は〈❶驚きあきれるほどだ、意外だ、❷情けない、嘆かわしい、❸ひどく、はなはだしく〉という意味の語。重要単語である。この語の現代語訳として○なのは1・2・3・5。×は4だけ。「ゆゆしき」は、シク活用形容詞「ゆゆし」の連体形。「ゆゆし」は〈❶不吉だ、縁起でもない、❷すばらしい、立派だ、❸はなはだしい、並々でない、❹恐ろしい、怖い〉という意味の語。これも重要単語。この語の現代語訳として○なのは3と4だけ。ほかは×。正解は3。

問五 易　Eの主語は「この足のかはりに我が足を斬れ。……おうおう」と叫んだ人。つまり「相人」（2）。Fの主語は「（やんごとなき相人のいふ事なれば）、さすがに用ひずもなくて」の主語と同じ人。つまり「検非違使」（1）。

問六 標準　別当が悪人を許したのは、検非違使から「かかる事なんある」と報告を受けたから。この「かかる事」は、「斬らんとする者ども」が検非違使にした報告「かうかうの事侍り」の「かうかうの事」と同じ内容。悪人の足を斬ろうとしている者たちは何を検非違使に報告したのか？「しあつかひて」（＝扱いに困って）に注目すると、相人の言動であることがわかる。相人は「いみじき相人」「やんごとなき相人」である。正解は2。

問七 易　「おぼろけ」はナリ活用形容動詞「おぼろけなり」の語幹。それに助詞「の」が付いて、「おぼろけの」で下の「相人」を修飾している。「おぼろけなり」は少しやっかいな語。〈❶並大抵だ、ありきたりだ、❷並々でない、格別だ〉と正反対の意味がある。どちらの意味で使われているかは文脈次第。傍線部Hの語義として○なのは3と5。それぞれを傍線部に代入して、Hの引かれた一文を解釈してみる。正解は3。

問八 易　正解は5。「相人の判断によって」が×。悪人（聖・盗人）を許す判断をしたのは別当。相人の言動はその判断材料。

問九 やや易　1『平家《へいけ》物語』は鎌倉時代前期の軍記物語。2『発心集《ほっしんしゅう》』は鎌倉時代初期の説話集。3『源氏《げんじ》物語』は平安時代中期の作り物語。4『義経記《ぎけいき》』は室町時代前期の軍記物語。5『方丈記《ほうじょうき》』は鎌倉時代初期の随筆。正解は2。

25720

河合塾
SERIES

「有名」私大
古文演習

河合塾講師
池田修二・太田善之・藤澤咲良・宮崎昌喜＝共著

問題編

河合出版

「有名」私大
古文演習

問題編

河合出版

目次

1 つぎの文章を読んで、後の問いに答えよ。

解答時間20分

雪のおもしろう降りたりし朝《あした》、人のがりいふべき事ありて、文《ふみ》をやるとて、雪の事何とも言はざりし返事《かへりごと》に、「この雪いかが見ると、一筆《ひとふで》のたまはせぬほどのⓐひがひがしからむ人の、仰せらるる事、ⓑ聞き入るべきかは。かへすがへす口惜しき御心なり」と言ひたりし［ア］、をかしかりしか。

今はなき人なれば、Ⓐかばかりの事も忘れがたし。

九月《ながつき》二十日《はつか》の頃、ある人に誘はれ(1)奉りて、明くるまで月見ありく事(2)侍りしに、おぼし出づる所ありて、①案内せさせて入り(3)給ひぬ。荒れたる庭の露しげきに、わざとならぬ匂ひしめやかにうち薫りて、しのびたるけはひ、いとものあはれなり。

よきほどにて出で給ひぬれど、なほ事ざまのⓒ優におぼえて、物の隠れよりしばし見ゐたるに、妻戸をいま少し②押しあけて、月見る気色なり。やがて掛け籠らましかば、口惜しからまし。後まで見る人ありとは、いかでか知らむ。Ⓑかやうの事は、ただ朝夕の心づかひによるべし。

その人ほどなく失《う》せにけり、と③聞き侍りし。

（『徒然草』第31・32段より）

問一　傍線部ⓐ「ひがひがしからむ人」ⓑ「聞き入るべきかは」ⓒ「優におぼえて」の意味として、最も適切なものをつぎの中からそれぞれ一つ選べ。

ⓐ　1　素直でない人　2　まともでない人　3　風流心がない人　4　みっともない人

ⓑ　1　聞き入れられまい　2　聞き入れてほしい　3　聞き入れてもよい　4　聞き入れるようだ

ⓒ　1　優雅に思われて　2　立派に思われて　3　心優しく思われて　4　殊勝に思われて

問二　空欄［ア］に入る最も適切な語をつぎの中から選べ。

a　ぞ　b　なむ　c　や　d　か　e　こそ　f　は　g　も

問三　傍線部①「案内せさせて」②「押しあけて」③「聞き侍りし」の主語をつぎの中からそれぞれ一つ選べ。

①　1　作者　2　ある人　3　ある家の主人

②　1　作者　2　ある人　3　ある家の主人

③　1　作者　2　ある人　3　ある家の主人

問四　傍線部⑴「奉り」⑵「侍り」⑶「給ひ」の敬語としての種類をつぎの中からそれぞれ一つ選べ。

⑴　a　尊敬　b　謙譲　c　丁寧

⑵　a　尊敬　b　謙譲　c　丁寧

⑶　a　尊敬　b　謙譲　c　丁寧

問五　傍線部Ⓐ「かばかりの事」とⒷ「かやうの事」の内容を、それぞれ三十字以内（句読点を含む）で現代語で記せ。

2 次の問題文を読み、後の問いに答えなさい。

解答時間20分

a南都《なんと》に、歯取る唐人《たうじん》有りき。ある在家人《ざいけにん》の、慳貪《けんどん》にして、利養《りやう》を先《さき》とし、事に触《ふ》れて、商《あきな》ひ心《ごころ》のみありて、b徳もありけるが、虫の食ひたる歯を取らせむとて、唐人がもとに行きぬ。歯一つ取るには、銭《ぜに》二文《にもん》に定めたるを、「一文《いちもん》にて取りてたべ」と云ふ。少分《せうぶん》の事なれば、ただも取るべけれども、c心様《こころざま》の憎さに、「アふつと、一文にては取らじ」と云ふ。やや久しく論ずる程に、おほかた取らざりければ、「さらば三文にて、歯二つ取り給へ」とて、虫も食はぬに良き歯を取り添へて、二つ取らせて、三文取らせつ。心には利分《りぶん》とこそ思ひけめども、疵《きず》なき歯を失《うしな》ひぬる、大きなる損なり。此《これ》は申すに及ばず、大きに愚かなる事、d嗚呼《をこ》がましきわざなり。

但《ただ》し、世間《せけん》の人の利養《りやう》の心深き、事に触れて利分を思ふ程に、因果《いんぐわ》の道理《だうり》も知らず、e当来《たうらい》の苦報《くほう》をも弁《わきま》へず、ただ眼前《がんぜん》のイ幻《まぼろし》の利《り》にふけりて、身の後《のち》の菩提《ぼだい》の財宝を失ひ、仏法の利を得《え》ざる事のみこそ多けれ。

上代《じやうだい》は人の心素直《すなほ》に、欲なくして善根《ぜんごん》を営《いとな》みしも、皆まことしき心に住《ぢゆう》しき。

（無住『沙石集』）

問一　傍線部a～eの説明・解釈として文脈上最も適切なものはどれか。次の①～④からそれぞれ一つずつ選べ。

a　① 奈良　② 京都　③ 大津　④ 大阪

b

①人徳もあったのに
②能力もあったので
③財産もあったのだが
④働きがありながらも

c

①少しでも安くという態度に感心して
②値切ろうとする性根がしゃくにさわって
③まけさせようという考えを見苦しく思って
④倹約をしようとする心意気をよしとして

d

①ふそんな態度である
②不届きなことである
③差し出がましい行いである
④ばかげた振る舞いである

e

①来世の辛く苦しいむくいも考えず
②今後の長い苦しい償いも知らないで
③以前からの辛い償いに弁明もしないで
④やがてくる日々の辛苦を乗り越えられず

問二　傍線部ア「ふつと」について、次の空白部に入るものを後の①～④からそれぞれ一つずつ選べ。
「ふつと」は［X］であり、同様の意味・用法で使われている言葉は［Y］である

［X］　①　接続詞　②　形容詞　③　副詞　④　感動詞

［Y］　①　やや　②　おほかた　③　さらば　④　但し

問三　傍線部イ「幻の利」とは具体的に何を指しているか。次の①～④から最も適切なものを一つ選べ。

①　因果の道理　②　来世の利　③　仏法の利　④　この世の利

問四　問題文の内容を説明したものとして最も適切なものはどれか。次の①～④から一つ選べ。

①　近視眼的利益の追求が大損を生むという笑い話を用いて、仏法の利を求めるべきことを説いている。
②　欲深い者を治す薬はないが、何人も救う仏法では治せることを述べている。
③　利益を追求するあまり元も子もなくしてしまうことを、因果応報の理で説明している。
④　現今は現世利益に重ねて仏法の利をも求める人のみで、上代人のような誠実な心を持つ人がいなくなったことを嘆いている。

問五　『沙石集』と同じ仏教説話集を次の①～④から一つ選べ。

①　十訓抄　②　宝物集　③　宇治拾遺物語　④　古今著聞集

3 次の文章を読んで、後の問に答えよ。

解答時間20分

鳥羽院(注1)の御時、鵺《ぬえ》と申す化鳥《けてう》が竹の御坪(注2)に鳴くこと、たび重なりければ、天聴(注3)をおどろかしたてまつる。公《く》卿《ぎやう》詮議《せんぎ》あつて、武士に仰せて射るべきに定まりて、頼政(注4)を召して、「仕《つかまつ》れ」と、仰せくださる。昔より、内裏を守護して奉公しける間、(1)辞し申すに及ばず、「かしこまりて承りさうらひぬ」とて、仕るべきになりぬ。頼政思ひけるは、「今朝、八幡(注5)へ参りたりつるが、最後にてありけり。これを射外しつるものならば、(2)弓と髻《もとどり》とは、ただいま切り捨てんずるものを」とて、「八幡大菩薩《ぼさつ》、(3)源氏を捨てさせたまはずは、弓矢にたちかけり守らせたまへ」と、祈誓して、重籐《しげどう》の弓に、鏑矢《かぶらや》二筋取り具して、竹の坪へ参る。見物の上下諸人、目もあへず見るほどに、夜更け、人しづまりて後、例の化鳥、二声ばかり訪れて、雲居《くもゐ》はるかに飛び上がる。頼政押ししづめて、一の矢に大きなる鏑をうちくはせて、よつ引きて、しばしかためて、ひやうど(4)射たり。大鳴りして、雲の上へあがりければ、化鳥、鏑の音におどろきて、上へはあがらず、下へ違ひて飛び下がる。頼政これを見て、二の矢に小鏑を取りてつがひ、小引きに引きて差し当て、ひやうど射たり。ひふつと、真中を射切つて落としたり。(5)手もとにこたへて覚えければ、「得たり。おふ」と、矢叫びする。

太上天皇、御感のあまりに、御衣を一襲《かさね》、かづけさせおはしますとて、御前の階《きざはし》をなかばかり下りたまふ。ころは五月の二十日あまりのことなるに、左大臣(6)しばしやすらひて、

五月闇《やみ》 A をあらはせる今宵《こよひ》かな

と、連歌をしかけられたりければ、御階に右の膝《ひざ》をつきて、左の袖《そで》を広げて、御衣を賜るとて、頼政、好むくち

なれば、

　たそがれ時も過ぎぬと思ふに

とぞ、付けたりける。左大臣これを(7)聞こしめして、あまりのおもしろさに、立ち帰らせたまはず、しばしやすらひて、

　五月闇 [A] をあらはせる今宵かなたそがれ時も過ぎぬと思ふに

と、押し返し押し返し詠じたまひたりけり。「昔の養由(注6)は、雲の外に雁《かり》を聞きて、寄る声を射る。今の頼政は、雨の中に鵺を得たり」とぞ、ほめたりける。

（長門本『平家物語』による）

（注）1　鳥羽院……鳥羽上皇（一一〇三〜一一五六）。後出の「太上天皇」も同じ人。

2　竹の御坪……宮中の中庭。

3　天聴をおどろかしたてまつる……ここでは、鳥羽院を動転させた意。

4　頼政……源頼政（一一〇四〜一一八〇）。

5　八幡……源氏が信奉する八幡神。後出の「八幡大菩薩」は神仏混淆《こんこう》による称。

6　養由……中国の春秋時代の弓の名人。

問一　傍線(1)「辞し申すに及ばず」の意味として、最も適当なものを、次のア〜オの中から選べ。

ア　謝辞を申しあげることもできないで
イ　美辞麗句で答えるまでもないので
ウ　辞職を申し出るまでもないので
エ　ためらっている場合ではないので
オ　お断り申しあげることもできないで

問二　傍線(2)「弓と髻とは、ただいま切り捨てんずるものを」とあるが、それはどういうことか。最も適当なものを、次のア〜カの中から選べ。

ア　すぐに武士であることを辞め、髪を剃《そ》って出家してしまうつもりだ、ということ
イ　すぐに武士であることを辞め、髪を剃って出家してしまうだろう、ということ
ウ　すぐに弓の弦と髪を切って、八幡の神に奉納するつもりだ、ということ
エ　すぐに弓の弦と髪を切って、八幡の神に奉納するだろう、ということ
オ　すぐに弓矢も捨てず、伸び放題の髪を切るつもりもない、ということ
カ　すぐに弓矢も捨てず、伸び放題の髪も切らないだろう、ということ

問三　傍線(3)「源氏を捨てさせたまはずは」の意味として、最も適当なものを、次のア〜カの中から選べ。

ア　八幡の神が、源氏をお見捨てにならないのであれば
イ　八幡の神が、朝廷に源氏を見捨てさせようとなさらないのは
ウ　八幡の神が、私に源氏の家を捨てて出家させようとなさらないのは
エ　朝廷が、源氏をお見捨てにならないのは
オ　朝廷が、源氏をお見捨てにならないのであれば
カ　朝廷が、私に源氏の家を捨てて出家させようとなさらないのであれば

問四　傍線(4)「射」の動詞の活用の種類として、正しいものを、次のア〜カの中から一つ選べ。

ア　ア行下一段活用　　イ　タ行下二段活用　　ウ　ヤ行上一段活用
エ　ラ行四段活用　　オ　ラ行変格活用　　カ　ワ行上二段活用

問五　傍線(5)「手もとにこたへて覚えければ」の意味として、最も適当なものを、次のア〜オの中から選べ。

ア　自分に伝わってくる振動におどろいて
イ　配下の武士の返事に聞き覚えがあったので
ウ　確かな手ごたえがあったように感じられたので
エ　近くで見守る人々の歓声にこたえようと思って
オ　神のご意思を身近に感じることができれば

問六　傍線(6)「しばしやすらひて」の意味として、最も適当なものを、次のア～オの中から選べ。

ア　一休みしてから　イ　しばらくたたずんで　ウ　少しも間をおかないで

エ　少し悩んだからだろうか　オ　しばらくしてからだろうか

問七　傍線(7)「聞こしめし」の敬語の説明として、正しいものを、次のア～カの中から一つ選べ。

ア　鳥羽院に対する尊敬語　イ　頼政に対する尊敬語　ウ　左大臣に対する尊敬語

エ　鳥羽院に対する謙譲語　オ　頼政に対する謙譲語　カ　左大臣に対する謙譲語

問八　文中の二箇所の空欄 A には同じ言葉が入る。その言葉として最も適当なものを、次のア～オの中から選べ。

ア　名　イ　音《ね》　ウ　身　エ　夜《よ》　オ　矢

問九　『平家物語』と同じジャンルに属する作品を、次のア～カの中から一つ選べ。

ア　奥の細道　イ　源氏物語　ウ　今昔物語集　エ　太平記

オ　南総里見八犬伝　カ　枕草子

4 次の文章を読んで、後の問いに答えなさい。

解答時間20分

つごもりの夜、追儺《ついな》は(a)いととく果てぬれば、歯黒めつけなど、(b)はかなきつくろひどもすとて、うちとけ居たるに、内侍《ないし》来て、物語りして、臥《ふ》し給へり。内匠《たくみ》の蔵人《くらうど》は長押《なげし》の下《しも》に居て、あてきが縫ふ物の、かさねひねり教へなど、つくづくとし居たるに、御前の方にいみじくののしる。内侍起こせど、とみにも起きず。人の泣き騒ぐ音の聞こゆるに、いとゆゆしく、ものもおぼえず。火かと思へど、さにはあらず。「内匠の君、いざ、いざ」と、先におしたてて、「ともかうも、宮、下《しも》におはします、まづ参りて見奉らむ」と、内侍をあららかにつき(あ)おどろかして、三人ふるふふるふ、足も空にて参りたれば、はだかなる人ぞ(1)二人居たる。靫負《ゆげひ》、小兵部《こひやうぶ》なりけり。(c)かくなりけりと見るに、いよいよむくつけし。御厨子所《みづしどころ》の人もみな出《い》で、宮のさぶらひも、滝口も、儺《な》やらひ果てけるままに、みな(い)まかでてけり。手を叩《たた》きののしれど、いらへする人もなし。つらきことかぎりなし。

式部の丞資業《じようすけなり》ぞ参りて、ところどころのさし油ども、ただひとりさし入れられてありく。人々、ものおぼえず、向ひ居たるもあり。上よりの御使ひなどあり。いみじう(2)おそろしうこそ侍りしか。納殿《をさめどの》にある御衣をとり出《い》でさせて、(う)この人々にたまふ。ついたちの装束は取らざりければ、(d)さりげもなくてあれど、はだか姿は(3)忘られず、おそろしきものから、をかしうとも言はず。

(『紫式部日記』)

(注) ○追儺・儺やらひ……疫病を追い払う、宮中の行事。

○内侍・内匠の蔵人・靫負・小兵部……いずれも中宮に仕える女房の呼び名。

○長押……敷居の側面に添えた化粧板。母屋《もや》と廂《ひさし》との間仕切りになる。
○あてき……中宮に仕える童女の呼び名。 ○かさねひねり……衣服の袖口や裾《すそ》の縫い方。
○御前……中宮。 ○宮、下に……中宮が、お居間に。 ○御厨子所……宮中の、食事を調える所。
○滝口……宮中の警護にあたる武士。 ○上……天皇。

問一　傍線部(a)を口語訳しなさい。

問二　傍線部(b)・(d)の口語訳として最もふさわしいものを、次のア～オの中からそれぞれ一つずつ選びなさい。

(b)
ア　ちょっとした化粧をする
イ　か弱い身体の手当てをする
ウ　しても無駄なごまかしをする
エ　傷みやすい衣装のほころびを直す
オ　無為に過ぎた今年の締めくくりをする

(d)
ア　私は安堵《あんど》しているのだけれど
イ　私はそ知らぬふりをしているけれど
ウ　皆わざとらしくない顔をしているけれど
エ　二人にとってはそれほど差し支えがないけれど
オ　二人は何もなかったようなふうをしているけれど

問三　傍線部(c)の表す内容として最もふさわしいものを、次のア～オの中から一つ選びなさい。

ア　新年を迎えるために、冷水を浴びようとしていたのであった。
イ　忍び入った賊に、着ている衣装を奪われてしまったのであった。
ウ　まわりに誰もいないことに乗じて、悪ふざけをしていたのであった。
エ　人々を脅かそうとして、先ほどの追儺のまねをしていたのであった。
オ　着ては脱ぎ着ては脱ぎして、正月用の衣装を夢中になって選んでいたのであった。

問四　二重傍線部(あ)「おどろかし」と同じ意味の動詞を、問題文中からそのまま抜き出しなさい。

問五　二重傍線部(い)「まかで」と反対の意味の動詞を、次のア～オの中から一つ選びなさい。

ア　出で　　イ　起き　　ウ　帰り　　エ　参り　　オ　ののしり

問六　二重傍線部(う)「この人々」と同じ人物を問題文中から探すと、次のア～オの中のどれになるか。一つ選びなさい。

ア　三人　　イ　はだかなる人　　ウ　御厨子所の人・宮のさぶらひ・滝口
エ　いらへする人　　オ　上よりの御使ひ

問七　波線部(1)「二人居たる」・(3)「忘られず」に含まれている動詞の、
　1　活用の行　　2　活用の種類　　3　活用形
は、それぞれ何か。該当するものを、次のア～カの中から一つずつ選びなさい。

1　ア　ア行　　イ　タ行　　ウ　ハ行

エ　ヤ行　　オ　ラ行　　カ　ワ行

2　ア　四段活用　　イ　上一段活用　　ウ　上二段活用

　　エ　下一段活用　　オ　下二段活用　　カ　変格活用

3　ア　未然形　　イ　連用形　　ウ　終止形

　　エ　連体形　　オ　已然形　　カ　命令形

問八　波線部(2)を、「こそ」を用いない言い方にするとどうなるか。次のア〜カの中から一つ選びなさい。

ア　おそろしう侍り　　イ　おそろしう侍りき

ウ　おそろしう侍りきか　　エ　おそろしう侍りし

オ　おそろしう侍りけり　　カ　おそろしう侍りけりか

5

上流貴族の子息である右馬佐《うまのすけ》は、按察使《あぜち》の大納言の姫君の評判を聞いて歌を書き贈ったところ、固い料紙に片かなで記した返歌があった。次の文章は、右馬佐が親友の中将と姫君の様子を見に出かけた場面である。これを読んで、あとの問いに答えよ。

解答時間30分

右馬佐、見給ひて、いとめづらか［X に］、さまことなる文《ふみ》かなと思ひて、[A]いかで見てしがなと思ひて、中将と言ひ合はせて、[B]あやしき女どもの姿を作りて、按察使の大納言の出で給へるほど[1]に、おはして、姫君の住み給ふかたの、北面《きたおもて》(注1)の立蔀《たてじとみ》(注2)のもと[2]にて見給へば、男の童《わらは》の、ことなることなき、草木どもにたたずみありきて、さて、言ふやうは、「この木[3]に、すべて、[a]いくらも[ア]ありくは。いとをかしきものかな」と。「これ御覧ぜよ」とて、簾《すだれ》を[イ]引き上げて、「いとおもしろき鳥毛虫《かはむし》こそ候《さぶら》へ」と言へば、さかしき声[4]にて、「いと興あることかな。こち持て来《こ》」と[ウ]のたまへば、「[C]取り分かつべくもはべらず。ただここもと、御覧ぜよ」と言へば、荒らかに踏みて出づ。

簾を押しはりて、枝を見はり給ふを見れば、頭《かしら》へ衣着《きぬ》あげて、［a］も、さがりば清げにはあれど、けづりつくろはねば［Y に］や、しぶげに見ゆるを、［b］いと黒く、はなばなとあざやかに、涼しげ[5]に見えたり。［c］つきも愛敬《あいぎやう》づきて、清げなれど、歯黒めつけねば、いと[b]世づかず。化粧《けさう》したらば、清げにはありぬべし、心憂《こころう》くもあるかなと[エ]おぼゆ。

かくまで[c]やつしたれど、見にくくなどはあらで、いと、さまことに、あざやかにけだかく、はれやか[6]なるさまぞ d あたらしき。(注3) 練色《ねりいろ》の、綾《あや》の(注4) 袿《うちき》ひとかさね、はたおりめ(注5)の小袿《こうちぎ》(注6)ひとかさね、白き [d] を好みて着たまへり。

この [e] を、いとよく見むと思ひて、さし出《い》でて、「あなめでたや。日にあぶらるるが苦しければ、こなたざま7に来る8なりけり。これを、一つも落さで、追ひおこせよ、童べ」とのたまへば、突き落せば、はらはらと落つ。白き [f] の、墨黒9に真名《まな》の手習《てなら》ひしたるをさし出《い》でて、「これに拾ひ入れよ」とのたまへば、童べ、取り入る。見る君達《きんだち》も e あさましう、さいなむあるわたりに、こよなくもあるかなと思ひて、この人を オ 思ひて、いみじと君は見給ふ。

(『堤中納言物語』)

(注) 1 北面……北向きの（裏側の）部屋。 2 立蔀……屋内が見えないよう地上に立てた衝立《つい》ての類。
3 練色……薄黄色。 4 袿……上着の下に着重ねた衣。
5 はたおりめ……キリギリス（の模様）。 6 小袿……上着の上にかけて着る衣。

問一 傍線部**ア**～**オ**の主語をそれぞれ次の中から選べ。（同じものを何度選んでもさしつかえない）

1 右馬佐　2 中将　3 君達　4 按察使の大納言
5 姫君　6 男の童　7 鳥毛虫

問二　X・Y二つの［に］と同じ品詞（またはその一部）は、文中の二重傍線部1～9のうちのどれか、Xについては二つ、Yについては一つ選べ。

問三　空欄［a］～［f］に入るべき語をそれぞれ次の中から選べ。（同じ語を二度用いることはない）

1　口　2　肌　3　虫　4　手　5　眉《まゆ》
6　扇《あふぎ》　7　目　8　袴《はかま》　9　文　10　髪

問四　傍線部a～eの語句の意味として適切なものを、あとにあげるものの中からそれぞれ一つずつ選べ。

a　いくらも
1　たくさん　2　どれくらい　3　たいして　4　ありったけ　5　どれほども

b　世づかず。
1　世間になじまない。　2　ありふれていない。　3　世情にうとい。
4　異様である。　5　世間並みでない。

c　やつしたれど、
1　落ちぶれて貧しくなったけれど、　2　尼になりたくて姿を変えてみたものの、
3　身だしなみは見ばえのしない様子でいるけれど、　4　やつれてやせ細ってしまったけれど、
5　容貌は貧相で見すぼらしい限りだが、

d　あたらしき。
1　風変わりでおもしろい。　2　流行の最先端である。　3　もったいないほどすばらしい。

4　残念で惜しい感じだ。　5　いかにも今風である。

e　あさましう、

1　すっかり興ざめがして、　2　驚きあきれて、　3　ばかばかしくなって、

4　思慮が浅くて、　5　あさはかだと感じて、

問五　波線部A〜Cの解釈として適切なものを、あとにあげるものの中からそれぞれ一つずつ選べ。

A　いかで見てしがな

1　どのように手紙を解したらよいものか。
2　何とかして姫君を一目見たいものだ。
3　どうして自分のことがすっかりわかってしまったのか。
4　そんな手紙をどうして今まで見たことがあるものか。
5　何としてでも姫君と結婚できたらいいなあ。

B　あやしき女どもの姿を作りて、

1　異様な女たちの姿を装って、
2　けしからぬ女の人形に似せて、
3　不思議な身なりの女たちの中にまぎれて、
4　身分の低い女の姿に身を変えて、
5　見苦しい女の作り物をこしらえて、

C 取り分かつべくもはべらず。ただここもと、御覧ぜよ。
1 とても取りきれたものではありません。あなたさまが直接ごらんになってはいかがでしょう。
2 木の肌と毛虫が区別できないくらいです。特にここがそうですが、ごらんに入れますよ。
3 いちいち区別して取ることができません。いっそのことここに出て来て、ごらんなさいませ。
4 つかまえて皆さんにお分けするほどはいません。ついここですから、ご一緒に見ましょう。
5 選び取ることができそうにもありません。私がすぐにお見せしますよ。

問六 右の文章のとらえ方として適切と思われるものを、次の中から**二つ**選べ。
1 姫君は言動も服装も化粧も全く異様で、大納言の姫君としての気品はまるでない。これは上流貴族への批判精神の表れである。
2 『源氏物語』に登場する姫君たちとは正反対の、奇想天外な女性像を描き出したのは、物語の読者が女性から男性へと拡大したことを作者が意識した結果である。
3 確かにこの姫君は女性としては相当変わったパーソナリティの持ち主であるが、その不思議な魅力にますますひかれていく右馬佐の、男性としての不可解な心理に作者は焦点を合わせたかったのである。
4 作者は右馬佐たちには女装をさせ、姫君はきわめて男性的に描いているが、この男女の転換は『とりかへばや物語』の手法とも共通し、平安末期物語の一つの傾向といえる。
5 男の童と毛虫を集めて遊ぶというような、女性であることを自覚しない姫君を描いて、一見その異常性に主眼を置くように見せて、実は幼児のような天真爛漫《らんまん》な純粋性を強調しようとしたものである。
6 この場面には、右馬佐たちが姫君の家の外から中の様子をのぞき見る、いわゆる「垣間見《かいまみ》」の手法が用いられ、彼らの目を通して姫君の意外な人間像を浮き彫りにしている。

7 姫君のこのような非社会性・変態性は、一部の好奇な読者に迎合するものでしかなく、新時代の文学創造に必ずしも結びつくものではなかった。

6 次の文を読み、後の問に答えよ。

解答時間30分

日は没《いり》しほどに、山深き夜のさま常ならね、石の床、木葉の衾《ふすま》いと寒く、神清骨冷《しんすみほねひえ》て、物とはなしに [1] ここちせらる。

月は出でしかど、茂きが林は影をもらさねば、あやなき闇にうらぶれて、眠るともなきに、まさしく、

「(注)円位　円位」とよぶ声す。

眼をひらきてすかし見れば、其の形異《さまこと》なる人の、背高く痩《や》せおとろへたるが、顔のかたち着たる衣の色紋《いろあや》も見えで、こなたにむかひて立てるを、西行もとより道心の法師なれば、恐ろしともなくて、

「こゝに来たるは誰《たそ》」と答ふ。かの人いふ。

「前《さき》によみつること葉のかへりこと聞えんとて 2A見えつるなり」とて、

　松山の浪にながれてこし船のやがてむなしくなりにけるかな

「3嬉しくもまうでつるよ」と聞ゆるに、新院の霊なることをしりて、地にぬかづき涙を流していふ。

「4さりとていかに迷はせ給ふや。濁世《ぢよくせ》を [5] し給ひつることのうらやましく侍りてこそ、今夜の法施《ほふせ》に2B随《ずい》縁《えん》したてまつるを、2C現形《げぎやう》し給ふはありがたくも悲しき御こゝろにし侍り。ひたぶるに隔生即忘《きやくしやうそくもう》して、仏果円《ぶつくわゑん》満《まん》の位に昇らせ給へ」

と、情をつくして6諫《いさ》め奉る。

（上田秋成『雨月物語』より）

（注）円位……西行法師の法名

問一　空欄［1］に入るもっとも適切な語を次から選べ。

イ　すさまじき　ロ　むつかしき　ハ　うるはしき　ニ　こころぐるしき

問二　傍線部2A、2B、2Cは誰の行為か。その組み合わせとしてもっとも適切なものを次から選べ。

イ　2A―西行　2B―西行　2C―新院の霊　ロ　2A―新院の霊　2B―西行　2C―西行

ハ　2A―西行　2B―新院の霊　2C―新院の霊　ニ　2A―新院の霊　2B―西行　2C―新院の霊

問三　傍線部3を、「まうでつる」の動作の主体を明示して現代語訳せよ。

問四　傍線部4の意味としてもっとも適切なものを次から選べ。

イ　それでこんな風に心を迷わすのですね。

ロ　お気持ちは分かりますが、どうして迷いでてきたのですか。

ハ　それにしても、どこから迷いでてきたのですか。

ニ　そうは言っても、心を迷わすことはありません。

問五　空欄［5］に入る語として、もっとも適切なものを次から選べ。

イ　大観　ロ　煩悩　ハ　厭離　ニ　無常　ホ　悲観

問六　傍線部6における、西行の新院の霊に対する「諫め」としてもっとも適切なものを次から選べ。

イ　西行は、新院の霊の返歌に反論して、仏門の掟を諭している。
ロ　西行は、自分を残して一人で霊界に旅立った新院の霊を非難している。
ハ　西行は、新院の霊の返歌の意味を汲んで、霊界にあっても仏門の修行に励むよう諭している。
ニ　西行は、新院の霊の返歌をあえて無視して、現世への執着を断つように勧めている。
ホ　西行は、新院の霊の返歌への礼として、現世の道理と仏の道を理解するよう諭している。

7 次の文章を読んで、後の問に答えなさい。

解答時間20分

わが身、父方の祖母の家を伝へて、久しく彼の所に住む。その後、縁欠け、身おとろへ、(1)しのぶかたがたしげかりしかど、つひにあととむる事をえず、三十あまりにして、更に、わが心と、一つの庵をむすぶ。これを(2)ありしすまひにならぶる(3)に、十分が一なり。居屋ばかりをかまへて、はかばかしく屋を作るに及ばず。わづかに築地を築けりといへども、門を建つるたづきなし。竹を柱として車をやどせり。雪降り、風吹くごとに、あやふからずしもあらず。所、河原近ければ、水難もふかく、白波のおそれもさわがし。

すべて、(4)あられぬ世を念じ過ぐしつつ、心をなやませる事、三十余年なり。その間、折り折りのたがひめ、おのづからみじかき運をさとりぬ。すなはち、五十の春を迎へて、家を出で、(5)世を背けり。もとより、妻子なければ、捨てがたきよすがもなし。身に官禄あらず、何に付けてか執をとどめむ。むなしく大原山の雲に臥《ふ》して、また五かへりの春秋をなん経に [(6)] 。

（『方丈記』による）

問一　傍線(1)「しのぶ」と同じ意味で用いられているものを左の中からひとつ選びなさい。

A　しのびなる所なりければ門よりしもえ入らで

B　なき人をしのぶるよひの村雨に

C　しめやかにうちかをりてしのびたるけはひ、いとものあはれなり

D　夜の雨風にまぎれて逸物のしのびを八幡山に入れて

問二　傍線(2)「ありしすまひ」はどのような所か。文中の語を用いて説明しなさい。

問三　傍線(3)「に」の文法上の意味として、もっとも適当と思うものを左の中から選びなさい。

A　接続助詞　B　格助詞　C　副詞の語尾

D　助動詞の連用形　E　形容動詞の語尾

問四　傍線(4)「あられぬ世を念じ過ぐしつつ」の解釈としてもっとも適当と思うものを左の中から選びなさい。

A　住みにくいこの世をがまんしてすごしてきて

B　あるはずのない世界を心に求めつづけてきて

C　死にむかうはずの世のことを仏に祈りながら

D　生きてはいけない世であることは承知しながら

問五　傍線(5)「世を背けり」とはどのようなことか。その説明としてもっとも不適当と思われるものを左の中から選びなさい。

A　法師になること　B　髪を剃ること　C　反抗してみること

D　様を変えること　　E　妻子を捨てること

問六　空欄 (6) に入れるのにもっとも適当と思うものを左の中から選びなさい。

A　けむ　　B　ける　　C　けり　　D　けれ　　E　けめ

問七　右の文章の主旨に合致しないものを左の中から一つ選びなさい。

A　青年期には出世を望んで苦悩することも多く、志を果たすことが少なかった。

B　賀茂川のほとりに住居を設けたが、洪水や盗賊の恐怖で安住できなかった。

C　大原山で修行をしたが、心の休まることもなくて得ることのない期間であった。

D　官職での昇進もなく、家庭を営むこともなく、まったく失敗した人生であった。

問八　『方丈記』と同じ時代の文学作品を左の中から一つ選びなさい。

A　古事記　　B　池亭記　　C　太平記

D　万葉集　　E　古今和歌集　　F　新古今和歌集

8 次の文章を読んで、後の問に答えよ。

解答時間30分

蝶《てふ》の花に飛びかひたる、やさしきものの限りなるべし。それも鳴く音の愛なければ、籠に苦しむ身ならぬこそなほ 1めでたけれ。さてこそ 2荘周が夢もこのものには託しけめ。ただ蜻蛉《とんばう》のみこそかれにはやや並ぶらめど、糸に繋《つな》(注1)がれ黐《もち》にさされて、童のもて遊びとなるだに苦しきを、「阿呆の鼻毛に繋がるる」とは、いと口惜しき諺《ことわざ》かな。美人の眉にたとへたる蛾《が》といふ虫もあるものを。

蛙《かはづ》は古今(注2)の序に書かれてより、歌よみの部に思はれたるこそ幸ひなれ。おぼろ月夜の風静まりて、遠く聞こゆるはよし。古池に飛んで Ａ翁の目覚ましたれば、このものの 3ことさらにもそしりがたし。

蟬《せみ》はただ五月晴れに 4聞きそめたるほどがよきなり。やや日ざかりに鳴きさかるころは、人の汗しぼる心地す。されば初蝶とも初蛙ともいふことを聞かず、このものばかり初蟬といはるるこそ大きなる手柄なれ。(注3)「やがて死ぬけしきは見えず」と、このものの上は、 Ｂ翁の一句に尽きたりといふべし。

蛍はたぐふべきものもなく、景物の最上なるべし。水に飛びかひ 5草にすだく。五月の闇はただこのもののためにやとまでぞ覚ゆる。しかるに貧の学者に捕られて、油火のかはりにせられたるは、このものの本意にはあらざるべし。

蜩《ひぐらし》は多きもやかましからず。暑さは昼の梢《こずゑ》に過ぎて、夕べは草に露置くころならむ。つくつく法師といふ蟬は、筑紫恋しともいふなり。筑紫人の旅に 6死してこのものになりたりと、世の諺にいへりけり。

蟻《あり》は明け暮れに忙しく、世の営みに隙《ひま》なき人には似たり。東西に集散し、餌《ゑ》を求めてやまず。いつか(注4)槐安《くわいあん》の都を逃れて、その7身のやすきことを得む。さるもたより悪《あ》しき方に穴を営みて千丈（注5）の堤を崩すべからず。
蚊は憎むべき限りながら、さすがC卯月のころ、8端居珍しき夕べ、はじめてほのかに聞きたらむ、またはD長月のころ、力なく残りたるは、寂しき方もあり。蚊帳《かや》釣りたる家のさま、蚊遣《や》り焚《た》く里の煙など、かつは風雅の道具ともなれり。藪《やぶ》蚊はことに激しきを、かの七賢（注6）の夜咄《よばなし》には、いかに団扇《うちわ》の隙《ひま》なかりけむ。

（横井也有『鶉衣』による）

（注）1 黐にさされて……鳥もちによって捕まえられて。 2 古今の序……『古今和歌集』の序文。
3 「やがて死ぬけしきは見えず」……「やがて死ぬけしきは見えず蟬の声」という句のこと。
4 槐安の都……蟻の都。 5 千丈……非常に長いこと。 6 七賢……中国、周の時代の七人の賢人。

問一 傍線部1「めでたけれ」とあるがどうしてか。次のア～オから最適なものを選べ。
ア 籠に入れられて苦しむ姿はかわいらしくないので。
イ 優美なものでありながら、鳴く声が美しくないので。
ウ 籠に入れられると苦しんで鳴くこともなくなるので。
エ めでるべき声を持たず、籠に入れられることもないので。
オ 籠に入れられても苦しむようすを見せず、愛らしいので。

問二　傍線部2「荘周が夢」とは、昔、荘周という人が蝶になった夢を見たと思ったが、よくよく考えてみると、人間である自分が蝶になった夢を見たのか、もともと蝶である自分が荘周という人間になった夢を見ているのか分からなくなったという故事であるが、ここではこの故事をどのようなことのたとえとして用いているか。次のア～オから最適なものを選べ。

ア　自信を持てない不安な状態。
イ　ものにとらわれない自在な境地。
ウ　蝶のように美しくないのではないかという思い。
エ　泣くこともできない自分は蝶のようであるということ。
オ　夢であるならば、籠に入れられて苦しんでも構わないという気持ち。

問三　二重傍線部AとBの「翁」は同一人物である。誰か。漢字で答えよ。

問四　傍線部3「ことさらにもそしりがたし」の意味として最適なものを次のア～オから選べ。

ア　なおさらけなすことはできない。　イ　極端には非難することはできない。
ウ　特別なものとみなすことはできない。　エ　場合によっては讃えることのできるものである。
オ　とんでもないことをするものとして批判すべきである。

問五　傍線部4「聞きそめたるほどがよきなり。やや日ざかりに鳴きさかるころ」とあるが、この中の「そめ」と「ざかり」を漢字に改めると、どの組み合わせが最適か。次のア～オから選べ。

ア　染め・離り　　イ　染め・逆り　　ウ　染め・盛り　　エ　初め・逆り　　オ　初め・盛り

問六　傍線部5「草にすだく」の意味として最適なものを次のア〜オから選べ。
ア　草に集まる。　イ　草から飛び立つ。　ウ　草のあたりで鳴く。
エ　草のあたりを上下する。　オ　草のあたりに巣を作る。

問七　傍線部6「死し」の活用の種類として最適なものを次のア〜オから選べ。
ア　シク活用　イ　ナ行変格活用　ウ　ナ行四段活用
エ　サ行四段活用　オ　サ行変格活用

問八　傍線部7「身のやすきことを得む」の意味として最適なものを次のア〜オから選べ。
ア　軽々しい身となることであろう。
イ　価値のない身となることであろう。
ウ　安楽な身となることがあるだろうか。
エ　営みを苦労なくできる身となるであろうか。
オ　やすやすと餌を得ることのできる身となるであろうか。

問九　傍線部8「端居珍しき」とあるが、「端居」が珍しいというのはどうしてか。次のア〜オから最適なものを選べ。
ア　まだそれほど暑くないので。　イ　訪れる者がだれもいないので。
ウ　蚊にさされるのがいやなので。　エ　外から見られるのがいやなので。
オ　庭に見るべき花も咲いていないので。

問十　傍線部C「卯月」、D「長月」とあるが、それぞれ旧暦何月に当たり、季節はいつか。次のア～オから最適な組み合わせを選べ。

ア　二月―冬、七月―夏　　イ　四月―春、九月―夏　　ウ　四月―夏、九月―秋

エ　五月―夏、十月―秋　　オ　五月―夏、十月―冬

9 次の文章を読み、後の設問に答えなさい。

解答時間30分

かかるほどに、三位中将殿（注1）、土御門《つちみかど》の源氏の左大臣殿（注2）の、御女二所《ふたところ》、嫡妻腹《むかひばら》に、いみじくかしづきたてまつりて、后がねと思し聞えたまふを、いかなるたよりにか、この三位殿、この姫君をいかでと、心深う思ひ聞えたまひて、気色《けしき》だちきこえたまひけり。されど大臣《おとど》、「あなもの狂ほし。ことのほかや。誰か、ただ今さやうに口わき［A］ばみたるぬしたち、出《いだ》し入れては見んとする」とて、ゆめに聞しめし入れ ぬ（B）を、母上例の女には似たまはず、（C）いと心かしこくかどかどしくおはして、「などてか、ただこの君を婿にて見ざらん。時々物見《ものみ》などに出でて見るに、この君ただならず見ゆる君なり。ただわれにまかせたまへれかし。このこと悪しうやありける」と聞えたまへど、殿、すべて（D）あべいことにもあらずと思《おぼ》いたり。

この大臣は、腹々に男君達いとあまたさまざまにておはしけり。女君たちもおはすべし。この御腹には、女君二所、男三人なんおはしける。弁や小将などにておはせし、法師になりたまひにけり。またおはするも、世の中をいとはかなきものに思して、ともすればあくがれたまふを、いとうしろめたきことに思されけり。

かくてこの母上、この三位殿の御事を心づきに思して、ただ（E）いそぎにいそがせたまふを、殿は心もゆかず思いたれど、ただ今の帝いと若うおはします、東宮もまたさやうにおはしませば、内《うち》、東宮と思しかくべきにもあらず。また、さべい人などの、ものものしう思すさまなるも、ただ今おはせず。閑院の大将などこそは、北の方年老いたまひて、ありなしにて聞えなどすめれど、かの枇杷《びは》の北の方などのわづらはしくて、この母北の方聞しめしいれず。ただこの三位殿を、いそぎたちたまひて婿取りたまひつ。

（『栄花物語』による）

（注） 1 三位中将……藤原道長。 2 左大臣……源雅信。

問一 空欄 A を補うのにもっとも適当な語を①～⑤の中から一つ選びなさい。

① 赤 ② 青 ③ 黄 ④ 黒 ⑤ 白

問二 傍線部B「ぬ」と文法的に同じものを①～⑤の中から一つ選びなさい。

① 妹が見しあふちの花は散りぬべしわが泣く涙いまだ干《ひ》なくに（万葉集）
② 月やあらぬ春や昔の春ならぬわが身ひとつはもとの身にして（古今集）
③ たのめたる人はなけれど秋のよは月見てぬべきここちこそせね（新古今集）
④ あわたたしかりしことどもを宣ひ出して、泣きぬ笑ひぬぞしたまひける（平家物語）
⑤ あるいはおのが家に籠りゐ、あるいはおのが行かまほしき所へ往ぬ（竹取物語）

問三 傍線部C「いと心かしこくかどかどしくおはして」の解釈として、もっとも適当なものを①～⑤の中から一つ選びなさい。

① とても賢明で才気がある方で
② とても気が強くてとげとげしい方で
③ とても気が利いて派手な方で
④ とても頭の回転が速くて目に付く方で
⑤ とても用心深く計算高い方で

問四　傍線部Ｄ「あべいことにもあらず」は、左大臣殿のどのような気持ちをあらわしているか。もっとも適当なものを①～⑤の中から一つ選びなさい。

① すばらしいことだと喜ぶ気持ち　② かなしむべきことだと嘆く気持ち
③ もっともなことだと納得する気持ち　④ わるくないことだと受け入れる気持ち
⑤ とんでもないことだと反対する気持ち

問五　問題文の内容と合わないものを①～⑤の中から一つ選びなさい。

① 母上は三位中将を見て、その将来性をとても高く評価していた
② 帝は大変若く、東宮は出家の志があるため、姫君を后にできなかった
③ 左大臣は、息子が立身出世を考えないで出家しようとするのを心配していた
④ 母上は大切に育てた娘たちを、后にしなければならないとは考えなかった
⑤ 閑院の大将は、堂々とした申し分のない身分の人であった

問六　三位中将（藤原道長）の登場する作品を①～⑤の中から一つ選びなさい。

① 紫式部日記　② 夜の寝覚　③ とりかへばや物語　④ 土佐日記　⑤ 堤中納言物語

問七　傍線部Ｅ「いそぎにいそがせたまふ」とあるが、何を「いそぎにいそ」いだのか。その具体的な内容を人物名も入れて説明しなさい。

10

次の文章は、『保元物語』の一節で、崇徳上皇が合戦に敗れ、後白河天皇方の軍勢からのがれて、如意山に入られたことを記している部分である。これを読んで、あとの問いに答えよ。

解答時間30分

院(注1)の御供には、為義(注2)、家弘、武者所(注3)の季能《すゑよし》なんどぞ A候ひける。如意山(注4)へ入らせ給ふ。御馬より下りさせ給ひて、歩ませ給ふ。十善(注5)の御足に汚き土を踏ませ給ひて渡らせ給ふ御有様、まことに目も当てられず。兵ども、皆馬より下りて、御手を引き、御足をいたはり B参らせて行くほどに、山中にて、新院にはかに御 イ絶入ありければ、御供の人々あわて騒ぎて、守り参らする。ロ東西くれてぞ思ひける。暫くありて、「人や C候ふ。」と召されけり。さしも多く並み居たる兵どもを御覧ぜずして、人も無しと思し召しけるは御目の暗くならせ給ひけるにや。「某《それがし》候ふ。某候ふ。」と声々に名乗り申しければ、「水やある、D参らせよ。」と仰せられければ、ハ谷の方へ走り下りて見れども、水も無し。こはいかがせんと悲しむ所に、御命延びさせ給ふべきにやありけん、法師の水瓶《みづがめ》に水を入れて、寺の方へ通りけるを、家弘乞ひ請けて参らせければ、水を ニ参りて、少し ホ御心地つかせ給ひぬ。これを見奉りて、悦び合ひけれども、なほ ヘ平《ひら》に臥《ふ》せ給ふ。

為義申しけるは、敵定めて追ひて参らんずらん、相構へて今少し延びさせ給ふべき由申しければ、「我もさこそ思へども、いかにも御身のはたらかぬぞ。我をばただこれに捨て参らせて、おのれらはいづくの方へも落ち行きて、助かり候へ。」とぞ仰せられければ、「命を君に E参らせ候ひぬる上は、いづ方へか落ち行き F候ふべき。いづくの浦にも見置き参らせてこそ。」と各々申しければ、「兵追ひ来たらば、おのれらが禦《ふせ》ぎ戦はんほどに、我も打たれなんず。我一人は武士近付かば、『我にてあるぞ。助け参らせよ。』と、手を合はせて命を乞はんに、さりとも、命ばかりはなどか助けざるべきと思へば、おのれら御身に添へじと思し召すぞ。この上猶《なほ》もしひて止《とど》まらば、我がため悪しかるべし。」と、仰せ再三に及びければ、X なかなか恐れありければ、為義以下の兵ども、鎧《よろひ》の袖をぞ濡らしつつ、各々四方へ落ち去りけり。

(注) 1 院……崇徳上皇。「新院」も同じ。
2 為義……院方の武士の大将。
3 武者所……院の御所を警護する武士の詰所。
4 如意山……京都市左京区にある、東山三十六峰の一。
5 十善……天子や天皇のこと（この世で天子の位につくのは、前世で十善を修めた報いであるという仏説による）。

問一 傍線部A・B・C・D・E・Fの文法的説明として適切なものを、次の中から選べ（同じものを何回選んでもよい）。

1 動詞の未然形　2 動詞の連用形　3 動詞の終止形
4 動詞の連体形　5 動詞の已然形　6 動詞の命令形
7 補助動詞の未然形　8 補助動詞の連用形　9 補助動詞の終止形
10 補助動詞の連体形　11 補助動詞の已然形　12 補助動詞の命令形

問二　傍線部イ・ニ・への解釈としてどれが適切か。それぞれ次の中から選べ。

イ　絶入

1　受け入れないこと　2　気を失うこと　3　仏門に入ること

4　身を隠すこと　5　死んでしまうこと

ニ　参りて

1　頂いて　2　差し上げて　3　お飲みになって

4　お持ち申し上げて　5　お参りして

へ　平《ひら》に

1　やすやすと　2　是非とも　3　ひたすら　4　平穏に　5　普通に

問三　傍線部ハの主語にあたる人物を、次の中から選べ。

1　法師　2　為義　3　院（新院）　4　院（新院）のお供の人々　5　兵ども

問四　本文第一段落中に、疑問の副詞や係助詞を受けずに連体形で文を終止しているものがある。その箇所の行数を算用数字で答えよ。

問五　本文第二段落中には、自分が自分に対して尊敬の表現をとっている名詞が二箇所見られる。はじめに出てくる箇所の本文冒頭からの行数を算用数字で答えよ。

問六　傍線部ロ「東西くれてぞ思ひける」の解釈として適切なものを、次の中から選べ。

1　どうしてよいか分からなく思えた　2　どちらに行ってよいか分からなく思えた

3　まわりが見えなくなるように思えた　4　身動きができないように思えた

5　逃げ切れないように思えた

問七　傍線部ホ「御心地つかせ給ひぬ」の解釈として適切なものを、次の中から選べ。

1　ご安心なさった　2　ご意識がはっきりなさった

3　ご安心できるようさせなさった　4　ご意識がはっきりするようさせなさった

5　ご休養あそばすようさせなさった

問八　傍線部ト「などか助けざるべき」の解釈として適切なものを、次の中から選べ。

1　どうしても助けることができない　2　どうしても助けられないのだろう

3　どうして助けないことがあろうか　4　どうして助けられないのだろうか

5　どうしても助けなければならないのか

問九　本文中には、直接話法の表現がそのまま地の文に流れ込んでいるものが見られる。その表現はどこからはじまるか。その箇所の本文冒頭からの行数を算用数字で答えよ。

問十　空欄 X に入る適切なものを、次の中から選べ。

1　罷《まか》り逃ぐるも　2　罷り隠るるも　3　罷り止まるも　4　罷り果つるも　5　罷り登るも

11

左の文章は『落窪物語』の一節で、少将が継母に虐げられている姫君に思いを寄せ、乳兄弟の帯刀《たてわき》に仲介を頼む場面を描いたものである。これを読んで後の設問に答えよ。

解答時間25分

帯刀、大将殿(注1)に参りたれば、「いかにぞ、かのことは」「言ひはべりしかば、しかじかなむ申す。まことにいとはるけなり(注2)。かやうの筋《すぢ》は、親ある人は、それこそともかくも急げ、おとども(注3)北の方(注4)にとりこめ(a)られて、よもしたまはじ」と申せば、「さればこそ、『いまに入れよ』とは。婿どらるるも、いと(1)はしたなき心地すべし。(2)らうたうなほおぼえば、ここに迎へてむと。さらずは、(3)あなかまとてもやみなむかし」とのたまへば、「そのほどの御定め、よくうけたまはりてなむ、つかうまつるべかなり」と言へば、少将、「見てこそは、定むべかなれ。(4)そらにはいかでかは。まめやかには、なほたばかれ。よにふとは忘れじ」とのたまへば、帯刀、「『ふと』ぞ、(5)あぢきなき文字ななる」と申せば、君うち笑ひたまひて、「『長く』と言はむとしつるに、言ひたがへ(b)られぬるぞや」などうち笑ひたまひて、「これを」とて、御文賜《ふみたま》へば、(6)しぶしぶに取りて、あこぎに(注5)、「御文」とて引き出でたれば、「あな見苦し。何しにぞとよ。(7)よしないことは聞こえで」と言へば、「なほ御返りせさせたまへかし。よにあしきことにはあらじ」と言へば、取りて参りて、「かの聞こえはべりし御文」とて奉れば、「何しに。上《うへ》も聞いたまひては、『よし』とはのたまひてむや」とのたまひて、「さてあらぬ時は、(8)よくやは聞こえたまへるや。上の御心な(9)つつみきこえたまひそ」と言へど、いらへもしたまはず。あこぎ、御文を紙燭《しそく》さして見れば、ただかくのみあり。

君ありと聞くに心をつくばねの見ねど恋しきなげきをぞする

「をかしの御手や」とひとりごちゐたれど、(10)かひなげなる御けしきなれば、おしまきて、御櫛《くし》の箱に入れて立ちぬ。帯刀、「いかにぞ。御覧じつや」「いで、まだいらへをだにせさせたまはざりつれば、置きて立ちぬ」と言へば、「いでや、かくておはしますよりはよからむ。我らがためにも思ふやうにて」と言へば、「いでや、御心の頼もしげにおはせば、(11)などかはさも」と言ふ。

（注）1 大将殿……少将の父左大将の家。 2 はるけなり……「はるかなり」の転。
3 おとど……ここでは、姫君の父親をさす。 4 北の方……「おとど」の妻で、姫君の継母。
5 あこぎ……姫君の侍女、帯刀の妻。

問一 ——部(1)の現代語訳として最も適当なもの一つを、左記各項の中から選べ。

1 体裁が悪い 2 道理に合わない 3 期待はずれである
4 積極性に乏しい 5 心構えができていない

問二 ——部(2)の現代語訳として最も適当なもの一つを、左記各項の中から選べ。

1 かわいそうに 2 かわいらしく 3 妻にふさわしく
4 信頼できそうに 5 心遣いが細かそうに

問三　――部(3)の解釈として最も適当なもの一つを、左記各項の中から選べ。

1　北の方が騒ぎ立てるから噂《うわさ》はなくならないだろう。
2　北の方がうるさいので結婚をやめてしまおう。
3　世間が騒ぎ立てても噂はなくなるだろう。
4　世間がうるさくても結婚をやめるだろうか。
5　世間がうるさいからと結婚をやめてしまおう。

問四　――部(4)の解釈として最も適当なもの一つを、左記各項の中から選べ。

1　説得しきれなくてどうして結婚できようか。
2　うわべだけの言葉でどうして承諾させられようか。
3　しっかりした決意でなくてどうして求愛できようか。
4　何も見ないでどうして決められようか。
5　心の中ではどうして決まっていることだ。

問五　――部(5)の現代語訳として最も適当なもの一つを、左記各項の中から選べ。

1　心にもない　2　筋が通らない　3　根拠がない　4　飾りっけがない
5　変り映えがしない

問六　――部(6)について。なぜ「しぶしぶに」受け取ったのか。その理由として最も適当なもの一つを、左記各項の中から選べ。

1　姫君が返事などをくれないと思ったから。
2　北の方の権力に恐れをなしているから。
3　少将の求愛が畏《おそ》れ多いと感じたから。
4　少将の親に結婚を反対されると考えたから。
5　妻のあこぎに仲介を頼むのをためらったから。

問七　――部(7)の解釈として最も適当なもの一つを、左記各項の中から選べ。

1　根拠のない噂が世間に知られてしまいます。
2　筋の通らないことはどうも理解できません。
3　つまらないことは申し上げないでおきましょう。
4　ぶしつけな要求は聞かなかったことにしましょう。
5　取るに足りない話には誰も取り合わないでしょう。

問八　――部(8)の解釈として最も適当なもの一つを、左記各項の中から選べ。

1　姫君は北の方の御意向をお聞き入れなさるのでしょうか。
2　姫君は世間からよく思われていらっしゃるのでしょうか。
3　北の方はたびたび世間で評判になられていますでしょうか。
4　北の方は姫君のことをよく申し上げなさいましたでしょうか。
5　北の方は道理に適《かな》ったことをいつも申し上げなさいますでしょうか。

問九　――部(9)の現代語訳として最も適当なもの一つを、左記各項の中から選べ。

1　納得する　2　遠慮する　3　無駄にする　4　隠し立てをする　5　知らない振りをする

問十　――部(10)の解釈として最も適当なもの一つを、左記各項の中から選べ。

1　いかにも純朴で幼そうなご様子　2　少将の御文に取り合わないご様子

3　庇《ひ》護者のいない、か弱そうなご様子　4　少将に頼りがいを感じないご様子

5　生きているかいもないご様子

問十一　――部(11)の解釈として最も適当なもの一つを、左記各項の中から選べ。

1　どうして姫君が求愛されないことがあろうか。

2　どうして姫君が北の方に虐げられることがあろうか。

3　どうして姫君がお返事なさらないことがあろうか。

4　どうして姫君の結婚が許されないことがあろうか。

5　どうして姫君の信頼に応えないことがあろうか。

問十二　――部(a)・(b)「られ」の文法上の意味は何か。左記各項の中から最も適当なものを一つずつ選べ。ただし、同じものを二度選んでもよい。

1　受身　2　自発　3　可能　4　尊敬

問十三　〰〰線部について。この歌の第四句までで用いられている掛詞を二つ抜き出して記せ。ただし、順序は問わない。

12　次の文章を読んで、後の問に答えよ。

解答時間30分

西行法師、東《あづま》の方修行しける時、月の夜、武蔵野を過ぐることありけり。ころは八月十日あまり①なれば、ア昼のやうなるに、花の色々露を帯び、虫の声々風にⓐたぐひつつ、心も及ばず。はるばると分け行く程に、A麻の袖もしぼるばかりになりにけり。

ここは人住むべくもあらざる野中に、ほのかに経の声聞こえ、いとあやしくて、声を尋ねつつ行きて見れば、わづかに一間ばかりなる庵あり。萩、女郎花を囲ひにして、薄、かるかや、荻などを取り混ぜつつ、上には葺《ふ》けり。その中に、年たけたる涸れ声にて法華経を綴り読む、いとめづらかに覚えて、「いかなる人のかくては」と問ひければ、「我は昔、郁芳門院《いうはうもんゐん》の侍の長なり②しが、B隠れさせおはしましし後、ⓑやがてイ様をかへて、人に知ら③れざら④む所に住ま⑤む志深くて、Cいづちともなくさすらひ歩き侍りし程に、ウさるべきにやありけむ、この花の色々をⓒよすがにて、野中にとまり住みて、おのづから多くの年を送り、もとより秋の草を心に染め侍りし身なれば、花なき時はその跡をしのび、このごろは色に心を慰めつつ、愁はしきこと侍らず」と言ふ。

これを聞くに、ありがたくあはれに覚えて、涙を落として、さまざま語らふ。「さても、いかにしてか月日を送り給ふ」と問へば、「ⓓおぼろけにては、里などに罷り出づることもなし。おのづから人の憐れみを待ちて侍れば、四、五日エ空しき時もあり。大方は、この花の中にてオ煙たてむことも本意ならぬやうに覚えて、常にはⓔなべての朝夕のさまにはあらず」とぞ語りける。いかに心澄みけるぞ、X なむ。

（鴨長明『発心集』による）

問一　空欄 X に入る最も適切な語を次の中から選べ。

1　あさましく　2　うつくしく　3　をかしく　4　うらやましく　5　あぢきなく

問二　傍線部B、Cの主語として最も適切なものを次の中から選べ。

1　西行法師　2　郁芳門院　3　郁芳門院の侍　4　郁芳門院の侍の長

問三　傍線部A「麻の袖もしぼるばかりになりにけり」となった原因は次のうちどれか。最も適切なものを選べ。

1　花の露に濡れたこと　2　汗をかいたこと　3　雨に濡れたこと　4　川に落ちたこと

問四　傍線部ⓐ～ⓔの意味として最も適切なものを次の中から選べ。

ⓐ　たぐひつつ

1　似て聞こえて　2　負けまいとして　3　区別が付かなくて　4　いっしょになって

ⓑ　やがて

1　すぐに　2　しばらくして　3　その後　4　大分たってから

ⓒ　よすが

1　便宜　2　住居　3　よるべ　4　楽しみ

ⓓ　おぼろけに

1　並みたいていに　2　ぼんやりと　3　たびたび　4　たやすく

ⓔ　なべて

1　普通　　2　特別　　3　豊か　　4　毎日

問五　傍線部**ア**〜**オ**の解釈として最も適切なものを次の中から選べ。

ア　昼のやうなる
1　八月なので昼のように暑い　　2　虫の声で昼のようににぎやかである
3　月明かりで昼のように明るい　　4　昼のように元気である

イ　様をかへて
1　出家して　　2　変装して　　3　態度を変えて　　4　名前を変えて

ウ　さるべきにやありけむ
1　きちんとした所であったのでしょうか　　2　俗世を去るべきであったのでしょうか
3　格好の場所であったのでしょうか　　4　こうなる運命であったのでしょうか

エ　空しき時もあり
1　はかない気持ちの時もある　　2　食べ物の無い時もある
3　何もしない時もある　　4　空虚な時間もある

オ　煙たてむこと
1　ごみを燃やす煙をたてること　　2　煙草の煙をくゆらすこと
3　うわさをたてること　　4　炊飯の煙をたてること

問六　傍線部①「なれ」、②「し」、③「れ」、④「む」、⑤「む」の文法的意味として最も適切なものを選べ。

1　意志　2　受身　3　打消　4　打消推量　5　過去推量　6　自発　7　断定
8　婉曲　9　可能　10　打消意志　11　現在推量　12　尊敬　13　伝聞　14　命令
15　使役　16　完了　17　過去　18　詠嘆　19　強意　20　存続

問七　西行法師と最も関係の深い作品を選べ。

1　東海道中膝栗毛　2　花伝書　3　山家集　4　土佐日記　5　方丈記　6　枕草子

13 次の文章を読んで、問いに答えなさい。

解答時間35分

(注1)大内記《だいないき》の聖《ひじり》は、やむごとなき博士にて、①文作る道、類《たぐひ》少なくて、世につかへけれど、心はひとへに仏の道に深くそみて、あはれびの心のみありければ、大内記にて、記すべきことありて、催《もよほ》されて内に②参れりけるに、③左衛門の陣などの方にや、女の泣き立てるがありけるを、「何事のあれば、かくは泣くぞ」と問ひければ、「あるじの使ひ a にて、石の帯《おび》を人に借りて、もてまかりつるが、道に落して④はべれば、あるじにも重く、⑤戒《いまし》められむずらむ。さばかりのものを失ひつる、あさましく悲しくて、帰るそらもなければ、⑥思ひやる方もなくて、それを泣きはべるなり」と申しければ、「心のうち推し量る b に、まことにさぞ悲しからむ」とて、わがさしたる帯をときて、取らせたりければ、「元の帯 c にはあらねども、むなしく失ひて申す方なからむよりも、⑦おのづから罪もよろしくやはべる」とて、「これを持てまからむずる嬉しさ」と、手をすりて、とりてまかり d にけり。さて、片隅に帯もなくて隠れゐたりけるほどに、事始まりければ、「遅し、遅し」と催されて、⑧御倉《みくら》の小舎人《こどねり》とかが帯を借りてぞ、公事《くじ》はつとめられはべりける。

［A］とて書かれたる文にも、「身は朝《てう》に在りて、心は隠《いん》に在り」とぞはべるなる。(注2)中務宮《なかつかさのみや》の、もの習ひたまひけるにも、文少し⑨教へたてまつりては、目を閉ぢて仏を念じ⑩たてまつりてぞ、怠らず⑪つとめたまひける。

かくて年をわたりけるほどに、年たけてぞ、頭剃《かしらおろ》して、(注3)横川《よかは》に登りて、法文《ほふもん》習ひたまひけるに、(注4)増賀聖《ぞうがひじり》のまだ横川に住みたまひけるほどにて、(注5)「止観《しくわん》の明静《めいせい》なること、前代にいまだ聞かず」と読みたまひける、この入道ただ泣きに泣きければ、聖、「⑫かくやはいつしか泣くべき」とて、⑬こぶしを握りて打ちたまひければ、我も人も事にがりて立ちにけり。また程経て、「⑭さてもやははべるべき。かの文受けたてまつりはべらむ」と⑮申しければ、また前のごとくに泣きければ、また⑯はしたなくさいなみければ、後のことばも［B］聞かで過ぐるほどに、また懲《こ》りずまに、⑰御気色とりたまひければ、またさらに⑱読みたまふにも、同じやうにいとど泣きをりければこそ、聖も涙こぼして、「⑲まことに深き御法《みのり》の尊くおぼゆるにこそ」とて、あはれがりて、その文静かに授けたまひけり。

さてやむごとなくはべりければ、(注6)御堂《みだう》の入道殿も、(注7)御戒《かい》など⑳受けさせたまひて、聖みまかりにける時は、(注8)御諷誦《ふうじゆ》などせさせたまひて、さらし布百匹《ぬのももむら》賜ひける。(注9)請文《うけぶみ》には、三河《みかは》の聖たてまつりて、秀句など書き留めたまふなり。

昔隋の煬帝《やうだい》の智者に報ぜし、千僧一つをあまし、今左丞相《さしようじやう》の(注10)寂公《じやくこう》とぶらふ、さらし布百千《ももち》に満てり

とぞ書かれはべりける。

（『今鏡』による）

（注）
1 大内記《だいないき》の聖《ひじり》……平安中期の漢学者、慶滋保胤《よししげのやすたね》のこと。
2 中務宮《なかつかさのみや》……具平《ともひら》親王のこと。慶滋保胤の弟子であった。
3 横川《よかは》……比叡山にある、三塔の一つ。
4 増賀聖《ぞうがひじり》……多武峰《とうのみね》の山中に隠棲していた、高徳の僧。
5 止観《しくわん》の〜聞かず……経論の冒頭の一節。
6 御堂《みだう》の入道殿……藤原道長のこと。

7 御戒《かい》……仏教に帰依した者が守るべき倫理、規則、戒め。
8 御諷誦《ふうじゆ》……故人の追善供養のため、僧に読経を請う文。諷誦文。
9 請文《うけぶみ》……諷誦文の内容に対する受け答えを記した文。
10 寂公《じやくこう》……慶滋保胤のこと。出家して寂心と名乗った。

問一 傍線部①「文作る道、類《たぐひ》少なくて」の説明として最適なものを次の中から選びなさい。

1 和歌を代筆する才能に優れており、他の者を寄せ付けないということ。
2 手紙を書くことを仕事にしている人は、他にはあまりいないということ。
3 文章を作ることに関しては、他に並ぶ者がいないほど優れているということ。
4 漢詩を作って朗詠する声の質に恵まれた人は、他にはあまりいないということ。

問二 傍線部②「参れ」、④「はべれ」、⑩「たてまつり」は、それぞれ誰に対する敬意を表しているか。その組み合わせとして最適なものを次の中から選びなさい。

1 ② 大内記の聖 ④ 大内記の聖 ⑩ 中務宮
2 ② 帝 ④ 大内記の聖 ⑩ 仏
3 ② 大内記の聖 ④ あるじ ⑩ 仏
4 ② 帝 ④ 大内記の聖 ⑩ 大内記の聖

問三　傍線部③「左衛門の陣などの方にや」の後に補う言葉として最適なものを次の中から選びなさい。

1　ありけむ　2　ありけめ　3　あるべし　4　あれ

問四　傍線部⑤「戒《いまし》められむずらむ」を単語に分けた場合、どのような分け方になるか。最適なものを次の中から選びなさい。

1　戒め／られ／むず／ら／む　2　戒めら／れ／む／ず／らむ
3　戒め／られ／むず／らむ　4　戒め／られ／む／ず／らむ

問五　傍線部⑥「思ひやる方もなくて」の解釈として最適なものを次の中から選びなさい。

1　落した場所に心当たりもなくて　2　貸してくれる人も思い当たらなくて
3　落した言い訳も思い浮ばなくて　4　どうしたら良いのかもわからなくて

問六　二重傍線部a～dの「に」の文法的説明の組み合わせとして最適なものを次の中から選びなさい。

1　a　断定の助動詞の連用形　b　接続助詞　c　格助詞　d　動詞の連用形活用語尾
2　a　格助詞　b　格助詞　c　格助詞　d　完了の助動詞の連用形
3　a　断定の助動詞の連用形　b　格助詞　c　断定の助動詞の連用形　d　形容動詞の連用形活用語尾
4　a　格助詞　b　接続助詞　c　断定の助動詞の連用形　d　完了の助動詞の連用形

問七　傍線部⑦「おのづから罪もよろしくやはべる」とあるが、この時の「女」の気持ちとして最適なものを次の中から選びなさい。

1　間違いなく罪も帳消しになるに違いないと安堵する気持ち
2　もしかしたら褒《ほ》められるのではないだろうかと期待する気持ち
3　多少なりとも罪が減じられるかもしれないと喜ぶ気持ち
4　自分から罪を受ける方がよいだろうと畏《かしこ》まる気持ち

問八　傍線部⑧「御倉《みくら》の小舎人《こどねり》とかが帯を借りてぞ、公事《くじ》はつとめられはべりける」の解釈として最適なものを次の中から選びなさい。

1　御倉の小舎人とかいう者に帯を貸して、その者に政務も滞りなくおさせになったのでした。
2　御倉の小舎人とかいう者が帯を借りて来て、大内記の聖は何事もなく政務をお勤めになったのでした。
3　御倉の小舎人とかいう者の帯を大内記の聖が借りて、何事もなく無事に任務をこなしなさったのでした。
4　御倉の小舎人とかいう者が大内記の聖に代わって、帯を借りて政務は何事もなく執り行いなさったのでした。

問九　空欄 A には、鴨長明の『方丈記』の成立に影響を与えたとされる、慶滋保胤《よししげのやすたね》の作品の名前が入る。最適なものを次の中から選びなさい。

1　『池亭記《ちていき》』　　2　『太平記』　　3　『折《おり》たく柴の記』　　4　『明月記』

問十　傍線部⑨「教へたてまつりて」、⑪「つとめたまひける」、⑮「申しければ」、⑱「読みたまふ」の動作主の組み合わせとして最適なものを次の中から選びなさい。

1　⑨　中務宮　⑪　中務宮　⑮　増賀聖　⑱　増賀聖
2　⑨　大内記の聖　⑪　大内記の聖　⑮　大内記の聖　⑱　増賀聖
3　⑨　中務宮　⑪　大内記の聖　⑮　増賀聖　⑱　大内記の聖
4　⑨　大内記の聖　⑪　増賀聖　⑮　大内記の聖　⑱　大内記の聖

問十一　傍線部⑫「かくやはいつしか泣くべき」の解釈として最適なものを次の中から選びなさい。

1　出家したのに俗世間に未練があるからといって、このようにいつまでも泣いているべきではない。
2　奥深い法文《ほうもん》の教えを聞いて老い先が短いことを悲しみ、こうして今から泣いているべきではない。
3　法文を教えてもらうまでの修行が辛いからといって、これほど早い時期から泣くべきではない。
4　法文の初めの部分を聞いただけで内容がわかるはずもないのに、こんなに早くから泣くべきではない。

問十二　傍線部⑬「こぶしを握りて打ちたまひければ、我も人も事にがりて立ちにけり」の説明として最適なものを次の中から選びなさい。

1　増賀聖が大内記の聖をこぶしを振り上げて叱りなさったから、見苦しく思った作者も周囲の人々もその場から立ち去ってしまった。
2　大内記の聖が増賀聖と法文の解釈をめぐって口論なさっていたので、あきれ果てた作者も周囲の人達もその場から退出してしまった。
3　増賀聖が大内記の聖をこぶしでたたきなさったので、二人とも気まずく思ってその場を立ち去ってしまった。

4　大内記の聖が増賀聖をこぶしでたたきなさって、互いに大人げない行動を恥じてその場を退出してしまった。

問十三　傍線部⑭「さてもやははべるべき」の解釈として最適なものを次の中から選びなさい。

1　このまま大内記の仕事から遠ざかっているのはよくない

2　このまま法文の教えを受けない状態でいるのはよくない

3　このまま増賀聖のもとで修行を続けているのはよくない

4　このままいつまでも叱られて泣き続けているのはよくない

問十四　傍線部⑯「はしたなくさいなみければ」の解釈として最適なものを次の中から選びなさい。

1　増賀聖が大内記の聖の悪口を世間に言いふらしたので

2　増賀聖が大内記の聖の才能を高く評価したので

3　増賀聖が大内記の聖の願いを聞き入れなかったので

4　増賀聖が大内記の聖をひどく叱ったので

問十五　空欄［B］には、下の打ち消しの語と呼応して不可能の意味を表す副詞が入る。その言葉として最適なものを次の中から選びなさい。

1　さらに　　2　よも　　3　な　　4　え

問十六　傍線部⑰「御気色とりたまひければ」の解釈として最適なものを次の中から選びなさい。

1　大内記の聖が増賀聖にご機嫌をなおしてもらいなさって、法文の教えを乞うお願いをなさったところ
2　泣いてしまった大内記の聖をなだめすかすようにして、増賀聖が法文の教えを説こうとなさったところ
3　大内記の聖が増賀聖のようすをうかがって、法文を盗み見ようとなさったところ
4　増賀聖が大内記の聖のご機嫌をうかがって、法文の続きを読んでいただこうとなさったところ

問十七　傍線部⑲「まことに深き御法《みのり》の尊くおぼゆるにこそ」の口語訳として最適なものを次の中から選びなさい。

1　まことの奥深い仏法の教えを尊んで覚えようとしているのであろう
2　仏法の深い教えがほんとうに有り難く思い出されるのであろう
3　まことの仏の深い教えをようやく理解したのであろう
4　仏法の深い教えがほんとうに尊く思われるのであろう

問十八　傍線部⑳「受けさせたまひて」の口語訳として最適なものを次の中から選びなさい。

1　受けさせなさって　2　お受けなさって　3　受けさせ申し上げて　4　お受け申し上げて

問十九　問題文の内容と合致しないものを次の中から一つ選びなさい。

1　心優しい大内記の聖は、人が困っていると黙っていることができず、あとさき考えずに行動してしまうところのある人物だった。
2　漢詩文に優れた才能を発揮した大内記の聖は、普段から仏道にも興味関心を抱いており、どんな時にも

心の中で仏を念じていた。
3 信仰心の厚かった大内記の聖は、納得できない教えには、たとえ師の教えであっても最後まで妥協しない芯の強さを持っていた。
4 大内記の聖は時の権力者たちから、その漢詩文に関する能力の高さとともに、信仰心の厚さをも高く評価されていた。

問二十 「四鏡」についての説明として誤っているものを次の中から一つ選びなさい。
1 『大鏡』は、仮名書きによる最初の歴史物語で、道長を賛美する内容が紀伝体で書かれ、「四鏡」の中でも最高傑作の位置をしめている。
2 『今鏡』は、整然とした紀伝体で書かれているが、内容が平板単調になってしまい、『大鏡』に比べると文学的評価は劣るとされている。
3 『水鏡』は、それまでと異なる編年体を用いて書かれ、『大鏡』に扱われる以前の神武天皇から仁明天皇までの時代について描かれている。
4 『増鏡』は、『水鏡』と同じ編年体を採用し、豊富な資料を基に公家側に立って風雅な宮廷社会を流麗な擬古文で描いている。

14

次の文章を読んで、後の問いに答えなさい。

解答時間20分

懸想人にて来たるは言ふべきにもあらず、ただうち語らふも、また、(a)さしもあらねど、おのづから来なども(X)する人の、簾《す》の内に人々あまたありて、物など言ふに、(Y)ゐ入りて(b)とみも帰りげもなきを、供なる男《をのこ》・童《わらは》など、とかくさしのぞき、けしき見るに、(注1)「斧《をの》の柄《え》も朽ちぬべきなめり」と、いと(c)むつかしかめれば、長やかにうちあくびて、(d)みそかにと思ひて言ふらめど、「あなわびし。(注2)煩悩苦悩かな。(注3)夜は夜中になりぬらむかし」と言ひたる、いみじう心づきなし。かの言ふ者は、ともかくもおぼえず、(e)このゐたる人こそ、をかしと見え聞こえつることも失《う》するやうにおぼゆれ。

また、(ア)さいと色に出《い》でてはえ言はず、「あな」と高やかにうち言ひ、うめきたるも、(イ)(注4)下行く水のといとほし。立蔀《たてじとみ》・透垣《すいがい》などのもとにて、「雨降りぬべし」など聞こえごつも、いとにくし。

いとよき人の御供人などはさもなし。君達《きんだち》などのほどはよろし。それより下れ(f)る際《きは》は、みな(g)さやうにぞある。あまたあらむ中にも、(h)心ばへ見てぞゐてありかまほしき。

（『枕草子』）

（注）1 斧の柄も朽ちぬべき……斧の柄が朽ちるほど長い時間が経《た》つ意。中国の故事による表現。
2 煩悩苦悩かな……苦しくつらいことだなあ。　3 夜は……夜の帰宅は。
4 下行く水の……『古今和歌六帖』の和歌「心には下行く水のわき返り言はで思ふぞ言ふにまされる」の第一句による。

問一　傍線部(a)・(c)の現代語訳として最もふさわしいものを、次のア～オの中からそれぞれ一つずつ選びなさい。

(a)
ア　あまり忙しい時ではないのに
イ　以前はよく来ていたけれども
ウ　相談をしに来たわけでもなく
エ　それほど親しくもないけれども
オ　まったく約束もしていないのに

(c)
ア　意味がわからなかったので
イ　機嫌が悪いかのようなので
ウ　気味が悪く感じたみたいなので
エ　眠くなってしまったはずなので
オ　難しい話をしているらしいので

問二　傍線部(b)・(d)の意味として最もふさわしいものを、次のア～オの中からそれぞれ一つずつ選びなさい。

(b)
ア　少しも
イ　おそらく
ウ　すぐにも
エ　めったに
オ　のんびりと

(d)
ア　寝床に
イ　今のうちに
ウ　月の終わりに
エ　もう夜中だろう
オ　気づかれないだろう

問三　傍線部(e)・(g)・(h)はどのようなことか。最もふさわしいものを、次のア～オの中からそれぞれ一つずつ選びなさい。

(e)
ア　場違いな行動や発言をする供の者は、姿を消してほしいと思っているということ
イ　ただ面白い話だけをして座っている人は、名前がなかなか覚えられないということ
ウ　どんなに好ましく思われる人でも、供の者の言動によって印象が悪くなるということ
エ　愛する人と一緒に過ごしていると、供の者が控えていることを忘れてしまうということ
オ　客が長い時間帰らないでいると、趣深く見たり聞いたりしたこともあきてしまうということ

(g)
ア　供の者が不作法であるということ
イ　供の者が君達と変わらないということ
ウ　供の者に対しては教育が不要だということ
エ　供の者を甘やかしてはいけないということ
オ　供の者を連れて行くべきではないということ

(h)
ア　懸想人は思いの深さが大切だということ
イ　供の者は人柄によって選ぶのがよいということ
ウ　供の者は主人の気持ちを察して行動するものだということ
エ　身分の低い者は状況を判断して連れ歩くべきだということ
オ　身分の低い者は性格によっては長く仕えていてほしいということ

問四　傍線部(f)の「る」と同じ意味を表すものを、次のア〜オの中から一つ選びなさい。
ア　女ぞ出でて取りける。　　イ　また滝口にさへ笑はる。　　ウ　千里の浜、広う思ひやらる。
エ　などかう遅れさせたまへる。　　オ　冬はいかなる所にも住まる。

問五　波線部の動詞(X)「する」・(Y)「ゐる」の、
　1　活用の行　　2　活用の種類　　3　活用形
はそれぞれ何か。次のア〜カの中から一つずつ選びなさい。
1　ア　ア行　　イ　サ行　　ウ　ハ行　　エ　ヤ行　　オ　ラ行　　カ　ワ行
2　ア　四段活用　　イ　上一段活用　　ウ　上二段活用　　エ　下一段活用　　オ　下二段活用
　カ　変格活用
3　ア　未然形　　イ　連用形　　ウ　終止形　　エ　連体形　　オ　已然形　　カ　命令形

問六　二重傍線部(ア)の現代語訳として最もふさわしいものを、次のア〜オの中から一つ選びなさい。
ア　それほど不満をあらわにして言えなくて
イ　さっと顔色を変えて言葉を続けられなくて
ウ　そうはっきりと言葉に出しては言わないで
エ　とても大きな声では言うことができないで
オ　すぐに指示を出して注意することはできなくて

問七　二重傍線部(イ)「下行く水の」とは何を表そうとしたか。最もふさわしいものを、次のア～オの中から一つ選びなさい。

ア　下品な供を連れている主人の様子
イ　供に注意することのできない主人の様子
ウ　心が通じ合っている主人と供の様子
エ　不平不満を直接口にしない供の様子
オ　うまく音声に出して言えない供の様子

問八　『枕草子』と同じジャンルの、　1　作品　2　作者　を、次のア～カの中からそれぞれ一つずつ選びなさい。

1　ア　玉勝間　イ　浮世風呂　ウ　源氏物語　エ　土佐日記　オ　古今著聞集
カ　日本永代蔵
2　ア　紀貫之　イ　橘成季　ウ　紫式部　エ　井原西鶴　オ　式亭三馬
カ　本居宣長

15 つぎの文章を読み、後の問いに答えよ。

解答時間20分

大名といふ人たち、つどひものがたりし給ひける時、ひとりの君のいひ給ふ、「手よくかく人あらば、一二百石の地あたへ給ふや。弓馬のみちまれなる斗得《ばかり》てし人あらば、千石斗の地あたへ給ふや。ざえも秀《ひいで》、文の道よりもののふの道、皆至れるといはば、一万石の地をあたへ給はんや」といへば、「むかしはさなんいふこともありけらし。いまはいづこにてもさすべしとはおぼえず」とこたへ給ふ。「さらばこのまどゐのうちの君たち、文の道人にすぐれ給ふもありや、もののふの道もありやと思へど、人なみにはたしみ給へど、秀でしことはきき侍らず。いかがあらん」といへば、「いかにも秀でしなどいふことは、一ふしもなし」とこたへ給ふ。「初《はじめ》の、ものにすぐれしものとても、一二百石の地さへあたへかねたるが、わが輩《ともがら》の、あるは十万石、二十万石の地を給ふは、いかなることと思ひ給ふや。ただにみおやのいさをと、大君のゆたけく大なる御恵なり。しかるに、生れしよりかくたふときものとのみ思ひて、なほいやましに位つかさも人にこえんとし、大路ありく行装も、わが格よりも高く、わが家の定《さだめ》よりもみやびかにと、市のわらべのほめなんことをほりするのみにて、うちにかへりみる心のなきは、いとうたてし」といひ給ひしとかや。

（松平定信『花月草紙』より）

問一　傍線部ア「手よくかく」イ「いさを」ウ「うたてし」の意味として最も適当なものをつぎの中からそれぞれ一つ選べ。

ア
a　文章をすばやく作成する
b　文を書くのがうまい
c　能筆な
d　事務処理に熟達した
e　細かなことによく気がつく

イ
a　恩恵
b　特典
c　武勇
d　武勲
e　実力

ウ
a　滑稽だ
b　無神経だ
c　残念だ
d　矛盾している
e　誤っている

問二　傍線部①「て」の文法上の説明として適当なものをつぎの中から一つ選べ。

a　動詞の活用語尾　b　形容動詞の活用語尾　c　副詞　d　助動詞　e　助詞

問三　傍線部②「いまはいづこにてもさすべしとはおぼえず」の解釈として最も適当なものをつぎの中から一つ選べ。

a　今はどこの大名家でも、それぞれに能力ある人材を高禄で召し抱えるだろうとは思われない。
b　今はどこの大名家にも、能力ある人材を高禄で召し抱える財政的余裕があるとは思われない。
c　今はどこの大名も、たとえ能力があっても、新規に人を召し抱えるべきだとは思っていない。
d　今はどこを探しても、文武両道の武士に一万石を与えるような大名がいるとは思われない。
e　今はどこを探しても、高禄で召し抱えたくなるような能力ある人物がいるとは思われない。

問四　傍線部③「いかなることと思ひ給ふや」にはどのような意味が込められているか。最も適当なものをつぎの中から一つ選べ。

a　どの方面にも秀でた能力を一つも持たない自分たち大名への自嘲と皮肉。
b　より高い官位を望んだり、行装を必要以上に凝らしたりする僭越《せんえつ》な大名に対する激しい憤り。
c　自分たちが大名として栄えているのも、ひとえに将軍の恩恵であることを強調したい気持ち。
d　さして能力もない自分たちが十万石、二十万石を領有しているという矛盾に対する注意の喚起。
e　十万石、二十万石を領していながら、有能な人物に一、二百石の地すら与えようとしないけちな大名への批判。

問五　右の文章の主題として最も適当なものをつぎの中から一つ選べ。

a　人より優れた才能を持つ者がいたら、大名は率先して召し抱えるべきである。
b　大名は文の道にも武の道にも、その地位に見合うだけの能力を身につけるべきである。
c　大名は先祖の代に定められた家の格や家の定めに従って行動すべきである。
d　大名は厳しい財政事情を十分考慮し、常に質素倹約を心がけていなければならない。
e　大名は自らの地位や財力におごることなく、振る舞いを自重しなければならない。

16

次の文章は『源氏物語』「手習」巻の一節である。人間関係に悩んで入水をくわだてた浮舟は、助けられて比叡山のふもとの小野に住むことになる。よく読んで後の問題に答えなさい。

解答時間30分

（注1）昔の山里よりは水の音もなごやかなり。造りざまゆゑある所の、木立おもしろく、A前栽などもをかしく、ゆゑを尽くしたり。秋にBなりゆけば、空のけしきもあはれなるを、門田の稲刈るとて、若き女どもは歌うたひ興じあへり。（注2）引板《ひた》ひき鳴らす音もをかし。見しC東路のことなども思ひ出でらる。かの（注3）夕霧の御息所のおはせし山里よりはいますこし入りて、山に片かけたる家なれば、松蔭しげく、風の音もいと心細きに、Dつれづれにおこなひをのみしつつ、いつともなくしめやかなり。

尼君ぞ、月など明き夜は、琴など弾きたまふ。少将の尼君などいふ人は、琵琶弾きなどしつつ遊ぶ。かかるわざはしたまふや。つれづれなるになど言ふ。昔も、あやしかりける身にて、心のどかにさやうのことすべきほどもなかりしかば、いささかをかしきさまEならずも生ひ出でFにけるかなと、かくさだすぎにける人の心をやるめるをりをりにつけてはG思ひ出づ。なほあさましくものはかなかりけると、我ながら口惜しHければ、（注4）手習に、

（浮舟）身を投げし涙の川のはやき瀬を（注5）しがらみかけて誰かとどめし

I思ひのほかに心憂ければ、行く末もうしろめたく、疎ましきまで思ひやらる。

月の明き夜な夜な、老人どもはJ艶に歌よみ、いにしへ思ひ出でつつさまざまの物語などするに、Kいらふべきかたもなければ、つくづくとうち眺めて、

（浮舟）われかくてうき世の中にめぐるとも誰かは知らむ月のみやこに

今は限りと思ひはててしほどは、恋しき人多かりしかど、こと人々はさしも思ひ出でられず、ただ、親いかにまどひたまひけん、乳母、よろづに、いかで人並々になさむと思ひ焦《い》られしを、いかにあへなき心地しけん、いづこにあらむ、我世にあるものとはいかでか知らむ、同じ心なる人もなかりしままに、よろづ隔つることなく語らひ見馴れたりし右近などもをりをりは思ひ出でらる。

（注）1 昔の山里……浮舟が以前住んでいた宇治の山里。　2 引板……鳥おどし。鳴子。
3 夕霧の御息所……「夕霧」巻の一条御息所が、かつてこの小野に住んでいた。
4 手習……古歌や自作の歌を手すさびに書きつけること。
5 しがらみ……水流をせき止めるために、くいを打ち渡して、横に柴・竹を結びつけた装置。

問一 傍線部A「前栽」・C「東路」・J「艶」の読みを、現代かなづかい・平がなで書きなさい。

問二 傍線部M「こと」を漢字に直しなさい。

問三 傍線部B「なり」・E「なら」・F「に」・H「けれ」・L「き」の説明として正しいものはそれぞれどれか。

1 動詞　2 助詞　3 完了の助動詞　4 継続の助動詞
5 過去・回想の助動詞　6 断定の助動詞　7 伝聞・推定の助動詞　8 詠嘆の助動詞
9 推量の助動詞　10 意志の助動詞　11 形容動詞の活用語尾　12 形容詞の活用語尾

問四　傍線部1～5の中から、反語表現を一つ選びなさい。

問五　傍線部D・Kの意味は何か。もっとも適切なものを1～5のなかからそれぞれ一つ選びなさい。

D　つれづれにおこなひをのみしつつ

1　退屈な仏道修行ばかりしては　　2　退屈なあまりに歌の修行ばかりに精をだしては
3　所在ないままに勤行ばかりに明け暮れては　　4　つまらない管弦の宴ばかりを催しては
5　所在ないままに善行ばかりを積みあげては

K　いらふべきかたもなければ

1　納得できないわけでもないので　　2　返事のしようもないので　　3　いやがる理由もないので
4　あいづちをうてないわけでもないので　　5　よく理解できないので

問六　傍線部Gについて、どこからどこまでが「思ひ出づ」の内容なのか。その最初と最後のそれぞれ三文字を、そのままぬきだしなさい（句読点を含む）。

問七　傍線部Iについて、なにが「思ひのほか」なのか。もっとも適切なものを1～6のなかから一つ選びなさい。

1　歌をつくることを強要されたこと
2　本意に反して助けられてしまったこと
3　歌をつくる気分でもないのにつくってしまったこと
4　だれも自分を理解してくれないこと

5　気持ちをうまく表現できなかったこと

6　死ぬことをかつて一度は考えたこと

問八　次の1〜7のうち、問題文の趣旨と合致するものを二つ選びなさい。ただし三つ以上選んだ場合は、解答は無効となる。

1　小野の地の人々に対して浮舟は心をとざしている。かろうじて歌をつくることにより、浮舟は自分自身と向き合うことができている。

2　小野の地の人々は田園生活にあきており、都から来た浮舟のことがうらやましくてならない。浮舟にはその気持ちが理解できない。

3　浮舟はこの小野の地の人々の心暖かさにふれ、歌をよみかわしたりして、心をひらきつつある。

4　浮舟にとって小野の地の人々は心理的負担となっている。それというのも、彼らが無趣味で無教養の人々だからである。

5　浮舟はこの小野の地で昔を回想し、自分の人生が不如意なものであったことを反芻し、また未来に光明をみいだすこともできずにいる。

6　浮舟はこの小野の地にいて、いまさらながら都のことや昔のことが懐かしくてならない。多くの人々のことを回想している。

7　浮舟は一度は死を考えたが、生きながらえたことを感謝し、この小野の地での平穏な生活に馴染みはじめている。

17 次の文章をよく読んで、設問に対して答えなさい。

解答時間30分

物語は、もののあはれを知るを、むねとはしたるに、(a)その筋に至りては、儒仏の教へには、そむけることも多きぞかし。そはまづ人の情《こころ》の、物に感ずることには、善悪 [A] さまざまある中に、ことわりにたがへることには、感ずまじきわざなれども、情は、われながらわが心にもまかせぬことありて、おのづから忍びがたき節《ふし》ありて、感ずることあるものなり。源氏の君の上にて言はば、空蟬《うつせみ》の君、朧月夜《おぼろづくよ》の君、藤壺《ふぢつぼ》の中宮などに情をかけて、逢ひたまへるは、儒仏などの道にて言はむには、よに上もなき、いみじき不義悪行なれば、ほかにいかばかりのよきことあらむにても、よき人とは言ひがたかるべきに、その不義悪行なるよしをば、さしもたてては言はずして、ただその間の、もののあはれの深き方《かた》を、かへすがへす書き述べて、源氏の君をば、むねとよき人の本《ほん》として、よきことの限りを、この君の上に、とり集めたる、これ物語のおほむねにして、そのよきあしきは、儒仏などの書《ふみ》の善悪と、変はりあるけぢめなり。[B]、かのたぐひの不義をよしとするにはあらず。そのあしきことは、今さら言はでもしるく、X さるたぐひの罪を論ずることは、おのづからその方の書どもの、Y よにここらあれば、ものどほき物語を待つべきにあらず。

物語は、儒仏などの、したたかなる道のやうに、まよひを離れて、さとりに入るべき法《のり》にもあらず。また国をも家をも身をも、治むべき教へにもあらず。ただ世の中の物語なるがゆゑに、(b)さる筋の善悪の論は、しばらくさしおきて、さしもかかはらず、ただもののあはれを知れる方のよきを、とりたててよしとはしたるなり。このこころばへを、物にたとへて言はば、蓮《はちす》を植ゑてめでむとする人の、濁りてきたなくはあれども、泥水《ひぢみづ》をたくはふるがごとし。物語に不義なる恋を書けるも、その濁れる泥《ひぢ》を、めでてにはあらず。もののあはれの花を咲かせむ料《しろ》ぞかし。

（『源氏物語玉の小櫛』に拠る）

問一　空欄 A を埋めるのに最も適当な漢字二字を次の選択肢の中から選びなさい。

1　修正　2　補正　3　不正　4　邪正

問二　空欄 B を埋める語句として最も適当なものを次の選択肢の中から選びなさい。

1　さておいて　2　さりとて　3　さらに　4　さらば

問三　傍線(a)「その筋」及び(b)「さる筋」のそれぞれの「筋」の解釈として最も適当なものを次の選択肢の中から選べ。

1　内容　2　素質　3　方面　4　血縁

問四　傍線Y「よにここらあれば」は二通りの解釈がある。該当するものを次の選択肢の中から二つ選びなさい。

1　想像以上にたくさんあるので　2　非常にたくさんあるので
3　あの世にたくさんあるので　4　世間にたくさんあるので

問五　二重傍線「法《のり》」は具体的に何をさしているか。つぎの選択肢の中から最も適当なものを選びなさい。

1　道徳　2　法令　3　規範　4　寸法

問六　傍線X「さるたぐひの罪」とは何か。文中の語句（五字）を抜き出しなさい。

問七　この文章の筆者は、物語に対する評価は何によってなされるべきだと主張しているか。文中から抜き出して（十六字）、初めの三字と終りの三字を記しなさい。

18 次の文章を読んで、後の問い（一―九）に答えよ。

解答時間25分

すべて歌の姿は心得にくき事にこそ。古き口伝・髄脳などにも、難き事どもをば手を取りて教ふ[a]ばかりに釈したれども、姿に至りては確かに見えたる事なし。いはむや(ア)幽玄の体、まづ名を聞くより惑ひぬべし。自らもいと心得ぬ事なれば、定かにいかに申すべしとも覚え侍らね[b]ど、よく境に入れる人々の申されし趣[c]は、詮《せん》はただ詞《ことば》に現れぬ余情、姿に見えぬ景気なるべし。心にも理《ことわり》深く詞にも艶《えん》極まりぬれば、これらの徳は自づから備はるにこそ。たとへば、(イ)秋の夕暮れ空の気色は、色もなく声もなし。いづくにいかなる故あるべしとも覚えねど、(ウ)すずろに涙こぼるるごとし。是を心なき者は［　　］いみじと思はず、ただ目に見ゆる花・紅葉をぞめで侍る。また、よき女の恨めしき事あれど、言葉には現さず深く忍びたる気色を、「さよ」[d]などほのぼの見つけたるは、言葉を尽くして恨み、袖《そで》を絞りて見せんよりも、(エ)心苦しう哀れ深かるべきがごとし。この二つの譬《たと》へにぞ、(オ)風情少なく心浅からん人の悟り難き事をば知りぬべき。また、霧の絶え間より秋山を眺むれば、見ゆる所はほのかなれど、(カ)おくゆかしく、いかばかり紅葉わたりておもしろからん[e]と、限りなく推し量らるる面影は、(キ)ほとほと定かに見んに[f]も優れたるべし。

すべて心ざし詞に現れて、月を「くまなし」といひ、花を「妙《たへ》なり」と讃《ほ》めん事は何かは難からん。いづくかは、歌、(ク)ただものをいふに勝る徳とせん。一詞に多くの理をこめ、現さずして深き心ざしを尽くし、見ぬ世の事を面影に浮かべ、いやしきを借りて優を現し、(ケ)おろかなるやうにて妙なる理を極むればこそ、心も及ばず詞も足らぬ時、是にて思ひを述べ、僅か三十一字が中に(コ)天地を動かす徳を具し、鬼神を和《なご》むる術《みち》にては侍れ。

（(サ)『無名抄』）

問一　傍線(ウ)・(エ)・(カ)・(キ)・(ケ)の意味として最も適当なものを次の1〜4の中からそれぞれ一つ選べ。

(ウ)「すずろに」
1　たえきれずに　2　わけもなく　3　しみじみと　4　不意に

(エ)「心苦しう」
1　申し訳なくて　2　気の毒で　3　いじらしくて　4　いとしくて

(カ)「おくゆかしく」
1　風情があって　2　色美しくて　3　慕わしくて
4　隠れた所が見たくて

(キ)「ほとほと」
1　ほとんど　2　おそらく　3　むしろ　4　かえって

(ケ)「おろかなるやうにて」
1　ばかばかしそうであっても　2　器用そうであっても
3　いい加減そうであっても　4　複雑そうであっても

問二　傍線(ク)「ただものをいふ」とはどういうことか。次の1〜4の中から一つ選べ。
1　平易に言う　2　率直に言う　3　面と向かって言う　4　散文的に言う

問三　本文中の□に該当する語を次の1〜4の中から一つ選べ。
1　え　2　よも　3　さだめて　4　さらに

問四　波線a―fの助詞の種類を次の1―5の中からそれぞれ一つ選べ。

1　格助詞　2　係助詞　3　副助詞　4　接続助詞　5　終助詞

問五　傍線(サ)『無名抄』の作者は鴨長明である。(A)長明によって書かれた作品名、(B)長明と同時代に活躍した歌人名を次の1―5の中からそれぞれ一つ選べ。

(A)　1　山家集　2　沙石集　3　発心集　4　無名草子　5　新撰髄脳

(B)　1　和泉式部　2　藤原公任　3　紀貫之　4　藤原定家　5　吉田兼好

問六　傍線(ア)「幽玄」について作者はどのように定義しているか。該当する箇所を本文中から抜き出して始めと終わりの三字ずつを記せ（句読点は数えない）。

問七　傍線(イ)「秋の夕暮れ空の気色は、……」の風情を詠んだ歌として知られる次の歌の下の句を記せ。

見渡せば花も紅葉もなかりけり

問八　傍線(オ)「風情少なく心浅からん人」と同じ意味で使われている言葉を本文中から抜き出して記せ。

問九　傍線(コ)「天地を動かす徳を具し、鬼神を和むる術にては侍れ」がふまえているのは何の文章か。その作品名を記せ。

19

次の文章を読んで、後の設問に答えよ。この文章は『蜻蛉日記』の一節で、次のような経緯から話は始まる。

筆者は夫・兼家《かねいえ》と長く疎遠のまま、子息・道綱《みちつな》（文章中では官位によって「助《すけ》」と呼ばれている）と生活している。道綱が賀茂神社の祭の舞人《まいびと》に選ばれたことを知った兼家は、装束を用意して、祭の予行演習である試楽《しがく》の前に舞を教えた。

解答時間35分

臨時の祭、明後日《あさて》とて、助、にはかに舞人に召されたり。これにつけてぞ、めづらしき文ある。「いかがする」などて、要《い》るべきもの、みな、物したり。

試楽の日、あるやう、「穢《けが》らひの暇《いとま》なるところなれば、内裏《うち》にもえ参るまじきを、ア参り来て見出だし立てむとするを、寄せたまふまじかなれば、いかがすべからむ、いとおぼつかなきこと」とあり。A胸つぶれて、「今さらに何せむにか」と思ふこと、繁ければ、「とく装束《さうぞ》きて、かしこへをイ参れ」とて、急がし遣りたりければ、まづぞうち泣かれける。もろともに立ちて、舞、ひとわたりならさせて、ウ参らせてけり。

祭の日、「Bいかがは見ざらむ」とて出でたれば、北のつらに、エなでふこともなき檳榔毛《びらうげ》、後《しり》、口、うち降ろして立てり。口の方、簾《すだれ》の下より、清げなる掻練《かいねり》に紫の織物重なりたる袖ぞ、差し出でためる。「女車なりけり」と見るところに、車の後の方にあたりたる人の家の門《かど》より、六位なる者の太刀佩《は》きたる、ふるまひ出で来て、前の方にひざまづきて物を言ふに、驚きて目をとどめて見れば、かれが出で来つる車のもとには、赤き人、黒き人、おしこりて、数も知らぬほどに オ立てりけり。よく見もて行けば、C見し人びとのあるなりけりと思ふ。

例の年よりは、こと疾《と》うなりて、上達部の車、かい連れて来る者、皆、かれを見てなるべし、そこに止まりて、同じ所に口を集《つど》へて立ちたり。

カ我が思ふ人、にはかに出でたるほどよりは、供人などもきらぎらしう見えたり。上達部、手ごとに果物など差し出でつつ、物言ひなどしたまへば、D面《おも》立《だ》たしき心地す。また、古めかしき人も、例の、許されぬことにて、山吹の中にあるを、うち散りたる中に、さし分きてとらへさせて、かのうちより酒など取り出でたれば、土器《かはらけ》差しかけられなどするを見れば、ただその片時ばかりや、ゆく心もありけむ。


（『蜻蛉日記』）

（注）穢らひの暇なるところなれば……穢れのために出仕を休んでいるところなので
檳榔毛、後、口、うち降ろして……檳榔の葉を用いた牛車が、後ろも前も簾を降ろして
赤き人、黒き人……上着が赤い五位の人、黒い四位の人。上着の色は身分・官位で定められていた。
こと疾うなりて……行事が早く進行して
古めかしき人も、例の、許されぬことにて、山吹の中にあるを……古風を重んずる人で、自分の官位では上達部と一緒にいられないと規定に従って引き下がり、山吹を頭に飾っている楽人たちに混じっていたのを。「古めかしき人」は筆者の父で、文章中ではこの一文だけに見える。
さし分きてとらへさせて……特に筆者の父を連れて来させて
土器差しかけられなどするを……筆者の父が盃を差されなどするのを

問一　傍線……ア〜ウは、どこに「参り来」または「参る」というのか。次の1〜3のうちから適当なものをそれぞれ一つずつ選べ。

ア　参り来て　イ　かしこへを参れ　ウ　参らせてけり

1　宮中　2　筆者と道綱の邸　3　兼家の邸

問二　傍線……エ「なでふこともなき」の解釈として適当なものを、次のうちから一つ選べ。

1　荘厳な　2　立派な　3　平凡な　4　不思議な　5　不可解な

問三　傍線……オ「立てりけり」の「立てり」の部分の文法的説明として適当なものを、次のうちから一つ選べ。

1　下二段活用動詞「立つ」の未然形または連用形、および完了・存続の助動詞「り」の連用形
2　下二段活用動詞「立つ」の未然形、および尊敬の助動詞「る」の連用形
3　四段活用動詞「立つ」の連用形、および完了・存続の助動詞「り」の連用形
4　四段活用動詞「立つ」の已然形または命令形、および完了・存続の助動詞「り」の連用形
5　四段活用動詞「立てる」の連用形

問四　傍線……カ「我が思ふ人、にはかに出でたるほどよりは」の解釈として適当なものを、次のうちから一つ選べ。

1　兼家は、行事の進行が早く、舞人たちの列が突然やってきた割には
2　兼家は、道綱に存分の準備をしてやれず、役を勤めさせることになってしまったが
3　道綱は、さして練習したようにも見えない、急ごしらえの舞人たちの中では

4　道綱は、早く指名されていたにもかかわらず、準備にあまりゆとりがなかったが
5　道綱は、指名されたのが祭の直前であり、急いで準備したにしては

問五　傍線――A「胸つぶれて」の説明として適当なものを、次のうちから一つ選べ。

1　普段は疎遠にしているのに、この時ばかりは夫がしきりに金品の援助を言うので、心苦しかった。
2　出仕ができずに時間をもてあまし、ひまつぶしに道綱に会おうという夫の態度が、腑に落ちなかった。
3　道綱に物を準備するばかりでなく、舞を教えることまでしようという夫の気遣いが、全く意外であった。
4　夫が重ねて準備のことを言ってきて、道綱にも会いたがるので、その執拗さに驚いた。
5　いまさら何を言い出して援助しようというのかと、夫に立腹するほかなかった。

問六　傍線――B「いかがは見ざらむ」の説明として適当なものを、次のうちから一つ選べ。

1　道綱を見ないで一体どうしていられようか、必ず見ようと、筆者が母として決心している。
2　兼家が一体どうするかを見ないでいられようか、必ず見届けようと、筆者が妻として決心している。
3　兼家はどうしても道綱を見ないであろうと、筆者が推測している。
4　人垣に邪魔されて見物人に道綱が見えないようではいけない、車で場所を取ろうと、兼家が希望している。
5　自分を両親に見てもらわないでどうして済ませられるだろうか、必ず見てほしいと、道綱が希望している。

問七　傍線――C「見し人びとのあるなりけりと思ふ」について、筆者はどのようなことを推測したのか。次のうちから一つ選べ。

1　車の中の人は高位の女性であり、取り巻く官吏たちも有名なので、祭をつかさどる内親王が車の中にいると推測した。

2　車の中には女性しかいないが、車の持ち主は、車を取り巻く人びとの態度や顔から、兼家であると推測した。

3　兼家が車で来たと期待したが、実際に来た車を取り巻く人びとの顔ぶれから、兼家は乗っていないと推測した。

4　車を取り巻く人びとの顔に見覚えがあったので、女性とともに車に乗っているのは兼家であると推測した。

5　車を取り巻く人びとは中流であり、兼家と一緒に働いている人もいたので、兼家も車の傍にいるだろうと推測した。

問八　傍線――D「面立たしき心地す」について、筆者はなぜそう思ったのか、説明せよ（句読点とも三十字以内）。

20 次の文章を読んで、あとの設問に答えよ。

解答時間20分

東北院の菩提講始めける聖は、もとはいみじき悪人にて、人屋に七度ぞ入りたり［ア］。七度といひけるたび、検非違使ども集りて、「これはいみじき悪人なり。一二度人屋に居んだに人としてはよかるべき事かは。ましていくそばくの犯《をかし》をして、かく七度までは、あさましくゆゆしき事なり。この度これが足斬りてん」と定めて、足斬りに率て行きて、斬らんとする程に、いみじき相人ありけり。それが物へ行きけるが、この足斬らんとする者に寄りていふやう、「この人おのれに許されよ。これは必ず往生すべき相ある人なり」といひければ、「よしなき事いふ、物も覚えぬ相する御坊かな」といひて、ただ斬りに斬らんとすれば、その斬らんとする足の上にのぼりて、「この足のかはりに我が足を斬れ。往生すべき相ある者の足斬られては、いかでか見んや。おうおう」とをめきければ、斬らんとする者ども、しあつかひて、検非違使に、「かうかうの事侍り」といひければ、やんごとなき相人のいふ事なれば、さすがに用ひずもなくて、別当に、「かかる事なんある」と申しければ、「さらば許してよ」とて許されにけり。その時この盗人、心おこして法師になりて、いみじき聖になりて、この菩提講は始めたるなり。相かなひて、いみじく終《をはり》とりてこそ失せに［イ］。

かかれば、高名せんずる人は、その相ありとも、おぼろけの相人の見る事にてもあらざりけり。始め置きたる講も、今日まで絶えぬは、まことにあはれなる事なりかし。

（『宇治拾遺物語』）

問一　傍線部Aと同一人物を次のなかから一つ選べ。

1　検非違使ども　2　相人　3　斬らんとする者ども　4　別当　5　この盗人

問二　空欄 ア ・ イ に助動詞「けり」を最も適当な形にして記せ。

問三　傍線部B・Dの現代語訳をそれぞれ記せ。

問四　傍線部Cの現代語訳として最も適当なものを次のなかから一つ選べ。

1　思いの外でいまいましいこと。　2　意外なので理由が知りたいこと。

3　あきれてとんでもないこと。　4　みすぼらしく不吉なこと。

5　ひどく興ざめなこと。

問五　傍線部E・Fの主語を次のなかからそれぞれ一つずつ選べ。

1　検非違使　2　相人　3　斬らんとする者　4　別当　5　この盗人

問六　傍線部Gの理由として、最も適当なものを次のなかから一つ選べ。

1　相人の言うことには間違いがないから。

2　尊い相人に懇願されたから。

3　検非違使たちが困り果てたから。

4　別当の気にかかることがあったから。

5　相人にあやかりたいと思ったから。

問七　傍線部Hの解釈として、最も適当なものを次のなかから一つ選べ。

1　要領を得ない　2　ぼんやりとした　3　並大抵の　4　優秀な　5　人並みはずれた

問八　次のなかから本文の内容に合致しないものを一つ選べ。

1　悪人は七度目の入牢で足を斬られそうになった。
2　相人が見立てたことは、間違いではなかった。
3　菩提講は絶えずに続いていた。
4　相人の言うことは直ちには受け入れられなかった。
5　悪人は相人の判断によって許された。

問九　この作品と同じジャンルに属するものとして、最も適当なものを次のなかから一つ選べ。

1　平家物語　2　発心集　3　源氏物語　4　義経記　5　方丈記

25720

KP
KAWAI PUBLISHING